欧 洲 的 陨 落

第一次世界大战简史

［法］马克思·加罗（Max Gallo）著　闫文昌　罗然　黄林　译

A

HISTORY OF THE FIRST
WORLD WAR

1914—1918

民主与建设出版社　博集天卷
CS-BOOKY

图书在版编目（CIP）数据

欧洲的陨落：第一次世界大战简史 /（法）马克思·
加罗著；闫文昌，罗然，黄林译 . — 北京：民主与
建设出版社，2017.8
　ISBN 978-7-5139-1370-6

　Ⅰ . ①欧… Ⅱ . ①马… ②闫… ③罗… ④黄… Ⅲ .
①第一次世界大战—史料 Ⅳ . ① K143

中国版本图书馆 CIP 数据核字（2016）第 314817 号

版权登记号：01-2016-9092
Copyright ©XO Editions, France, 2013.
Simplified Chinese translation copyright ©2017 by Changsha Senxin Culture
Dissemination Limited Company
All rights reserved.

欧洲的陨落：第一次世界大战简史
OUZHOU DE YUNLUO：DI-YI CI SHIJIE DAZHAN JIANSHI

出 版 人	许久文
作　　者	［法］马克思·加罗
译　　者	闫文昌　罗然　黄林
责任编辑	李保华
监　　制	于向勇　秦青
选题策划	森欣文化
特约编辑	康晓硕
营销编辑	刘晓晨　罗昕　刘迪
封面设计	天行健设计
出版发行	民主与建设出版社有限责任公司
电　　话	（010）59419778　59417747
社　　址	北京市海淀区西三环中路 10 号望海楼 E 座 7 层
邮　　编	100142
印　　刷	三河市天润建兴印务有限公司
开　　本	700mm×995mm　1/16
印　　张	22.5
字　　数	312 千字
版　　次	2017 年 8 月第 1 版　2019 年 9 月第 2 次印刷
书　　号	ISBN 978-7-5139-1370-6
定　　价	49.80 元

注：如有印、装质量问题，请与出版社联系。

缅 怀

毕业于 13 班的父亲

1913 年，这个时年 20 岁，
谦逊、爱国、勇于反抗的英雄。

CONTENTS

目 录

上篇

CONTENTS

目 录

下篇

CONTENTS

目　录

下篇

PART ONE

上篇

●

1914 世界的命运

▶ "犹豫不决、倍感惊慌的欧洲准备好应对这场无可避免的战争，尽管这场战争的直接原因还并不为人所知悉，但这场战争偕同避无可避的必然命运来到了欧洲……"

阿尔贝·德·曼

1913 年 12 月《巴黎回声》

▶ "成长于一个非常安稳的年代的我们，都对不安稳的日子充满怀念，渴望着冒险。因此，战争紧紧俘获了我们，让我们为之痴狂。在众人洒落的花海中，我们出发了。我们在玫瑰中沉醉，在血海中眩晕。毫无疑问，战争将让我们见识到它恢弘的场面、它的暴力还有战争的严酷性。

战争在我们眼里是一件非常有男子气概的事：狙击手们在草丛中兴高采烈地战斗，在那里，他们的鲜血如同露珠般坠落在花瓣上。世上再没有比这更美妙的死亡方式了[1]。 千万不要隐匿在家中，快来一同加入到这战斗的信仰之中。"

恩斯特·荣格尔

《钢铁风暴》之《战争日记》1914 年

---

1 "世上最美妙的死亡方式，莫过于战死在敌人手中。"摘自 14 ～ 15 世纪抒情诗人所写的民谣。

▶ "卢浮宫之行—毁灭

这可是一个文明的终结？

……

这场战争同其他战争都不同，

它不仅事关一片土地的保卫之举、一份遗产的守护、或是一种传统的保留……都不是的！

而是一个希望以宏大之姿诞生的未来，一个血染双脚努力挣脱现状的未来。"

安德烈·纪德

1914.11.15 日记

（上篇）

序 言

1914 之前—1914 年
避无可避的必然命运

1

已经过去了一个世纪。

1914 年 8 月 2 日的那个周日，巴黎东站聚集了许多尚算年轻的男子，他们当中最年轻的应该 30 岁左右。他们各自分成小拨，在讨论着什么。几乎所有人都戴着一顶鸭舌帽。他们穿着朴实，如同在工厂门前等待开工的工人们。他们肩上挂着布袋，腋下紧紧夹着一个盒子。无人喧哗。

而女人们大多面色凝重，站在几步开外的地方。一些孩子紧紧拽着她们灰色的裙角。

●男性军事动员，巴黎东站，1914 年 8 月 2 日，周日

这是法国发布军事总动员令的第一天。

而就在前一天，即 8 月 1 日周六，号召所有预备役军人遵照军人手册指示的告示已被贴满全法国。

时任内政部长路易斯·马雅是一名激进的社会党议员，他宣称：

"军事动员并非战争。就目前的情况而言，恰恰相反地，军事动员应该是体面地确保和平的最佳手段。"

然而，德国却于 8 月 1 日周六这天的 19 时 30 分向法国的盟友俄国宣战。另一边，奥匈帝国自 7 月 28 日开始就已对塞尔维亚发动战争。各国政府、国与国间的联盟所做的最后决议还有军事动员，这一切所产生的恶性连锁反应，将许多国家卷入了这场血淋淋的战争。德国同奥匈帝国同仇敌忾。法国则与英国共同支持俄国。几小时内，欧洲所有的大火车站都上演着同巴黎东站一样的场景。

与此同时，人们在乡下征调马匹。

数百万的男性都已准备好穿上军装，拿上武器，走向前线。

在这八月最初的日子里，他们未能料到的是，截至 1914 年底，他们当中将会有数十万人或死或伤。

这些穿着茜红长裤走在成熟的金黄麦地里的法国步兵，恰是德国机关枪扫射的目标。在 3 周时间里，法军就已折损 8 万士兵（其后甚至达到 15 万），并有 10 万伤兵。

1914 年 12 月，或伤或死的法军总数上升至 90 万，其中阵亡将士约有 30 万。至于其他参战国家：德国、奥匈帝国、俄国、塞尔维亚和英国，他们同法国伤亡人数不相上下。

第一个死亡的、或言第一批死亡者中的其中一个，是来自法军骑兵第 12 军团的普杰。他于 8 月 3 日周一死于法德战场前线默尔特—摩泽尔省。在同一天，柏林正式向巴黎宣战。

而今，又有谁能记得 1914 年死去的数十万士兵？

他们的名字书写了二十世纪那漫长而惨痛的开篇。可他们早已被埋藏于开战起到 1918 年 11 月 11 日休战为止的几千万尸体之下。

而后，在第二次世界大战中（第一次世界大战的继任[1]）死去的五千多万士兵也加入了这一队列。

因此，若人们想要了解二十世纪的大杀戮，就必须重新找出那些于 1914 年第一批阵亡的人们，重建当时事件发生的杂乱顺序。正是这一系列的混乱事件使得 1914 年最初的和平岁月不再，令各国走向战火。而欧洲战乱的火苗自六月起便已初现，到了八月，战火点燃了成熟的麦子。

1914 年，这整整一年中，二十世纪就经历了惨痛的教训。这 12 个月决定了世界的命运。

负责指挥法国驻摩洛哥驻军的利奥泰将军很快就看透了这场战争。

1914 年 7 月 27 日，当大战临近之时，这名将军在卡萨布兰卡对着他的心腹喊道："他们彻底疯了！欧洲各国间的战争，简直就是一场内战。

1　马克思·加罗，《二战史》，第 5 卷，巴黎，XO 出版社，2010-2012 年

这是世界上不曾有过的最令人吃惊的蠢事！"

几个星期后的 8 月 15 日，在默兹受伤的年轻的戴高乐少尉在他的笔记本里写下了如下话语：

"那些平静地站着便死去的军官、一些顽固的军人安在步枪上的刺刀、冲锋的军号、离队军人极为壮烈的奉献……都无济于事。眨眼之间，仿佛世上一切美德在战火面前都没有任何意义。"

这两个亲历过一战的人，从战争开始的最初时刻，就已经预见到它在政治与军事上的后果。

在他们之前，其他人预感到战争的到来并非悄无声息、毫无预兆地，而是堂而皇之、大摇大摆地。

归附共和政体的君主主义者阿尔贝·德·曼在《巴黎回声》中发表道："犹豫不决、倍感惊慌的欧洲准备好应对这场无可避免的战争，尽管这场战争的直接原因还并不为人所知悉，但这场战争偕同避无可避的必然命运来到了欧洲……"

2

1913 年的 12 月，在巴黎以及其他欧洲国家的首都，人们并没有对伯爵阿尔贝·德·曼的宿命言论作出回应或评论。但是人们知道战争已在欧洲大陆上空徘徊，找寻着猎物。人们准备着对抗战争，要求对兵士、对武器提供更多的资助。这是一场在军界压力下，每个国家都参与的军事赛跑。

在伦敦，当时英国新上任的海军总司令温斯顿·丘吉尔，双拳狠狠砸在了英国国会下议院他面前的桌板上，他在此宣布：

"如果德国建造两艘无畏级战列舰，我们就要造四艘，如果它们造三艘，那我们就造六艘！"

法国媒体纷纷鼓掌表示对此番言论的欣赏。

巴黎在将英、法、俄紧密结合在一起的三国协约中起到极为重要的作用。德国议会通过了一项法案，通过对规定兵役时长法律的更改，将时长自 2 年延至 3 年，使得德国军队人数得以增加。法国对此法案的回应得到了俄国沙皇尼古拉二世的赞赏。这位沙皇的统治，由于 1905 年同日本作战的失利受到了极大动摇，同年被严酷镇压的国内革命浪潮亦令他的处境雪上加霜。

面对三国协约，德国选择和奥匈帝国、意大利组成三国同盟，并在同盟国中起主导作用，以避免在冲突发生时，被法、俄两条战线夹击。

造成协约国与同盟国之间紧张局势的原因众多。

在法国，谁能忘了那可怕而耻辱的 1870 年与 1871 年？短短几个月的时间，法国就败给了德国，被迫割让阿尔萨斯—洛林地区，还必须支付给德国五十亿金法郎，这令法国人倍感羞辱。

1870 年于梅斯被俘的重骑兵军官阿尔贝·德·曼如斯回忆。

当他听闻 1871 年 1 月 18 日，恰逢 1701 年 1 月 18 日在柯尼斯堡成立的普鲁士王国的建国纪念日，普鲁士国王在凡尔赛宫镜厅加冕为皇帝，德意志帝国自此成立，便啜泣不止。

原来的普鲁士国王威廉一世在身着军装的显贵们面前，其中有穿着重骑兵服的俾斯麦，加冕成为了德意志帝国的皇帝。

日耳曼人的马刺划伤太阳王镜厅的木质地板。

1888 年，威廉一世的孙子威廉二世继承了德国皇位。

1871 年的伤口也并未结痂愈合。

阿尔贝·德·曼总是这样想着。

他是法兰西院士，他还同莫里斯·巴雷斯和查尔斯·莫拉斯一样是民

族主义者。复仇主义运动的称颂者保罗·德乎莱德是他的近友。而他回忆起他的祖国，想起阿尔萨斯—洛林地区的时候，就像一个年轻的学生般愤慨震怒。

人们唱道：

"你们无法拥有阿尔萨斯—洛林地区。

不论你们如何阻挠，我们将一直保持法国人的模样。

你们能够使平原、大地日耳曼化，

但我们的心，你们永远无法俘获它！"

他支持洛林人雷蒙·普恩加莱。后者于1912年成为政府总理，并在1913年1月17日成为共和国总统。

事实上，战争的危机在这十几年来并不曾远离。

1905年3月31日威廉二世在丹吉尔走下他的快艇。他头戴头盔、佩剑在身、手枪别在腰带上，全副武装在丹吉尔四处巡游。法国想要在摩洛哥王国建立它的保护国，而德国皇帝明确表示他的到访"是为了让所有人都知道，他将尽其所能来捍卫德国在摩洛哥的利益。"

1911年，法德再度因摩洛哥问题陷入了紧张局势。起因是德国"黑豹"号炮舰打算在阿加迪尔港入水。

而这些国际危机的出现也暴露了法国政坛各派为政、四分五裂的状况。

德国皇帝 威廉二世

这些人中，有对俄法协约关系极其依赖的阿尔贝·德·曼、雷蒙·普恩加莱还有外交部部长泰奥菲勒·德尔卡塞，他们已做好了迎战德国的准备。

俄国驻巴黎大使伊斯沃尔斯基是反德战争的拥护者。他让沙皇的徽章再度成为有价值之物。这位大使用流通货币"卢布"收购报纸和收买新闻记者，以求他们支持俄国。

他的这一主张还带来其他影响：沙皇俄国政权向法国的银行借钱，后者将沙皇俄国的这些封号赠予资产阶级。

德尔卡塞和普恩加莱的外交政策也因此得到了富裕阶级和食利者的支持。

当时还有那些主张谨慎的人、现实主义者、和平主义者、国际主义者，以及以饶勒斯为代表的社会主义者、以约瑟夫·卡约（1911年时任政府总理）为代表的激进社会党。约瑟夫·卡约斥责德尔卡塞的莽夫政策。而饶勒斯则认为德尔卡塞是惊恐的小矮人。

1905年，由于众人反对德尔卡塞与德对峙的主张，他不得不辞职。

第一次摩洛哥危机，与1911年第二次摩洛哥危机一样都得到很好的解决。但是，1870年后，人们发现原本以为很遥远的战争，复始徘徊在欧洲大陆。

最清醒的法国人，同最认真的德国人都明白这点。战争不再仅仅是痛苦或惬意的回忆，而是极有可能发生的将来。这头野兽就在那儿，向人们展示着它的獠牙。

历史学家儒勒·伊萨克的一段文字证实了这一说法：

"对于那些经历过这些事件的人，1905年标志着命运的变化；战争从那儿开始推进。此前，人们谈论和平，谈论战争，但是我们，至少那些出生于1870年之后的人群，他们并不了解他们所谈论的东西：和平是一种习惯，就像每个人呼吸的空气，没有人会去探索它；战争就是一个名词，一个非常理论化的概念。当突然间，我们得知这种概念有可能转化为现实，我们对此都感到非常震惊，而这种冲击带来的是久久难以磨灭的回忆。"

在莱茵河彼岸，大学生恩斯特·荣格尔写道："成长于一个非常安稳的年代的我们，都对不安稳的日子充满怀念，渴望着冒险。因此，战争紧紧俘获了我们，让我们为之痴狂。……毫无疑问，战争将让我们见识到它恢弘的场面、它的暴力还有严酷性。战争在我们眼里是一件非常有男子气概的事……"

作家夏尔·佩吉本人对1905年摩洛哥危机也有如下感触，"我的人生中、国家历史中、当然还有在世纪史中，一个新的时代已然开始。"

佩吉作为曾经的德雷福斯派知识分子，同时也是饶勒斯的朋友，将成为强硬的主战派爱国主义者。

佩吉说道："既然必须要参加战争，我更希望是我参加，而非我的孩子们。"

阿尔贝·德·曼、荣格尔或佩吉，以及其他众多人的话语都表明了他们并非听天由命，或是被动接受未来的人，他们充满对战争的渴望与希冀。

这是一种价值观的变化。这种价值观成为20世纪初期的主流价值观。而这正是人们面对1905年、1911年的摩洛哥危机和1911年、1912年巴尔干半岛战争时所产生的反应和流露出的价值观取向。

这种价值观席卷了所有的欧洲国家。

1909年1月，意大利人菲利波·马里内蒂发表了《未来主义宣言》。

他写道："我们要歌颂追求冒险的热情、歌颂劲头十足地横冲直撞的行动。英勇、无畏、叛逆，将是我们诗歌的本质因素……美只存在于斗争之中……我们要歌颂战争——这清洁世界的唯一手段，我们要赞美军国主义、爱国主义、无政府主义者破坏行为，我们歌颂为之献身的美丽理想，我们称赞一切蔑视妇女的言行……我们要摧毁一切博物馆、图书馆和科学院，向道德主义、女权主义以及一切卑鄙的机会主义和实用主义的思想开战。我们歌颂声势浩大的劳动人群、娱乐的人群或造反的人群……我们宣告我们于今天创立未来主义。我们的目的是要切除这个国家肌体上生长着的由教授、考古学家、导游者和古董商们组成的臭气熏天的痛疽……"

马里内蒂写道："我们昂首屹立于世纪之巅。"

一些社会主义者放任自己被徘徊于附近的、令人丧失理智、摒弃人文主义价值观的战争所吸引。

这些人，就像1911年的德国最杰出的社会主义者倍倍尔所想的一样。他们认为："世界大战之后，将有世界性的革命发生"，这场革命将扫清当时的统治阶级。

倍倍尔补充道："你们将会收获你们所种下的因结出的果。资产阶级的诸神的黄昏已近。"

尽管饶勒斯承认"一场在欧洲范围内的战争将促使革命的爆发"，但他依旧反对人们"对于战争的渴望"。

饶勒斯像一个预言家般写道："然而欧洲范围内的战争，在很长的一段时间里也将催生反革命危机、促使被激发的民族主义做出疯狂的反应举动、催生令人窒息的独裁行为、可怖的军国主义，还有由不符合历史发展潮流的暴力、卑微的仇恨、报复及奴役所组成的长链。[1]"

他补充道："我们，因为我们深切知道这点，我们不想参加这场野蛮的赌博，我们不愿意让无产阶级将逐渐获得自由的确定性暴露在血淋淋的偶然性下……"

但是，如此明智的分析又怎能对抗渴望、对抗冲动、对抗未来主义还有那被视作"清洁世界的唯一手段"的即将到来的战争？

此外，法国人在1870年战败中受挫的锐气也是一个重要因素。

阿尔贝·德·曼和其他民族主义者希望抹除俾斯麦加诸于法国的耻辱，他们希望让阿尔萨斯—洛林地区重回祖国母亲的怀抱。不通过战争，这些诉求又从何实现呢？

---

1 这些即为第一次世界大战后的20世纪：布尔什维克主义、法西斯主义、纳粹主义、种族灭绝、大破坏。

在法国，人们都知道俾斯麦极具侮辱性的话语。

"法国人并不如人们惯常说的那样具有典范性。"德国首相曾对他的近属如是说。"作为一个民族，法国人同我们下层阶级的一些人民很相像。他们气量狭隘、粗鲁、身体健壮、爱吹牛、厚颜无耻，他们通过其自大粗暴的行为获得那些与他们相似的人的欣赏。"

俾斯麦倨傲地撇了撇嘴，继续道："法国是一个没有主见的傀儡国家……他们就仿佛是三千万奴颜卑膝的黑奴一般。"

历史学家海因里希·冯·特赖奇克为吞并阿尔萨斯—洛林地区辩解而写道：

"是我们战争的勇气与力量让我们获得了这些地区。但是我们打算依据上层人士具有的权利来支配这片土地。德意志民族国家的权利不允许失败者的后代逃避对德意志帝国的责任。我们作为其他地区的德国人，正因为我们很了解法国和德国，所以我们比不幸的阿尔萨斯人民更知道什么对他们而言才更好。与他们的意志相左的，我们打算让他们做回自己。这些人的思想不仅仅不了解这一代人，也不了解那些逝去的历代人。我们祈求死者的意志能对抗生者的意志。[1]"

这是关于民族国家的两种思想理念的碰撞对立。

德国理念建立在"鲜血"之上，法国理念则是让国家建立在"每日全民公投"的基础上。（勒南）

有了阿尔萨斯—洛林地区这一问题，战争这一猛兽便有机可乘。

1911 年 10 月，战争在巴尔干半岛找到了新的猎场。

塞尔维亚和保加利亚想要利用土耳其—"欧洲病夫"的弱点，趁虚从奥斯曼帝国手中夺取其位于欧洲的省份。彼时，土耳其军队正要抵抗意大利为夺取的黎波里塔尼亚和昔兰尼加（今利比亚），意图于利比亚建立殖民地而发动的侵略战争。

---

1 引述自让－保罗·布莱德 2011 年在巴黎 Perrin 出版社出版的《俾斯麦》。

黑山共和国与希腊都加入了塞尔维亚和保加利亚，组成了"巴尔干同盟"（1912年3月13日）。

俄国支持"巴尔干同盟"，它希望通过斯拉夫人削弱土耳其和奥匈帝国的实力。然而，首都位于维也纳，由弗兰茨·约瑟夫一世统治的奥匈帝国却是德皇威廉二世的同盟者。

与此同时，法国与俄国结盟！

战争嗅到了这牵一发动全身的机簧。

巴尔干战争开始了。

1912年，雷蒙·普恩加莱，那个记得在他孩提时代，普鲁士士兵入侵他的家乡的巴勒迪克的洛林人成为了政府总理。

他去俄国进行访问，在那里，他受到了本该属于国家元首的礼遇……而他当时还并非国家元首。

俄国沙皇接待了普恩加莱并邀请他共进午餐。普恩加莱同外交部长谢尔盖·萨宗诺夫进行了长时间的商谈。前者坚决要求俄国人将铁路一直修建到同德国交界处，以使得在战争时能够快速地将部队运送到前线。

在德国，人们很焦虑。

包括冯·毛奇在内的将军们不断重复说着德意志帝国无法在俄法联合发起的突袭中取得胜利。

德国驻法大使、男爵冯·肖恩报告道，1912年8月雷蒙·普恩加莱回到法国时，受到了人民群众极其热烈的欢迎。

这位政府总理曾对其近属吐露，沙皇尼古拉二世夸赞他为使"法国军事和民族意识觉醒"所

雷蒙·普恩加莱

作出的努力。普恩加莱海承诺俄国人，法国的银行将再借一笔新款项给俄国，专门用于战略铁路的修建工程。

普恩加莱在南特发表了一个重要演说，该演说广受新闻界追捧。

这次演说影射了"巴尔干战争"。政府总理用他颤抖却坚定的声音宣布道：

"让他人处于和平状态下，并非我们所能决定的。而为了让我们自己处于和平环境中，我们需要保有不喜战争且不惧战争的人民所特有的耐心与活力……只要那些可能出人意表地服从于好战想法的人存活在地球表面，那些真心实意追随和平的人们就不得不随时准备迎接各种意外情况。"

1913 年 1 月 17 日，在由伯爵阿尔贝·德·曼召集的君主政体拥护者、民族主义者、天主教徒的投票支持下，雷蒙·普恩加莱以 483 票对 296 票的优势当选为共和国总统，大胜其对手儒勒·彭思，后者主要由"左翼代表"支持。还有 69 票投给社会党候选人。

一名法国国民议会议员喊出了"普恩加莱，就是战争！"的口号。

在巴黎的人们向新当选的总统发出欢呼。队列自发形成并涌向爱丽舍宫，继而拥向了市政府。至少有 30 万人参与了这样的队伍来表达自己的喜悦。夏尔·佩吉十分兴奋，并写道："普恩加莱先生在一场影响深远的群众运动中上台，在全民族持续不断的热情活力中上台。这种活力同人们所能想象的同知识分子与投降派—饶勒斯主义者倡导的运动截然不同。"

这当真是饶勒斯和倡导谨慎对外政策的人遭遇的一个严重挫折。

1913 年 2 月 20 日，最高权力交接两天后，在久久不停的掌声下，普恩加莱在他的首次议会讲话中谈到：

"唯有随时为战争作准备，一个民族才能确实地处于和平环境中。"

索邦大学极受尊重的学术泰斗，历史学家欧内斯特·拉维斯从 1909 年起便写道："欧洲将要开战，因为它为战争做着准备。"

在普恩加莱主持的第一次部长会议上作出决定，法国驻俄国大使由泰奥菲勒·德尔卡塞出任。泰奥菲勒·德尔卡塞为前任外交部长，在 1905 年"摩洛哥危机"中被迫辞职。

而俄国方面，则由同样为前任俄国外交部长的伊兹沃利斯基出任俄国驻法大使。

这项针对德帝国的坚决主战政策已然自我组织好，而德国方面，则是由于德国将军的推动，德国始对法国的这一政策作出回应。

而掩藏在表面上自称理性的分析下的，是对战争大获全胜的渴望。

在德国与法国，人们为增加兵力进行投票。（法国的三年兵役条款由此而来）

至于伊兹沃利斯基和德尔卡塞两位大使，他们已有十分坚定的信念。正如阿尔贝·德·曼所写的那般，战争偕同"避无可避的命运"变得"不可抗拒"。

在 1912 年 11 月于巴塞尔新教教堂举行的第二国际大会上，饶勒斯公开反对这些政策。他所发表的由教堂钟上铭文所启发的演说引来了阵阵欢呼与喝彩：

"Vivos voco, mortuos plango, fulgura frango（拉丁语）…… 我呼吁生者，希望他们奋起反抗出现在视野里的那头怪兽；我为逝者心碎，那些不可计数的逝者，躺在那儿朝向东方，他们散发的浊气如同悔恨一般涌向我们；我打破那闪电，那在积云里做祟的战争的闪电。"

然而，他的呼吁并未引起重视。

在记者们的笔下，（这其中许多记者已然被俄国大使所收买，）他变成了民族主义者德国绅士饶勒斯，德国的代理人！而事实却是伊兹沃利斯基和德尔卡塞，普恩加莱与德国参谋部掌握领导权。

德尔卡塞在被任命为常驻圣彼得堡的驻俄大使的第二天，就告诉时任外交部政治事务长莫里斯·帕莱洛格他的意图。"俄国军队必须在最短的时间内进入强劲的进攻状态，最多 15 日。这正是我将不厌其烦地灌输给沙皇的理念。至于外交词藻、古老的欧洲各力量间平衡的玩笑话，我将尽可能少地涉及到。这些不过是连篇累牍的废话。"

这种拒绝谈判的态度意味着承认战争将在未来发生，战争极有可能发生！

渐为法国总统所熟知的傲慢自大的伊兹沃利斯基同样也是一名"主战的大使"，他坚信俄国若想继续屹立于世，必须利用对外进攻的政策将俄国人民团结在沙皇尼古拉二世周围，因为自 1905 年起，俄国沙皇的统治就在列宁领导的苏联共产党进行的革命起义下岌岌可危。

"普恩加莱先生对我表达了想要时常见到我的想法。"伊兹沃利斯基写道，"他告诉我，每当我想同他交谈的时候，都可以直接同他交谈：在当前艰难时局下，这种特殊的变通手段对我们更有利，让我们更加方便……"

正如约瑟夫·卡约对 1911 年摩洛哥危机的评论中所总结的那样，普恩加莱为他的俄国盟友毫无保留地提供支持，他拒绝所有与德国和解的想法。

沙皇尼古拉二世赞扬普恩加莱的政策，其中最有用的是将兵役年限延长至 3 年。

尼古拉二世说："一个民族若要变得强大，就必须要有军人的精神。"他十分高兴能够在身上观察到这样的精神面貌。他为法国政府能保有并发展这种精神感到高兴。

而柏林那头，人们非常关注由普恩加莱、德尔卡塞和战事部长亚历山大·米勒兰主导的法国政策的变化。

德国外交官在出访法国的过程中，发现人们在所有的城市都创立了健身社团，以使年轻人身体素质能够符合服兵役的条件。

每个周六的夜晚，在那些有士兵驻扎的城市，总有队列伴随着军乐在大众住宅区行进，走遍所有街道。孩子们在军鼓、军号、法国号前翻着筋斗。

军队理应是人民的军队。米勒兰还有参谋部希望终结对反军国主义、无政府主义或社会主义的宣传。这些宣传呈现了不怀好意、坏脾气、报复心强且粗暴专制的军官的那副吹毛求疵的军士的模样。

1911 年，饶勒斯写下《新军队》一书，试图在书中为军人精神、人民和爱国主义构建另一种关系。使其能与谨慎的对外政策相适应。然而他的理论再度被人忽视。

1913 年，将兵役时间延长至 3 年的法案被提交到众议院（7 月 ~8 月）。所有大报纸和民族主义者都将矛头指向饶勒斯。

1913 年 3 月 13 日，《巴黎回声》的专栏编辑弗兰克·诺安写道：

"法兰西说，闭嘴，饶勒斯先生！因为这句话非常重要，我要保证让您和您的朋友能够听懂，所以我要为他们，也为您进行翻译 。（德语）法兰西说，闭嘴，饶勒斯先生！"

饶勒斯，这个不断被媒体打击的人，是一个"德国代理人"。

作为权威的《时代》日报，人们总是赞扬它的尺寸拿捏，它实是一份半官方的报刊。该日报曾写道：

"十年来饶勒斯一直全力与民族利益作对，这个外国辩护人。"

夏尔·佩吉变成了一个狂热的爱国者。他将自己所有的热情与才华投身新的事业中：

"战争年代，"他说道，"只存在一种政策，那就是国民公会政策。但是不应该对国民公会政策视而不见。因为饶勒斯驾驶一辆大马车，马车发出的如鼓声般震响的隆隆声试图掩盖这一伟大的声音。"

因此饶勒斯注定要被"判处死刑"。

然而，1913 年 12 月 2 日，时任法国总理路易·巴尔杜，一个普恩加莱的忠实追随者被推翻。

他成功地组织投票通过了三年兵役条款。但他在借入 13 亿法郎用于资助新军事项目花费的税收模式上失败了。约瑟夫·卡约主导了免除债务认购者的赋税的行为。

当战败的巴尔杜从波旁宫的议事大厅灰溜溜出来时，社会党议员冲他吵嚷道："打倒三年兵役条款！"

过渡政府由激进党加斯东·杜梅格组阁主持。他承诺绝不改动三年兵役条款。定在 1914 年春天的国民议会选举将决定他的命运。

在那之前的 5 个月，每个人都认为会上演党派之间的激烈冲突。那么强烈的冲动、那么紧绷的状态。

法国的对外政策才是真正的讨论焦点。

德国领导人相信，法国不可能变换方针。

1913 年 11 月，威廉二世在波茨坦接待比利时国王阿尔贝一世时，对他吐露说："与法国的战争是不可避免的，而且将是我的下一场战争。"

冯·毛奇将军重复道："既然无可避免，自然越早越好。"

必须赶在法俄的钳制夹击增强前，赶在俄国军队完成现代化、赶在铁路修建到达德俄两国边界前。

根据阿尔弗雷德·冯·施里芬伯爵将军从 1891 年起便在准备的计划，一旦法国沦陷在闪电进攻中，他就打算打破比利时的中立立场，占领比利时，使德军能从背后进攻法国军队。俄国随后也将被打败。

威廉二世自然不会告诉阿尔贝一世，冯·施里芬和冯·毛奇意图穿越比利时作战，并占领比利时。他只明确指出德国的战略在于进行"防卫战争"。

威廉二世只对比利时人民的国王重复这些：

"事实上，法国自身想要发动战争，它为此进行武装。对三年兵役条款进行投票的举动恰恰说明了这点。法国媒体的措辞也表现出了对我们日渐增长的敌意。法国人民想要复仇的心态也通过越来越具有倾略性的方式展现出来。"

　　听到这些话语，比利时国王回想起比利时驻法男爵纪尧姆发给他的公函。这位外交官书写道：

　　"正是普恩加莱先生、德尔卡塞先生、米勒兰先生还有他们的朋友想出并追随民族主义的、带有沙文主义的好战政策。我们已观察到这种倾向的复苏。这对欧洲而言，是非常大的隐患……我从这儿看到了威胁今日欧洲和平的最大隐患。[1]"

　　事实上，1913年12月2日巴尔杜政府在"打倒三年兵役条款"的呼喊声中的倒台，这一事件恰恰反映了法国内部意见的不统一。

　　对战争的期待、对复仇的渴望确实存在，但谨慎思虑后作出的停止挑起战争的决定中不包含这些，法方更不会作出主动宣战的决定。1870年拿破仑三世所引发的战争后果，依旧是能引起法国人灼痛的回忆。

　　而实际上，这涉及执行一项"承担战争风险"的政策，法方深信另一方，即1871年的战胜者德国，这个曾经从祖国母亲的手上夺走阿尔萨斯—洛林地区的战胜方，已经准备好进攻法国。因为德国想要同法国彻底结束一切。后者自1871年，一直在进行重建工作，重振旗鼓，并建立起了一个巨大的殖民帝国。

　　然而，承担战争的风险、保持对战争的渴望、流露出复仇想法，这些确实吸引着战争这头野兽，尽管人们并不真的想要进行战争。

　　法国驻德国武官如是写道："德国媒体不仅仅引述了我们对战争表示

1　让—雅克·贝克 在《1914那年》（巴黎，Armand Colin 出版社，2004年）引述道。该作品非常重要。

出的态度，更将其夸大……因此，在德国很有可能形成一种同法国的战争无可避免的想法。"

法国议员弗朗西斯·德·普桑斯，他是饶勒斯的朋友，1911年4月他在《人道报》中描绘了有自己鲜明特质的国家的环境。据他描述，法国此时显现出一种"普遍的疲劳感和普遍的厌憎感"，因为法兰西第三共和国早已变成了一个集团，为了让选民依附他们,他们内部划分着共和国的特权。大大小小的特权标志着共和国道德的沦丧。

普桑斯继续道："人们看到那绝大多数人掉入了爱开玩笑的怀疑主义空间……这常常是某些凶险的冒险之旅的序篇。"

他总结说："在我看来很显然，我们双眼紧闭，滑到了某个斜坡上，在这个斜坡的边缘是那大张其口的大战深渊。"

战争，深渊?

一头食肉野兽不怀好意地徘徊，嗅着它的猎物，或是如同马里内蒂和其他未来主义者重复说的那样"清洁世界"。

1912年在人们肯定由冶金行业赞助的《舆论》周刊上（这些老板都加入了冶金工业公会内），两名作家—阿尔弗莱德·德·塔德和亨利·马西斯，他们都是拉莫斯的近友，以假名阿格东签署了一份对巴黎资产阶级青年的调查。

神秘的爱国主义、对行动的渴望、可接受战争可概括几乎所有的答案。

"战争，这个词突然间又有了某种诱惑力。"阿格东写道，"这个词是如此年轻，如此崭新，还装饰着让无休止的好战天性在人心复苏的吸引力。年轻的人们令它充满令人沉醉的美丽，而日常生活却会剥夺去这份美丽。"

"战争，尤其在他们眼中，是人类最崇高的美德展现的机会，他们视这些美德为最高品德:毅力、自我控制、为一项高于自身的事业而牺牲奉献。"

以"今日的青年"为名发出的调查，似乎是《未来主义宣言》，以及恩斯特·荣格尔在1914年之前的思想状态在法国引起的回响。

"人道主义的教理并不能培养学生"，阿格东继续道，"出于对窃窃议论或是倒彩声的畏惧，这样的教授只会谨慎地谈论德国作风。"

阿格东引用了年轻人宣扬的如下言论：

"一场战争将让我开心，战争将让我们所有人开心……有一天，让我们再度品尝到血液滋味的拳击战会到来……战争不是一只残忍、令人憎恶的野兽。这真的只是一项运动……这就是我届时所参与的，且所有的运动员都同我一起参与的运动。"

阿格东概括认为，这表现出了一种民族情绪。

"对空想家、人道主义者、蠢货、和平主义者和虚伪、卑微之人的鄙夷从未这般本能地爆发出。"

新闻界和法兰西学院那般兴奋，该调查被发表在一本获得颁奖的书籍里。《晨报》在其 1913 年 1 月 23 日的第一版面上以《青年的奇迹·爱国情怀的苏醒》为题刊登了该调查。

一名日报记者询问当时非常受欢迎的哲学家亨利·柏格森，后者说道：

"怎可能不为看到一群更有勇气、更大胆的、对自己肩负责任有更好认知，且一言以概之，就是比他们的前几代都更富有法国人气质的青年们而感到高兴呢？"

年轻的一代从未经历、见识或想象过机关枪的扫射、数千重达一吨的炮弹的攻击，还有窒息瓦斯横行的战争时代景象。这不是一项运动，这是一场屠杀。人们或被残杀、或窒息而亡。有些人残疾了，双眼瞎了，甚至面目全非。他们也不曾见过那些不知餍足的硕鼠，因大口吞食了腐烂在战壕里的尸体血肉而体格硕大。这些年轻人对他们的未来将是什么样毫不知情。

直到 1914 年 8 月 2 日周日才颁布军事总动员令。

1913 年 8 月 2 日，22 岁的让·阿拉尔—梅斯在《巴黎回声报》上发表了描写他所在班级到洛林地区，靠近维翁维尔村的东部前线之旅的故事。

"我们大约有 150 人……所有的巴黎综合工科学校学生还有圣西尔军校第六军团的学生……我们所有的人都怀有相同的愿望、同样的目的、还有一样的梦想！离我们不远处，土地就突然不再是法国的领土。我们围绕在军官们身边，他们给我们讲述着悲伤的，啊，古老的，让我们触动很深的故事。我们的视线一直落在被德国兼并的那片土地上。"[1]

这些年轻人，他们能听得到饶勒斯的呼吁吗？这些未来的军官，他们中大部分人将死于战争的前几周。他们一腔热血、满怀爱国之情，随时准备为至高无上的事业作出牺牲。

饶勒斯预言，这场即将到来的战争将是"'三十年战争'之后最可怕的牺牲"。

他继续道："资本主义不希望进行战争。然而，他的无秩序令他无力阻挡战争的到来。只有一种团结一致的强有力的力量，那就是国际无产阶级。"

饶勒斯错了。他国际主义的"乌托邦"遮蔽了他的双目。各色人种者都披上了他们国家的军装，准备着保卫他们神圣祖国的土地。

饶勒斯还忘了世上还存在恶意中伤的行为。

他低估了莫拉斯的影响力，后者在《法国运动》中写道：

"我必须要提到饶勒斯，他不仅仅是议会里令人沮丧的煽动者，也是德国行贿给法国反军国主义受贿者的中间人……由国家机构进行的一项可靠调查，将通过研究饶勒斯所有的文章和演说，让德国黄金所收买进行的任务都浮出水面。"

1　引述自伊夫-马力·阿德李讷《1914，欧洲的一场悲剧》（巴黎，Ellypeses 出版社，2011）。这是一本经过深入研究的、令人振奋的历史随笔。

饶勒斯尤其忘了外界对他的排斥，就像诗人、作家、所有重新找到民族和信仰道路的人们、以及将战争视作孕育其所追求的纯粹文明的子宫的人们，对他所做的那样。这些人随时准备为战争献出生命。

正是阿波利奈尔于 1913 年在发表了《地带》这首诗，该诗收录在《醇酒集》中。"最终，你还是厌倦这旧世界了。牧羊女，啊！埃菲尔铁塔，那一群羊今早都咩咩叫了。你在古希腊罗马年代活腻了……唯有欧洲，你不是古旧的，啊！基督教。最现代的欧洲人是您，教皇庇护十世……是比飞行员更好地飞上天空的耶稣基督。他保持着世界高度第一的记录……"

饶勒斯也忘了夏尔·佩吉于 1913 年 12 月发表的名为《夏娃》的诗歌。

诗歌将全新一代人的感受性提升到最高点。他们做好准备奉献出自我，将信仰与祖国相结合，整个欧洲都与之相关。

《Gott mit uns [1]》刻在德国军人的腰带上。

后备部队中尉佩吉不曾缺席过任何一个后备部队军官被强制参与的军事时期，他写道："那些为大地的肉体而死的人是幸福的。然而，前提是死于一场正义的战争。那些为每寸土地而死的人是幸福的。那些以尊严的方式而死的人是幸福的。那些在大战中死去的人是幸福的，他们在上帝的面前倒在了土地上。那些死于最后的包围中的人是幸福的，他们被围在盛大葬礼的各种布置里……那些逝去的人们是幸福的，因为他们重返（上帝造人的）黏土的最初形态。那些在正义的战争中死去的人们是幸福的。那些成熟的麦穗、被收割的麦粒是幸福的。"

1　"上帝与我们同在。"

（上篇）

卷 一

1914 年 1 月~1914 年 6 月 28 日

第一章

F I R S T   C H A P T E R

3

1914年1月1日的爱丽舍宫的会客厅，外交使团团长、英国大使弗朗西斯·博蒂阁下向共和国总统雷蒙·普恩加莱先生表达了美好的祝愿。

德意志帝国大使、男爵冯·肖恩站在外交使团的第一排。几步之遥，半睁着眼的是俄国大使，亚历山大·伊斯沃尔斯基，他笑着，用点头表示赞同弗朗西斯·博蒂阁下的话语：

"刚刚过去的一年，"英国外交官说道，"见证了和平的重建。这一切让我们期待刚开始的新一年不会是动荡的一年。"

确实，巴尔干半岛战火已歇。然而，在场的所有大使，无人理睬塞尔维亚人并未停止鼓动奥匈帝国南部地区的斯拉夫人民的行为。

塞尔维亚情报部门指挥承担这项任务的秘密组织"黑手社"，并为其提供资金。

每一位大使也都知道军事竞赛将会继续，并将扩大规模。德国总参谋部长冯·毛奇和奥地利总参谋部长康拉德·冯·赫岑多夫时有交流联系。

在阿尔萨斯地区的萨韦尔恩，德国军人和德军口中所说的"阿尔萨斯流氓"之间发生许多冲突。

人们控告这些军官－上校、中尉，追捕、虐待平民的行为。

案件在斯特拉斯堡以冯·罗伊特上校和夏特德中尉被宣告无罪告终。然而法国的新闻界对此并没有太强烈的反应。被法国新闻界视作激进报纸的德国《柏林日报 Berliner Tageblatt》引用如下文字：

"刺刀制度在萨韦尔恩的代表们获得了极度的满足。显然，对于军事党派而言，一个新的时代刚刚来临……"

法国人并没给这来自德国报纸的评论添加任何评价。他们并不利用它。他们不提及复仇。

仿佛夏尔·佩吉一个月前发表的诗歌是在另一个时代所写的。

佩吉赞颂牺牲。

"那些在一场正义的战争中死去的人们是幸福的。"

他将那些将要接受动员入伍的人们献给了这巨型割草机。他写道："那些成熟的麦穗、那些被收割的麦粒是幸福的。"

但是，1914 年的 1 月，"战争"和"死亡"这两个词却不再被使用。

弗朗西斯·博蒂阁下谈到了"和平"。

新闻媒体没有夸赞战争的力量，它称颂体育活动。

打拳击、渴望流血的年轻人们给阿格东的回答被遗忘。人们称赞在塞纳河游泳的游泳运动员，彼时河水还在顺流冲走冰块。

大批民众聚集在亚历山大三桥上，为这十名勇敢的青年鼓掌喝彩。新闻报道明确说明是"正在休军假的工人和军人"。他们参加全国促进游泳运动协会所举办的比赛。

人们报告了评论家对一场有 2 万多名观众到场的法国同爱尔兰的橄榄球

比赛的评论。观众们想要围在巴黎王子公园自行车赛场主席台前的那些火盆来取暖。

法国刚开始是领先的，"然而，如同所有伟大的获胜者一样，法国队在胜利中变的萎靡不振"。观众仍继续欢呼喝彩，记者补充道："这应该被叫作失败。法国被打败了。"

1914年，人们是否真的能经历一个没有危机、亦没有沙文主义的一年？

政治氛围是否每一年都在变化？1913年12月到1914年1月的政治氛围是否有所改变？

阿尔贝·德·曼伯爵的"一场战争将无可避免"的论调是否出错了？

被其对手痛斥为"战争者普恩加莱"的共和国主席在1月1日接待外交使团时，久久地握着肖恩男爵的手。

人们看到普恩加莱邀请了4000名孩童、优秀学生及其家属，让他们到特罗卡德罗宫的剧场大厅围绕着放置在舞台中央的巨大冷杉树庆祝圣诞节和新年。在他的包厢里，他的妻子陪伴着他。普恩加莱为小丑滑稽的演出，为杂技演员的惊险表演而鼓掌。他看上去很放松，没有平日那么冷峻。这些是否是外交策略要转变的信号呢？

在与德方处在危机时期担任外交部长的泰奥菲勒·德尔卡塞，刚刚请求辞去其驻俄大使的职位，以便其能再度成为国会议员。他的继任者是外交部政治事务主任莫里斯·巴莱洛格。后者与普恩加莱和德尔卡塞往来密切。但是他是个职业外交官，很可能倾向于用谈判作为外交手段！

1914年是否会是同德国进行大的和解的一年？从1870年到1971年，法德两大国间的关系从未如这一年般，这是矛盾最少的一年。

1月1日，巴黎歌剧院是欧洲首批上演理查德·瓦格纳的《帕西法尔》歌剧的剧场之一。在它之前的是博洛尼亚歌剧院，该歌剧院在0点01分开始上演瓦格纳的《帕西法尔》。

1914年1月1日，瓦格纳的著作进入大众的视野。

巴黎上流社会都急于赶到拉杰内哈尔。剧院附近的街道挤满了从巴黎附近的城堡开来的机动车。在法国，早已有十万辆机动车。贵族们来此庆祝圣诞节和圣希尔维斯特节。

《弗兰克日报》指出是宗教的虔敬接纳了《帕西法尔》。

法国新闻界向瓦格纳的天才致意。他们满足于用"我们的老作家曾写过《珀西瓦尔》"这句话提醒人们。《画报》，这份大周刊用一副描绘第三场最终幕的图作为它的封面。"纯洁的主人公将长枪高举，攀登上奉有圣杯的祭台台阶。"

人们向法国化、而在某些细节上巴黎化的场面调度致意，向安德烈·梅萨热导演致意。但人们夸赞最多的是瓦格纳无与伦比的作品。

为何这两个国家的精英们能够因一部作品的精神而相通？这又是如何办到的呢？他们拥有共同的精神根源，而他们是否会再度互相诋毁呢？

他们的爱国情怀可以在技术革命，即骑车、飞行器、飞艇所准备的文明更迭中团结起来。一名阿尔萨斯工程师，斯皮思在德国人齐柏林之前造出了一台"空气飞艇"，并将该飞艇提供给法军。在1914年1月，这艘飞艇飞越了巴黎。

人们在新年的开始，还强调期待以和平方式进行的、不让步的竞争。

法国飞机和法国汽车同德国制造争相想要成为新的纪录持有者。

在一架往返巴黎与开罗的飞机停留在耶路撒冷时，法国宗教组织管理的圣保罗中学的学生唱道：

"你背负着什么呢，我漂亮的鸟儿。
当你张开巨大的双翼，
越来越骄傲，越来越美丽。
你劈开蔚蓝天空，我漂亮的鸟儿？
我背负着你的荣光，啊！法国！"

爱国主义的表达不应该带有倾略性。

1914 年 1 月 20 日，普恩加莱总统恢复了一个被废止了几十年的传统：他接受了来自德国驻法大使，男爵冯·肖恩的晚餐邀请。

这是一场非常盛大的晚宴。

"昔日的欧根亲王的公邸，今时的德国大使公馆可能从来没有如此熠熠生辉。它不曾见过这般多的华丽车队在大理石台阶前来来往往。"《画报》周刊的一名记者如此写道。

晚宴的餐桌用花装饰成法国三色，法国部长们和政府总理加斯东·杜梅格也参与了晚宴，记者继续道，而在晚宴过后，接待所有在巴黎的外国贵族的宴会开始了。

夫人们都围绕在总统夫人，普恩加莱夫人周围。这些夫人大部分人都戴着头冠或冠冕状的发饰。而普恩加莱夫人的发型则留出了两绺微微晃动的秀发做装饰。

"宫廷礼仪，这是极为隆重的礼节的展示。"

普恩加莱同男爵冯·肖恩和利奥泰将军进行交谈。"轻松、礼貌的氛围。"

报纸报道强调指出，普恩加莱总统早已在奥地利大使和俄国大使家中用过晚餐。他还接受了土耳其大使的邀请，继而又接受了意大利大使的邀请。

这难道不能证明，1914 年 1 月一种新的政治氛围已经在欧洲列强间形成吗？

这是 1870 年法兰西第三共和国成立以来，总统第一次接受德国大使的邀请！

男爵冯·肖恩
德国驻法大使

"我不知道有什么理由要保持一种在我看来，就像是赌气的传统！"普恩加莱如是说道。

他说，同冯·肖恩男爵的谈话仅仅只是"沙龙里愉快的对话"。

然而这仍是一个历史性的事件。为了能使这个夜晚的政治意义更加清晰，普恩加莱故意在德国大使处逗留了许久。

他解释道："法国并没有用它的方式理解和平，也没有明白缄默，更没有理解人们内心的想法。"

4

雷蒙·普恩加莱是否说服了他的德国谈话对象，说服了在后者身后的德国舆论，告诉对方法国的合理、和平的诉求？

当人们读到冯·肖恩男爵的回忆录时，可以对此产生怀疑。德国大使很想承认："普恩加莱总统抛弃了他前任所持有的保留态度。"但是，他马上补充道："皇帝威廉二世陛下也完成了破冰之举。他在摩洛哥和刚果条约签订后[1]，就在柏林接受邀约并前往法国大使公馆。"

对于冯·肖恩而言，普恩加莱的到访"只是在有政治困难的情况下的礼貌表现，我不赞同那些准备将此视作高层政治意图表达的观点。"

冯·肖恩男爵并不认为德法之间的政治氛围有所改变。

"想要转移人们现有的与我们敌对的情绪，似乎是一种幻想。"他写道。"那每天都将法国反对德国的风帆吹得更鼓的风变得加倍猛烈。"

事实上，不管冯·肖恩男爵如何想，两国元首，雷蒙·普恩加莱和威廉二世分别到访德国驻法大使和法国驻德大使的举动，标志着 1914 年 1 月国际关系有所缓和。

1　法国与德国间由于摩洛哥问题出现的危机，分别出现在 1905 年和 1911 年。摩洛哥危机最终以折衷协约解决：摩洛哥成为法国的保护国，德国则获得了黑非洲的土地。

战争总是在徘徊之中，但是，看上去它走远了。摩洛哥和巴尔干半岛危机都已解除。不过，政府间仍在彼此窥伺。

法国政府总理加斯东·杜梅格在1月的最后几日，得知共和国总统将于7月访问俄国。

普恩加莱的所有前任都曾进行过这一惯例访问。此行突出了法国对俄法联盟的高度重视。

于是，从1914年1月起，外交机构就着手为国家元首外出访问进行准备。

按计划，总统将于7月15日离开巴黎。在回程途中，普恩加莱还将访问斯德哥尔摩和哥本哈根。

普恩加莱将在政府总理的陪同下，登上"法兰西"号装甲舰。

加斯东·杜梅格对陪同出行并不抱有幻想。

只有极小的可能，他届时还会担任政府总理一职。

议会选举将在1914年5月到6月间进行。竞选战从1月就已开始。

左翼－社会党饶勒斯和激进党卡约，将组织反对三年兵役条款的运动。这使得"民族主义者"一方或简单地说"爱国者"，同另一方"国际主义者"、"和平主义者"之间的关系更加紧张。

曾经被允许参加阿尔克纳蒂—维斯康蒂侯爵夫人的知识分子沙龙的饶勒斯，感到自己被疏远了。作为沙龙的常客，美术系主任亨利·荣臻要求剔除饶勒斯：

"饶勒斯想用他的革命空论主义来赞同裁减法国军备。"他重复道。"在他背后有什么呢？有的是那暴乱者和无国籍者所组成的军队……不，很显然，我们避开饶勒斯会更好。他同我们不是一路人。"

深感受伤的饶勒斯给侯爵夫人写信道：

"看到我们因某个误解，在这样一个严峻的时期分离，我感到非常痛苦。而您不承认我为民族做出的实实在在的努力，也令我万分难过。我坚信人们正要将这个国家从做出有益的努力的道路上引开，并让它远离良知。您对我所犯的错误只是这段艰难时期我所经受的考验中较为轻微的……"

然而，阿尔克纳蒂—维斯康蒂侯爵夫人的大门依旧对饶勒斯紧闭。

很大一部分精英阶层的人重申他们的民族主义，并且转而为"法国文明"辩护。

当时特别受欢迎的作家安德烈·纪德，他最近出版的书《梵蒂冈的地窖》获得广泛的赞誉。纪德为犹太文学甚嚣尘上的而唱起的"凯歌"感到担忧。他写道：

"如果我国的文学靠牺牲它的涵义来进行自我丰富，这对我来说又有什么意义呢？当法国人不再有足够的力量的时候，与其让粗鄙的人代替他们、以他们的名义进行文学创作，倒不如让法国文学就此消失。"

而饶勒斯在 1914 年 1 月 26 日于亚眠开幕的社会党大会上所倡导的有关法国的观念，人们还无法达到这种视角高度。

这表现出的是另一个样子的法国。

饶勒斯喊道，在 1914 年 5 月到 6 月期间的竞选中，我们应该同"沙文主义和军事行动"斗争。"开始战斗吧！"伴随着喝彩声与国际歌的歌声，他最后说道。

不过，饶勒斯的声音却颤抖了许多次。

饶勒斯已经 55 岁了。每天，他都会遭受到民族主义者充满仇恨与憎恶的袭击。他被死亡威胁着。头脑清晰的他估测着国际形势所潜藏的危险，他极其敏锐，他非常聪慧。但这些都让他变得焦虑不安，变得越来越悲观。

他就人们对理智的批评发出警告。人们对理智的批评激发战争、暴力，

"野蛮行径的内在力量通过出奇无礼的方式伪装成了法国文明的卫士。"

他的几个同志还有他那看到战争即将到来的朋友弗朗西斯·德·普桑斯的死令人感到不安。饶勒斯用严谨的口吻提到"不可战胜的希望就在我们身上……那存在于社会主义中的生命的力量，它将战胜所有的不幸，驱散笼罩在个人命运头上的乌云。"

在演说结束时，他说道，"这条道路两边，多是坟茔。但是这条道路将通往正义。"

而对于这句话，只需要将"正义"一词换做"复仇"，这样它便能被十万人所复述。1914 年 2 月 3 日在里昂火车站，这些人挥舞着旗帜，用响亮的声音唱起"马赛曲"，他们迎接保罗·德乎莱德的遗体。保罗·德乎莱德几十年来一直参与民族主义运动，还组建爱国者联盟。他于 1 月 30 日在尼斯去世。

普恩加莱总统用一封公报表达其对这位民族主义者的逝世的致意。

有着查尔斯·莫拉斯和许多其他议员和部长（巴尔杜、白里安……）的丧葬队走向圣奥古斯汀教堂。他们在协和广场那被黑纱蒙住的雕塑前停下，这座雕塑象征着斯特拉斯堡。旗帜似乎都垂下了头。

人群一遍遍喊着"法国万岁！"

在许许多多的城市，诸如格勒诺布尔、南锡、波尔多等，数百名来自法国运动、组织的学生聚

保罗·德乎莱德

集在一起。他们向保罗·德乎莱德这位 1870 年出生的战士，这个《士兵颂歌》的作者，这个被新闻界视作"复仇思想的拯救者"致意。

1914 年 1 月的平静，只是表象而远非事实。战争依旧在伺机而动。

5

复仇？

复仇只可能是个"好战的人"。

1914 年 2 月，在这一个月的时间里，越来越多的人向德乎莱德致敬。人们赞颂的是"战士"，人们回想着他在 1870 年至 1871 年所进行的战斗。

"这就是战场，"法兰西院士亨利·拉弗丹写道，"在这个战场上，我们的初出茅庐的的猎兵，那般瘦弱、干瘪、骨瘦如柴……就那样一动不动地伫立在这片古老的土地上。这片土地需要他的捍卫，他从未出让这片土地……不要说他已死去了……他行走着，他前行着，他敲着门……他拍打着玻璃窗。他在说话。他说了什么？他说：'总是……依旧。总是……依旧。'他只说了这些，用法语说了这些。而这并不是一个童话故事。"

雷蒙·普恩加莱的那次到访，他在德国大使家用晚餐的事件仿佛是很久以前的事。

如今，一个月后，共和国的总统以一种军人式的语调发出了这样的喊声：

"比起无国籍者所宣扬的论调，我更忧虑伪装成和平主义者的阴险博士还有怯懦的喜欢乱出主意的人。"

他用马赛曲对抗国际歌，用三色旗反对红旗。

显然让·饶勒斯成为了他的目标。普恩加莱开始了竞选运动。选举活动将在两个月后进行，而三年兵役条款将成为这场交锋的核心主题。

"我支持法国。"普恩加莱如是说。"我反对所有背叛、背弃、抛弃法国的人。"

新闻媒体界支持普恩加莱，作家们激起人们的爱国精神。

年仅 25 岁的让·谷克多的才华早已令人瞩目。他发表了一首《致霞飞将军颂歌》。霞飞将军自 1911 年起担任军队参谋部长，他是一名坚定的三年兵役条款拥护者。若是战争爆发，他还将是不惜一切代价发起攻势、进行拼命攻击的作战策略的信徒。

霞飞和政治界想象着一场短暂的战争。他们以为士兵们发起的突击浪潮将粉碎德军的前线。包括贝当将军在内的极少数军官，强调了新武器（机枪、重炮、穿甲弹）火力猛烈。而这令他们被当作在打退堂鼓。人们指责这些军官不相信法兰西民族的英勇和军事能力。

战争的氛围在 1914 年 2 月、3 月间迅速渲染开，大部分欧洲国家都被这种战争的气氛所感染。不过，在此期间不曾有任何能破坏国际关系的危机发生。

然而，俄国决定在这个和平时期，将入伍士兵人数从四十六万增加到一百七十万人。

英国增加了六十二万五千英镑的军队财政预算，故而其此项预算达到了二千九百万英镑。

法国陆军部长约瑟夫·努棱恳求增加七亿五千四百万法郎的预算。俄国人又向法国借了八百二十二万一千法郎。法国借贷给俄国的款额高达36.4 亿法郎，其中三分之一是沙皇政府做保借出的。

这水涨船高的军队预算和借贷都揭示了军备竞赛的加速。

1914 年 3 月 17 日，首任英国海军大臣丘吉尔在英国下议院发言，他试图说服议员，让他们继续发展海军武装。

"人们还不曾向议会提交过，"丘吉尔说道，"一份跟海军一样高的预算。我们希望在德国造了 5 个舰队的时候，英国能有 8 个舰队在服役。"

温斯顿·丘吉尔

那么德国在它的项目上落后了。"

德国否认对"爱国"舆论感到忧虑。德国海军元帅冯·提尔皮茨则断言："德国海军的筹建并没有落后。在预算年度期间，14艘新战船将可以投入使用。"

奥匈帝国的军备开支本就占了帝国预算比重的最大部分。为了控制亚得里亚海，奥匈帝国也在增强其海军实力。

不过，俄国想要阻止奥匈帝国的这一策略。它想要成为斯拉夫人民的盾与剑。

泛斯拉夫主义的代言人，鲍勃林斯基伯爵宣称："俄国准备进行对泛日耳曼主义最后的报复。俄国想要达达尼尔海峡。"

这些目标、这些建造新战争舰艇的工程、整个欧洲大陆的铸造厂都在铸造着钢铁，冶炼厂用这些钢铁制造武器。鲜有政治家察觉这些现象宣示着：巴尔干半岛局势再次紧张，各方联盟机制带来的一连串事件很可能引起一场欧洲范围内的战争。

正是丘吉尔写道："1914年春夏，欧洲被一种异常罕见的静谧打上印记。"

不过，人们十分清楚，奥匈帝国已然决定不再容忍俄国在达达尼尔海峡、在巴尔干半岛的进一步举措，即使这是打着塞尔维亚人的幌子！

人们知道，俄国资助、有俄国代理人支持的民族主义秘密团体已经坐不住。他们在自己的爱国诉求推动下，被俄国沙皇，这斯拉夫人强有力的保护者所煽动。

人们知道，德国将会支持奥匈帝国，而法国则会是俄国忠实的伙伴。

能使有如大地震的战争发生的力量已经就位，但它尚未被激发。它在积蓄着一种毁灭性的能量，这种能量一日强过一日。

"欧洲是否会继续如此？"饶勒斯大喊道，"或者，人们将会以对这诸多的蠢事和不正直行径的厌弃作为结局？"

而回答这些焦虑的问题的，是和平主义者的强大意志力。

在柏林，德国和平友好协会一直试图推进德法之间的互相谅解。

演说家从巴黎远道而来，他们不断重复道："法德之间并不存在世代相传的敌意。事实上，我们大家都想要和平。"

柏林居民的掌声表达了对这类演说的欢迎。

这就足够了吗？

"欧洲是否最终明白它无法舍弃良心？"饶勒斯如斯问道。

6

良心，这个词从 1914 年的这个 3 月起，就不再为法国被人提及。而很快 4 月 26 日的议会选举就要举行，而第二轮选举就在 5 月 10 日，良心还将被提及吗？

是高尚一词为这些斥责、诽谤、控诉、仇恨辩护，掩盖了这一切。如注的斥责、诽谤、控诉、仇恨倾入这场选举运动。每个人都认为这场选举是决定性的。它决定着饱受质疑的三年兵役条款的去留，以及法国所有的对外政策，在这些政策中，暴力是无可匹敌的因素。

大新闻媒体、共和国总统府调动他们所有力量来反对"德方党派"——社会党饶勒斯和激进派卡约之间的联盟。

这些年，饶勒斯早已经是所有攻击的目标人物。而约瑟夫·卡约却幸免于此。

恰是卡约在 1914 年的春天成为了主要的攻击目标。人们不仅指控他背叛祖国，1911 年在"摩洛哥危机"期间同德国交易，还指责他是开始征收所得税的拥护者，指责他是"税收查问人"，是"蛊惑人心的财阀"。

为了反对饶勒斯和卡约，选举运动聚集了一个混杂的联盟。这当中有许多坐拥着财富的人。民族主义、与俄国的同盟及对三年兵役条款的捍卫成为这个联盟的粘合剂。

人们看到君主主义兼民族主义思想家莫拉斯、艺术家白里安、前社会主义者普恩加莱和他的对手克列孟梭肩并肩在一起。

这不过是一些人对另一些人的军事宣言，"斩钉截铁的言语，而不仅仅是简洁的话语。"

人人自认为是现实主义者。

"饶勒斯先生总是对着未来说话。而我，我只与现在对话。"克列孟梭说。

饶勒斯如是回答道："您在德乎莱德离去后空置的岗哨亭里站了岗。"

这正是"民族主义"和它所携带战争的危险，而战争的危险正是选举运动的核心。

社会主义者在全法上下分发印有饶勒斯曾在其书《新军队》中发表的论文的册子。

然而新闻媒体和部分舆论为这篇名为《社会主义，即是和平》的文章感到十分震怒。

莫拉斯的《法国运动》，还有诸如《小巴黎人》《费加罗报》等大日报，以及天主教报，如《十字架》《朝圣者》，反复地说着饶勒斯和卡约并不是"爱国者"，说着他们对民族主义的谴责不过是一面屏风，在这背后，他们密谋着以牺牲法国的利益为代价，同德国交易签订协议。

《十字架》因此在首页以《两个朋友》为标题刊登了饶勒斯和德国皇帝的许多照片。

在这场选举里，人们首要的斗争的目标根本不是政治方向，而是他们想要摧毁的人。

加斯东·卡尔梅特领导下的《费加罗报》刊登了卡约写给已经同他离婚的第一任妻子的信件中同政治有关的选段。文章原稿写于1911年。

1914年3月13日那期《费加罗报》首页标题：《卡约先生阴谋诡计的证据。他的思想被他的留下的文稿所揭露。一份惊世骇俗的文件》

卡约在这封私信里写道：

"我要经历两次累人的议会会议。一场开始于早上九点结束于中午；另一场在下午2点，而我在8点才刚刚结束会议，已经精疲力竭。"

"此外，我取得了一个巨大的成功。我粉碎了（卡约下划重点线）征收所得税的提议，虽然我看上去像是在为这个提议辩护；中间派和右派都为我欢呼，并且我并没有让左派太不快。我成功地转变了方向，倒向右派，这是不可避免的……"

加斯东·卡尔梅特为公开这封私人信件的合法性作辩解。"尽管不为信件持有人、它的拥有者及其作者所允许，我的尊严从中感受到真切的痛苦。但我们不要忘了，我是在同一个当自己的利益攸关其中的时候，他就要取消法律本身的人作斗争。因此，为了拯救我的国家，我必须将我看作不得不四处抽丝剥茧找出变质的真相的人。人们日后将会给我一个公正的评价……"

卡尔梅特宣布他将刊登其他证明财政部长卡

约瑟夫·卡约

041

约包庇了一名被司法起诉的商人罗歇特的信件和文件。

财政部长的现任妻子亨莉埃特·卡约并不支持这场运动。这是一个冲动的女人，她深信是她丈夫的第一任配偶向卡尔梅特提供了这些信件。

亨莉埃特给她的丈夫寄去了这样一封信件：

"你告诉我，最近你会让卑鄙的卡尔梅特闭上那张臭嘴的。我明白，你的决定是不可能改变的。而我，我也下定了决心。我，将会去伸张正义。法兰西和共和国需要你：而将会是由我来进行这次行动。"

"如果这封信被交到了你手上，说明我已经或尝试过伸张正义。"

"原谅我，但是我已不再有耐心了。"

"我爱你，带着我内心最深处的爱意亲吻你。"

"你的亨莉埃特。"

1914 年 3 月 16 日周一这天，在写完这封信件后，亨莉埃特买了一把布朗宁手枪，出发前往《费加罗报》编辑部。她要求加斯东·卡尔梅特接待她。她从手笼里掏出武器，朝着卡尔梅特连开了 5 枪。

卡约为此辞职。人们又重新翻开"罗歇特事件"，而饶勒斯则被选为调查委员会的主席。这是一种将饶勒斯牵扯其中，强行让饶勒斯和卡约断绝合作的手段。他将给出一个适当的判决，表明不会起诉卡约。

议员莫里斯·巴雷斯也是调查委员会的成员，他在他名为《垃圾场里》的一系列文章中写道："我要总结下我的感觉，我能说带领我们的人，在这个革命家身上，能看到一名出色的索邦大学的论文导师的身影。"

承担了"处决"卡约任务的是新闻界，其中《法国运动》首当其冲。

新闻界揭露"卖身投靠者和杀人犯的共和国""德国走狗卡约和杀人犯女士"。

"卡约是一个出身富贵的无赖，他是一个追求享乐的诈骗犯，他的双脚站在粪便中，双手插在德国给的金钱中，身上溅满了被受其怂恿的妻子杀害的卡尔梅特的鲜血。他继续穿着光鲜亮丽，这个政府的苦役犯，这个戴着高礼帽的刺客，这个用土地来兑换现款的送货人……"

人们还能进行更过分的言语暴力行为吗？还能有已经变为一场对谋杀的召唤的暴力行为更可怕的事吗？

这番致命的话语将会在一个月后要进行投票的选民中得到什么样的反响？

7

选民要在 1914 年 4 月 26 日和 1914 年 5 月 10 日进行两轮投票，而他们的选票是很明确的。

由共和国总统亲近的白里安和巴尔杜创立的左派联盟，这一被卡约和饶勒斯称为变节者联盟的运动失败了。

中间派退却了，右派被彻底打败。

饶勒斯以他从未获得过的最多票优势当选，然而尽管卡约夫人因为谋杀而被收监，并且将在 7 月才会进行对她的审判，卡约仍然以仅仅少了饶勒斯几百票的优势再度当选。

选民并没有跟随普恩加莱，也没有支持那些以外来威胁为名，而鼓吹保留三年兵役条款，还反对征收所得税的议员们。

大部分法国人认为政府、总统和大新闻媒体想用国际紧张局势和战争可能带来的风险来转移人们对卡约所坚持的财政改革的关注。

选民拒绝了三年兵役条款，他们希望建立所得税征收制度。

三年兵役条款发言人中最强有力的一个人，约瑟夫·雷纳克被打败了。社会党赢得了 29 个席位，而激进党获得了 23 个。后者有一个拥有 136 名议员的议会团体。

在议会总共设有的 603 名议席中，有 269 名议员反对三年兵役条款。

对普恩加莱和他的朋友而言，这着实让他们震惊。

对于所有阿格东来说，失望、沮丧是苦涩的。他们将青年同一些他们询问的属于社会精英阶层的年轻的人相混淆。

大新闻媒体的记者无法驱散他们的沮丧。

"社会主义在竞选运动中的取得进展是一件非常沉重的事情，异常可怕。"人们在《巴黎回声》上读到。

阿尔贝·德·曼，在这份报纸上写着：

"试着吹毛求疵指责这些结果是为了安抚公众舆论，这一行为是毫无意义的。"

莫拉斯不堪重负。

"各省的投票，"他写道，"牵累到了三年兵役条款的实施，还威胁到了兵役法的存在。"

莫拉斯明智地猜测认为这些选举能给法国对外政策带来彻底的改变。他认为一个像约瑟夫·卡约一样的男人从来不赞同法俄的联盟。在他看来，让·饶勒斯曾多次谴责巴黎给沙俄制度提供帮助。沙俄制度下的对外政策，在饶勒斯看来，是好战的、充满危险的，并且它的对内政策是镇压性的。

法兰西共和国不能和俄国为伍而牵累自己。

在巴黎，证券交易所非常焦虑。

如果政策改变了，那法国对俄国的债权又会变得如何呢？俄国自1883年就开始向法国借贷。

沙皇的大使伊斯沃尔斯基非常烦躁、恼怒。

作为普恩加莱的知己和朋友，法国驻俄大使莫里斯·巴莱洛格发表了一篇声明，表示如果三年兵役条款被更改，法国同俄国的联盟将被重新商榷。

"到底是谁在统治巴黎？"饶勒斯问道，"是法国公民还是俄国沙皇？"

卡约比饶勒斯更激进，他宣称：

"在我看来，要想挽救世界和平，唯有普恩加莱先生离开爱丽舍宫，这项行动是必要却粗暴的。"

不过，普恩加莱是一个不愿承认被打败的人。

作为爱国主义者、洛林地区人、共和党人，他坚信保存三年兵役条款是必要的，它能为法国的安全带来保证。

因此，他不愿解散新组的议会。他考察新议员的政治信仰。坚定不移想要废除兵役条款的多数团体并不存在。于是，游戏拉开了序幕。

普恩加莱告诉他的亲近：

"一些右派报纸建议我采取暴力，这只能是一时冲动……法国已经经历过个人集权，法国不会再重蹈专制主义的覆辙，更不打算朝着这个方向发展……我将忠诚地履行交付给我的执政官职责。"

他先是为继续维护法俄联盟而感到担忧，他知道，作为共和国总统，他有权力对法国对外政策施加极大影响。他坚决要这么做。但是谨慎是他性格的特征。

在民族主义者当中，有部分人想要一个更具倾略性对外政策，而普恩加莱不对他们让步。莫里斯·巴雷斯在他常去的沙龙上，表达了对法国力图避免战争的无与伦比的构想感到遗憾。"

同当初他的前任法利埃总统一样，普恩加莱坚信不疑，认为"倘若法国人民意识到遭到了攻击，他们就会团结一致，像一个人一样迈步行走，但是他们绝不会为了弥补他们其中一名部长的所犯蠢事而行动。"

于是，普恩加莱带着决心，用了一些手腕展开行动。

政府总理加斯东·杜梅格辞职后，普恩加莱选择了一名来自社会党的议员维维亚尼来代替他，尽管维维亚尼没有将票投给了三年兵役条款。

然而维维亚尼只是一个智商平平的人，他并没能成功地组成新的政府。

反对三年兵役条款的激进党拒绝成为其中一员。饶勒斯和社会主义者则为他成为新任政府总理感到高兴。

饶勒斯甚至写道：

"三年兵役条款危害了国防。正因为外部局势将变得更让人担忧，废除该条款才更成为当务之急。"

这一番言论让军界和民族主义者非常愤慨，也震惊了爱国主义者。

事实上，这种情境下的假象是，出现了一个卡约—饶勒斯联合政府。这个政府想要通过同德国达成一个妥协方案，为一个新的对外政策寻求基础，同时它也能达到抛弃欧洲调解这一政策基础。

卡约，在国民议会的走廊里向饶勒斯叙述了他的计划。

他说："事情只有在社会党给予毫无保留的帮助的情况下才可能进行，而不仅仅是议会里的合作。我们还需要在政府里的合作。"

卡约沉默了一段时间，他要斟酌接下来他要说的话。

"至于我，"他继续道，"我没看到有任何能在当前获得政权的可能性，除非您能以外交部长的身份进入内阁。"

人们认为这样的一个任命意味着政治格局的颠覆。

事实上，是法国和欧洲的历史将被改变。

饶勒斯进入外交部！

他聆听着。他将承诺提供他的帮助。确实，社会党回避参与到"资本主义"的政府中。但是此外，第二国际动案里也预见了一些特殊情况。

饶勒斯明确说道："考虑到危险的迫近，以及危险的严重性，应该排除党派中的经院哲学。"

在这些时刻中的短暂的希望消失了。

人们马上就要战胜的兴奋和压抑的感觉。而因为人们用尽全力支持他们顽强斗争着的斗士们，他们将得以在最后把战争紧紧关在门外。

确实，在那些日子里，人们所见，就是要找到一个新的多数派的政府总理。这是历史踌躇的片刻之一。

当然，隐秘的决定论还在发挥作用。在远方，在塞尔维亚，秘密组织"黑手社"的恐怖分子准备着他们的手榴弹和手枪。

他们知道奥匈帝国皇储，奥地利大公弗朗茨·斐迪南大公主张通过奥匈帝国联邦的架构，创建一个能够集中巴尔干半岛所有斯拉夫人的斯拉夫中心。

然而，得到俄国人支持的塞尔维亚人也有同样的计划。不同的是，塞尔维亚才是那集中斯拉夫人的中心。

不过，即使如此，人们也能改变命运的走向。饶勒斯是这般想的。普恩加莱也这样认为。

非常巧妙地，共和国总统选择了亚历山大·里博作为新政府总理的候选人。这是一种挑衅，好比是在一头年轻的公牛前挥舞一块红布。

因为参议员里博，是多年来议会右派首脑之一。他早在 10 年前就反对饶勒斯对待法国同俄国协约的态度！而恰恰是这个 70 岁的保守派被普恩加莱推到了舞台前方。

这是个坚定的男人。1985 年后，他便不再担任政府总理的职务。但是，他很快组成新政府，而在这届政府中，德尔卡塞再度成为战事部长。1914年 6 月 12 日，里博在众议院前亮相。

普恩加莱是否希望看到他的成功？他太了解他的政治世界，以至于他不会去这样想象。然而，正因此他才利用议会的决定为他谋得一个成功的机会。同时，也展示了他个人的决心。这才是他做的选择，共和国总统的选择。

在众议院，多是抗议反对里博之声。人们对共和党进行了侮辱。"国家等待的不是你们，"社会党甚至叫嚷："里博该躺入拉雪兹神甫公墓了！"

里博面对了这一切，他为三年兵役条款辩护。"就我所知……"他开始说道。

马塞尔·森巴站起来，打断他："可以是任何别的理由，但不是你说的那个，不是恐慌……"

人们进行投票：里博以 306 票对 262 票的情况被投以不信任票。在巴黎，示威人群在街道游行，并喊着"普恩加莱下课！"

饶勒斯十分兴奋："人民的意志，"他写道，"能够对抗一切反动、诡计和暴力等组成的力量……"

他的笔飞快地写着，那般坚定，被人民能够也必须取胜的信念所驱动着。

饶勒斯说他看到"果断的、善讽刺的、无情的共和党站起身，并对大家，对普恩加莱、对霞飞将军、对巴莱洛格、对所有个人权力烟雾的制造者、对所有的恐慌制造者还有那些学院和前厅寡头说道：'法兰西共和国它开口了。它的声音必须被听到。'"

因为饶勒斯很清楚，是普恩加莱制造了这场赌博游戏，这正是为什么这一局如此困难，且赌注如此之高。也是总统自己将以被打败者或是胜者的身份离开。因此，饶勒斯直接向总统喊话："普恩加莱先生，"他提问道，"他是否想要成为一个坏脾气、固执的总统，他是否希望自己向后紧靠进退两难的境地：屈服还是辞职？"

饶勒斯犯了双重错误。

他低估了普恩加莱。在打出里博这张牌后，总统又打出了维维亚尼这张牌。这就是我妥协后的候选人，他这样说。如果你们再次拒绝这个候选人，那就会有危机了，可能是一个制度上的危机，

亚历山大·里博

在这个国际局势如此紧张的时期下的危机。

饶勒斯的另一个错误：他高估了激进党议员。长期危机的风险让他们很焦虑。议会体制造成了对各种观点的侵蚀，在这种体制下，只剩中庸的解决方式。难道这不正解释了维维亚尼事件？我们难道没有通过拒绝里博表明了我们的信念？

维维亚尼组成了一个微不足道的政府，并且1914年6月16日他在众议院前宣布将坚持"如实地施行三年兵役条款"。

那些曾经拒绝过他，曾经排斥里博的，似乎准备好迎接一个卡约—饶勒斯共同执政的政府的议员以362票对139票对维维亚尼投了信任票。饶勒斯和社会党则对他投了反对票。

饶勒斯感到很苦闷。

他谈及国家的期待，谈及"被诱骗的士兵"以及"落空的期待"。"士兵们，毕竟，"他说道，"有权相信在他们内心深处，政治家将一直存在。"

他观察到，此时情形的严重性和人们作出抉择所需要的勇气和清醒的神智之间，存在一种有时让他不堪重负的差距。他说道："一切都是混乱的、晦涩的、矛盾的、难以维持的和无法忍受的。"

勒内·维维亚尼

第二章 1914 年 5 月 ~6 月

SECOND CHAPTER

8

饶勒斯的直觉和焦虑在 1914 年这个春天，有谁能和他一起分担？

巴黎季方兴未艾。一切都会好的，如果人们相信"大新闻媒体"所说的。和平街，它让人惊叹。

"大珠宝商的商店在电灯的映照下好像热闹非凡，它们的光彩吸引着优雅的人群。在皮裘大衣、帽子羽饰、完美的丝绸帽子和吸引人的珍珠项链间，存在着某种一致性。"一名专栏记者写道。"机动车沿着人行道停放。从那儿经过的，唯有着装入时的女郎和衣着无比精致的男子。狗也如愿以偿地被精致装扮一番，让人们明白它们是昂贵的物件。"

这些优雅的人们在剧院里再度相逢。几年来，剧院里一直进行着"俄国季"的项目。人们为伟大的协约国的天才鼓掌，人们纷纷拥在俄国大使伊斯沃尔斯基身边。这群人时常出游于布洛涅森林公园、同类的沙龙，不久后，他们还将去参加剧场的化妆舞会。

"狂欢会上一切的幻想都在尽情享受。人们在那儿重又恢复了中断多年的传统。"

大新闻媒体为此感到高兴。

维维亚尼的这个新内阁，除了政府总理和一名部长外，其余都是激进社会党，有谁对此感兴趣呢？卡约无法成为其中一员。他的妻子一直被关押在圣拉扎尔，她不久后就要受到刑事法院的传讯。

这是一个平庸的内阁。不过维维亚尼没有掩盖他"将不会同意直接废止三年兵役条款，更糟糕的是，亦不会赞成进行使该条款无法实施的间接废止行为的。"

"对青年预备役和后备部队组织有关法案进行投票 是不够的。"维维亚尼这样总结说："我宣布 1915 年 10 月，如果我还在职，我不会让那些到达服兵役年龄的青年在国旗下退伍。"

社会党的失望与愤怒很快在这个绚烂的春天为人们所遗忘。

军备竞赛、战争的威胁、还有巴尔干半岛再度面临紧张的局势？

报纸将那些令人心安的报道放在大标题里。

一支庞大的英国舰队在德国基尔港口得到了接待。

人们想要相信，英德海军敌对已经是过去的事儿了。英国舰队的船员们受到了热烈欢迎。

一切都很好。

卢浮宫被盗窃的《蒙娜丽莎》画像也由意大利人佩鲁贾完璧归赵。尽管佩鲁贾曾希望《蒙娜丽莎》能重回佛罗伦萨。人们关注对这起盗窃案的诉讼，并希望能对他进行宽大处理。

一切都很好。

德国最高权威参观了莱比锡博览会上的法国馆，德国媒体也赞扬法国的产品。

文章强调了春季潮流，描述了时装设计师保罗·波烈在巴黎举行的大型接待会。专栏记者们向法式的"高雅品位"、巴黎人的优雅风格、披风、高跟鞋和叠裙致意。

《画报》周刊被高价拍卖。其中一本主册主要描绘了"清晨乘火车到来的巴黎城郊的小姑娘们"。

"她们来了，在8、9点钟的时候，她们的轻盈的队伍穿过大厅，她们的队伍的出现为大厅不意地呈现了女性优雅的美妙景象。这些勤劳的姑娘们起的很早，不过却是为了花时间把自己好好打扮了一番……在这儿，人们才最好地理解了巴黎时尚小潮流那简单而不引人注目的魅力，那无需昂贵布料或珍贵香水的魅力……"

一切都很好。

十万民众欢迎英国国王乔治五世和玛丽王后来到巴黎。皇室一行在一个重骑兵团的簇拥下宿在了爱丽舍宫。英王偕同王后在万森纳参加了阅兵式。乔治五世接见了所有大使。在法国总统的陪伴下，他去了市政厅。人们为如此融洽的外交关系感到十分高兴。

一切都很好。

雷蒙·普恩加莱能够去度假了。人们拍到神态放松、微笑着的他和他的夫人在连接海畔埃滋村[1]和博略绿荫步道的棕榈树间走来走去。

一切都很好。

这都是真的吗？

人们说着，普恩加莱将自己的假期延长了两周，准备在七月出访俄国。

在离开巴黎去海畔埃滋村之前，他再度读了法国驻德大使儒勒·康本所写的报告。

儒勒·康本证实了威廉二世和冯·毛奇将军一直对着他们的交谈者重复他们早已向比利时国王吐露过的事情："由于法国处理不当，欧洲的政治形势非常严峻。德国皇帝和德国参谋部长认为同这个国家的战争不可避免，而且即将到来。"

威廉二世曾痛斥："在众议院投票通过三年兵役条款后，法国人民复

1　译者注：Èze-sur-Mer

仇的精神变得越来越带有倾略性……比利时国王
竭尽全力消除这一错误的判断……"

这一消息并没有走漏一点风声。然而，1914
年5月底，内行的新闻媒体却独独对美国总统伍
德罗·威尔逊的顾问—即豪斯上校完成欧洲访问
这一事件表示了关注。

不过，豪斯上校并不曾隐瞒他此行的目的：
建议欧洲各强国签订一份协议，为军备竞赛画上
休止符。

6月1日，豪斯上校在波茨坦见到了德国皇帝
威廉二世。

6月9日，他在巴黎同普恩加莱总统见面。然
而当时，维维亚尼还未能组阁成功。因此，这次
会晤的交谈非常短暂而无用。

6月17日，豪斯上校在伦敦受到接见。在英
国大臣面前，豪斯阐述了一套国际合作的方案。
人们认真地听了他的详述。

他向美国总统指出各国都非常热情地接待了
他。但是却没有任何一个欧洲国家承诺进行国际
合作。

这些国家都继续执行各自的军备政策。

6月20日，维维亚尼政府向众议院提议举债
8.05亿，其中6亿将特别用于国防，2亿用于平定
摩洛哥的相关军费。

议员们通过了这几项开支的提议。有谁敢拒
绝呢？

报刊几乎每日都在叙述那些"深入并控制了

托马斯·伍德罗·威尔逊

摩洛哥"的法国军队所进行的英勇行动。

法国驻摩洛哥将军利奥泰每日都要收获一箩筐的恭维话。在去摩洛哥之时，他在马德里遇到了阿方索十三世。

记者们的羽毛笔因得意而颤抖着。

人们称颂这位"高贵的将军"，颂扬军队的英雄气概、夸耀阅兵式，渲染这个或那个摩洛哥部落的归顺。

法国爱国者和民族主义者庆祝这个"新的法兰西"，这个抹去 1870 年战败耻辱并成为一个强大帝国的"新法兰西"。

人们对一出名为《伪君子》的"音乐戏剧"在柏林艺术家剧院[1]所获的成功感到愤慨，该戏剧讲述的是法国外籍军团的情况。

戏剧上演了遭到"伪君子"侵袭的德国籍的外籍军团士兵，试图叛逃并追捕粗暴的军官，后者毫不犹豫地打击叛逃者的共犯—随军食堂女管理员。

"通过报纸、书籍、布告、发言，"人们在法国媒体上读到，"通过所有他们能够利用的传播手段，德国人以一种有技巧性的执拗继续着他们充满仇恨的推广行动，反对法国外籍军团……抵制这些对他们的领导和他们所服务的国家表现出依恋的士兵。"

因此，在这两个国家之间，尽管它们表面上关系有所缓和，但局势却是一触即发。

画有《我的村庄》的阿尔萨斯漫画家汉希被追捕，并在科尔马法院开庭审理其案件时，群情激愤。汉希因"辱骂"罪名被传讯到法庭，他还将在莱比锡以叛国罪名受审。当人们得知这一切时，群情激愤。

人们回击的方式，便是赞扬法俄协约，称赞沙皇战争部长索孔林诺夫的话语。索孔林诺夫将军曾清清楚楚地说出"俄国期待和平，然而它也并不畏惧战争"，来回应德国媒体的一些文章。

饶勒斯在众议院遭到严厉地批判，并被他人孤立。他宣布社会党人不

1　译者注：Künstler Theater de Berlin

会投票赞成为总统支付 40 万法郎的 7 月俄国之行的借款。

饶勒斯给出的理由是，授予杜马，即俄国议会的权力并不能确保一份有效的控制权。这些理由引起了抗议。

"但您掺和进了俄国的内政！"人们向他喊道。巴黎社会党议员瓦杨，吼叫着："对于三年兵役条款，我们应该感谢的竟是沙皇尼古拉二世！"

众议院内也是愤慨之情，维维亚尼如此回答："众议院中无人能够质疑我们同俄国的协约所获得的许多令人高兴的结果。"

这笔 40 万法郎的借款投票最终获得通过（428 票对 106 票）。尽管四、五月份他们在选举运动中取得了成功，他们如今在猜测反对法国对外政策者将遭到的隔绝举措。

社会舆论支持政府不断扩张的军备政策。

十几艘战舰都在建造中。报道中将德国舰队（40 艘侦察舰和 216 艘鱼雷艇）与法国舰队（10 艘侦察舰和 150 艘鱼雷艇）做了个对比，得出这样一个结论："绝对有必要修改并扩大我们海军的建造计划。"

军队要配备"装甲"战机，战机上要配有机关枪、大炮。它们的任务是在"飞行炮兵"的操控下，打击德国齐柏林飞艇。

同时，对人们精神进行"军事化"也在进行中。譬如，带着军乐在居民区进行的军队阅兵式，从比亚里茨出发，途经图卢兹和利摩日，到达巴黎的军事马队袭击活动。德·贝尔特黑希·德·曼迪特上尉在这场活动中获胜。

人们强调军队的"社会"角色。军队团结了贵族阶层，坦白地说，更多的是君主主义者。军队军官和共和国精英大多来自这个阶层，他们都有手持武器捍卫祖国的愿望。

"一个周日的清晨 6 时，在乌尔姆街上的第 45 号房，一扇小门打开了，"一名记者如是讲述着，"在周日的拂晓，一些幽灵溜了进去。他们打扮得像个步兵，穿着红色的长裤、蓝色的军大衣，头戴法国军帽。他们背着枪支。军官指挥着他们，士官们管教着他们。"

"这并非人们在那儿新设立的军营。他们是巴黎高等师范学校的学生，他们来这儿训练。"

巴黎高等师范学校进行军事训练，以求师范生能以少尉的军阶进入他们的军团。唯有一件事让这名描述该创举的记者感到遗憾：

"我们需要将一个世纪以来装饰学校三角楣的雕画小作改变。在爱好和平的文科和理科两位缪斯女神之中，我们至少还可以加上头戴钢盔的密涅瓦女神！"

缺乏象征。

法国和其他欧洲国家沉溺于做战争的准备，不过人们却不愿看到战争的临近。如何想象得出一场由一个冲突引起的大屠杀？如何想象被摧毁的城市的模样，尤其在 1914 年这个史无前例的轻快、温和而安宁的春天？

在法国，比起聆听 6 月 20 日由莫拉斯的亲近者，年轻的历史学家雅克·潘威尔进行的会议报告，人们更喜欢在这个 6 月庆祝唐·培里侬酿造出香槟两百周年纪念日。

"在德国，有两种派别。"他说道："一派是认为时间会为德意志帝国服务的政治家，他们认为法国正慢慢腐朽没落，每年都输掉一场战役；另一派则比较急不可耐，以各个将军们为例，他们表明厌倦'朝着看不到输赢结果的方向努力'。有的人想要一叶一叶地吃掉法国百合，有的人希望一口就将法国百合吞下。后者的势力与日俱增。俾斯麦曾说过：'让法国人在他们自己的汤汁中烧煮吧。'问题在于了解，俾斯麦的继任们是否认为，我们不能达到适合做成烤肉的烧制程度。"

在法国，每当那些赞同潘威尔分析的民族主义者、爱国主义者，他们能够聚集的时候，便聚在一起祝福他们的祖国。

他们在斯特拉斯堡市的雕塑前，在协和广场发誓许诺。在圣女贞德节那天，他们列队游行。1914 年 6 月，他们在圣但尼大教堂前的广场上庆祝法王腓力二世于 1214 年取得布汶战役胜利 700 周年！

然而，深层民意则怀疑民族主义者曲解了现实情况，如果人们坚持要采取捍卫祖国的举措。

总是那么清醒的饶勒斯，他也认为战争的威胁可以被排除，认为这只是个圈套。

1914 年 6 月 27 日，他在准备着第二天，也就是 1914 年 6 月 28 日要刊登在《人道报》上的文章。

"当下，最最严重的问题便是外国劳动力问题。"他这样写道。"我们应该保护这一百二十万外国劳工，让他们不受行政与警察的专制所欺压。"

饶勒斯还补充认为，人们应该谴责那些将舆论引向"歧途"的民族主义者。

9

饶勒斯对 1914 年 6 月末的形势作了错误判断。

最主要的问题，是战争的威胁，也是各国政府作出的选择，他们选择继续并加速进行军备竞赛。

而这些并不是社会党领袖所写的那些"歧途"。也不是如他所想的那样，民族主义者意欲使人们忘记社会问题，想让这些问题消失在战争的"血浴"之中。

饶勒斯被他的"国际主义"遮蔽了双目。

他对人性有那么大的信心，他不想看到人们在民族主义的控制下，因为他们认为自己遭受了侮辱、压迫，认为他们的爱国主义受到了压制，认为他们对民族的渴望被镇压，认为他们被关在了"人民的监狱"之中，而准备选择暴力、行凶、还有战争。

为了从这牢笼中自我解放，他们准备杀戮和迎接死亡。

19 岁的塞尔维亚学生加夫里若·普林西普，尽管身体虚弱，他的双眼

弗兰茨·斐迪南大公

却闪耀着爱国热情的光芒。他被迫生活在波斯尼亚。这个省份是在 1908 年才被奥匈帝国所兼并。

萨拉热窝，这个加夫里若·普林西普热爱着的城市，变成了波斯尼亚的首府。

具有反抗精神且坚定的普林西普加入了一个民族主义者协会——"波斯尼亚青年"。他只有一个目标，那就是让所有的塞尔维亚人都成为塞尔维亚王国的属民，组成一个大塞尔维亚国。而贝尔格莱德将成为这个大王国的首都。

在塞尔维亚王国，塞尔维亚政府和军队情报部门早已开始给"波斯尼亚青年"提供支持。这些被剥夺了民族国家的塞尔维亚人，变成了奥匈帝国这个"人民的监狱"的属民。

塞尔维亚军队参谋部的情报处处长，代号为蜜蜂的迪米特里耶维奇上校创立了"联合或死亡"协会。协会的目标在于利用暴力手段，促进这个大塞尔维亚王国的诞生。

加夫里若·普林西普同"联合或死亡"协会（又称"黑手社"）有来往。

他需要武器，于是塞尔维亚军官便给他提供武器；他招募一些想要行动、打击奥匈帝国核心的年轻人，那些处在"人民的监狱"中的斯拉夫人。

加夫里若·普林西普打听到奥匈帝国皇储弗兰茨·斐迪南大公将来到波斯尼亚参加奥匈帝国军队的演习。

弗兰茨·斐迪南将携其妻霍恩贝格女公爵苏菲在萨拉热窝停留。

对于加夫里若·普林西普和他的同僚而言，军队检察长弗兰茨·斐迪南大公的身份首先是皇储。

杀死皇储，正是他们心目中所想的打击奥匈帝国核心的举动。

因为皇帝弗兰茨·约瑟夫一世于1848年登上皇位，如今已是一个84岁高龄的老者，尽管他意志坚强，却饱尝病痛和哀伤的折磨。其子鲁道夫自杀而死。他的弟弟马克西米连，因试图依仗拿破仑三世的帮助统治墨西哥，却遭到墨西哥人枪决。

正是因此，皇帝的侄子弗兰茨·斐迪南大公才能成为奥匈帝国的皇储。1914年，他已经51岁了。这个强大的人物的种种提议让塞尔维亚人十分担忧。

不喜匈牙利人的大公希望在奥匈帝国内，给予塞尔维亚人一些权力，以此来平衡"匈奴人"的权力，这些匈牙利人中的"无赖"。

弗兰茨·斐迪南非常清楚奥匈帝国中的塞尔维亚人，比如加夫里若·普林西普，他们幻想看到围绕着塞尔维亚王国诞生一个大塞尔维亚国，这个国家的中心和首都将是贝尔格莱德。

不过大公反对弗兰茨·约瑟夫一世近臣的提议，后者希望粉碎塞尔维亚王国的未来。弗兰茨·斐迪南因此反对参谋部长、康拉德·冯·赫岑多夫将军和外交部长贝希托尔德伯爵的计划。

1914年6月12日，弗兰茨·斐迪南接待了他妻子（一位捷克的小贵族）那边的朋友，德国皇帝威廉二世。

弗兰茨·斐迪南向威廉二世陈述了他的计划，告诉他匈牙利人想要在奥匈帝国增加自身影响力的意图将他激怒到何种程度。

他反复对威廉二世说明，他反对所有对塞尔维亚王国发动的战争。

他不惜一切代价，只期待和平。

"假设我们发动了对塞尔维亚的战争。我们可以轻而易举地赢得第一局。"他说道，"但接下来呢？整个欧洲都将臭骂我们，指责我们是那打破世界和平的人。上帝提防着，不愿让我们兼并塞尔维亚，这个债台高筑、满是弑君者和流氓的王国。"

他希望，弗兰茨·斐迪南如是说，在他继承皇位后（鉴于弗兰茨·约瑟夫一世如今的病情，相信不久后他便可登基），在打算实施扩张政策前，在自家整肃纪律，能在身后拥有所有人民的支持。

威廉二世表示赞同弗兰茨·斐迪南大公的话语，并祝愿大公这项政策取得成功。接着，他宣布他将在这个刚刚开始的平静的夏天，到基尔参加波罗的海上赛船比赛。

至于弗兰茨·斐迪南，他将作为军队检察长，参加在波斯尼亚进行的奥匈帝国军队演习。

1914 年 6 月 28 日，他将正式访问波斯尼亚首府，萨拉热窝。

加夫里若·普林西普和他的同伴们就在那儿等着他。

他们发出了《公开猎杀令》。

他们想要，他们也必须杀死奥匈帝国的皇储，弗兰茨·斐迪南大公。

10

这是一个由不到 10 个人组成的团体，确切地说有 7 个成员。

这场阴谋的核心人物是加夫里若·普林西普，而他住在萨拉热窝的一个朋友达尼洛·伊里奇则是整个事件的策划者与招募者。另一个态度决绝的成员叫内德科·沙布里诺维奇。

他们手中握有迪米特里耶维奇上校的其中一位副官提供的手枪与炸弹。这位名叫谭克维克的上尉同时还是"黑手社"的创始人。

与此同时，谭克维克还给了他们一些含氰胶囊，一旦被皇家卫队抓获，他们将不得不立马吞下。

1914 年 6 月 27 日，这些毫无经验的热血青年沿着第二天皇家车队将取道的路线一路徘徊。

街边建筑物的墙面上、贯穿萨拉热窝的米里雅茨河的河堤边，大公夫妇的肖像随处可见。阿贝勒码头边上的房子还被装饰上了花环。

突然，在这个 6 月 27 日的周六，伴随着一阵喧闹，一些行人突然小跑起来，向一小伙人鼓掌——原来，斐迪南大公和他的夫人决定在第二天的迎接仪式前逛逛这座城市。

人们欢呼着，因为萨拉热窝的居民里只有一小部分塞尔维亚人，其他则多为克罗地亚人、穆斯林人以及其他的一些民族——他们知道这位王储身怀改革的意愿。

这一热烈的响应并没有扰乱加夫里若·普林西普及其年轻同伙的心智。恰好相反，人群的反应与他们的决定形成的反差让他们兴奋异常。

他们已经是英雄了。

但他们却不知道迪米特里耶维奇上校（蜜蜂）对这一桩谋杀如若成功将带来的后果一下子警觉起来。之前的他仅仅期望这一事件可以成为一个警告，甚至只是一个幌子……他于是向塞尔维亚位于华沙的大使提出了警告。后者与波斯尼亚总督见面后隐晦地提及了斐迪南大公有遭袭的风险。

然而，塞尔维亚大使在提及遭袭可能性以外没再多言。波斯尼亚总督则料想：塞尔维亚人许是担心这次出访将成为萨拉热窝人民应允加入帝国的标志吧。

就这样，大使在没有泄露那些"波斯尼亚青年"的情况下离开了。

一切都太晚了，现在没人可以阻挡那几个年轻人。

加夫里若·普林西普以及他的同伙拒绝了"黑手社"要求他们中止计划的命令。

这一回将是"他们"的计划，他们的牺牲。

一旦成功，这一事件将改变奥匈帝国的历史甚至让塞尔维亚国家的建立成为可能。

6 月 28 日星期天，他们行动了。

内德科·沙布里诺维奇向沿米里亚茨河的车队投掷了炸弹。车队共有 6 辆车组成，大公所在的车辆绕过了爆炸装置，紧随的那一辆却未能幸免——炸弹在其脚下引爆了，炸伤了车上的官员及部分围观的群众。显然，刺杀失败了：大公及其夫人安然无恙。

在众人都还没反应过来的时候，沙布里诺维奇已经吞下了含氰胶囊并打算投河自尽。人们抓住了他并试图施暴，警察不得不从人群中把他拖了出来。

弗朗茨·斐迪南在市政厅表达了他的愤怒："市长先生，我以朋友的身份来到这里，却有人向我投掷炸弹！"之后，在几句礼仪性的发言后，他决定陪伴伤员们到医院去。

车队再次出发了。

司机们弄错了路线，在离开了河堤后进入了一条街道，又停下，开始慢慢地往后倒车——车队就这样来到了席勒咖啡馆面前。这个下午暴风降至，而此时的加夫里若·普林西普就坐在这家咖啡馆摆放在街道边的桌子旁。

如命中注定一般，那辆车就在几米开外。普林西普掏出手枪，射了两枪。旁人扑向了他并开始打他，警察把他拖了出来。

他没有瞄准便开了两枪。

第一枪击中了大公夫人的腹部，第二枪则划破了大公的颈部以及他的颈静脉。

两人都已遇害——他们的身体纠缠着，沾染着彼此的鲜血。

● 加夫里若·普林西普被逮捕

上篇

巻　二

1914年6月28日~1914年8月3日

第三章　　　　1914年6月28日~1914年7月15日

THIRD　CHAPTER

11

1914年6月28日这个周日，在萨拉热窝，仿佛是在一系列的偶然事件推动下，历史突然转变了方向。

波斯尼亚首府的大街上，刺杀事件的目击者奔跑着，叫嚷出他们的恐惧和愤怒。

是那些克罗地亚人，他们是奥匈帝国忠诚的属民。

他们拿起粗短的木棍武装自己，追捕塞尔维亚人，追到了他们的住所，破坏他们的住地，毁坏那些扔到街上的家具。

"去死吧，塞尔维亚人！"他们吼道。这爆发的实是一场大搜捕。

在人们放置弗兰茨·斐迪南大公和霍恩贝格女公爵苏菲遗体的医院前，聚拢的人群摇晃着弗兰茨·约瑟夫一世的画像。

有人说弗兰茨·斐迪南在死前，对其妻低语："苏菲，不要死，不要死，为了我们的孩子活下去。"

在场的记者都急于奔向电报局。《画报》的通讯员以这样一个句子开篇他的电讯："'一场与无用且不可理解的犯罪无异的谋杀'刚刚发生了，这使整个奥匈帝国沉浸在哀伤之中。"

当人们告诉他这一噩耗时，弗兰茨·约瑟夫一世正在他的一处避暑山庄—距离维也纳200公里处的巴德伊舍宫。这个84岁高龄的老人再度垂下了他的头颅，仿佛有人扼住了他的颈项。

"天塌地陷"，一名目击者如是说。

弗兰茨·约瑟夫一世流下了泪水，他低语道：

"太可恶，太可憎了！在这片土地上，我不曾幸免于任何一种的苦难。"

他再一次体验到在他的生命中留下深深印记的悲剧。儿子鲁道夫在梅耶林自杀，他的二弟马克西米连在墨西哥被枪决。

他重新站了起来，发出了命令。

明天一早，他将出发前往美泉宫。新的皇储，卡尔·弗兰茨·约瑟夫，将在维也纳火车站迎接他。现在最迫切的需求，是让外交部制定并采取一些措施对抗塞尔维亚。

因为被逮捕的阴谋分子中首批招供者证实他们曾接收塞尔维亚军人提供的武器。有人让普林西普携带手枪和炸弹跨越边境，来到萨拉热窝变得更容易。

塞尔维亚政府似乎不太可能对这起由"黑手社"支持的阴谋一无所知。

确实，在这起谋杀案发生的前些日子，塞尔

皇帝弗兰茨·约瑟夫一世

维亚当局告知了奥匈帝国大公前往萨拉热窝存在的风险。不过，这可能只是一种遮掩塞尔维亚在事件中扮演角色和洗脱其责任的方式。

谋杀发生后的几个小时内，人们在维也纳是这样分析这起事件的。塞尔维亚政府被认定有罪，它似乎参与了这起事件中。

在奥匈帝国许多城市里，对塞尔维亚人的敌意和仇恨都表现了出来。而在维也纳，人们则在准备着回击。

匈牙利首相蒂萨伯爵反复说"上帝的意志已经实现"，他表现出支持采取适度的对抗措施的模样。与此同时，参谋部长康拉德·冯·赫岑多夫和外交部长贝希托尔德伯爵想要向贝尔格莱德发出最后通牒。

他们相信，他们能够依靠德国皇帝威廉二世。在刺杀事件被公告后，威廉二世便终止了他参加的赛艇活动，并返回波茨坦。

"我被萨拉热窝传来的消息所彻底震惊，"威廉二世给弗兰茨·约瑟夫一世发出如是电报，"我请求你接受我最深挚的同情。在上帝的意旨前，我们必须屈服。上帝再次给我们设下了这许多严峻的考验。"

德国皇帝的支持鼓舞了奥地利人，纵然匈牙利人对于准备对贝尔格莱德采取严厉措施有所迟疑。奥匈帝国打算给塞尔维亚人发出的最后通牒，这必将无可避免。

经历了这场悲剧的皇帝弗兰茨·约瑟夫一世似乎恢复了力量，他回应威廉二世道：

"只要塞尔维亚那犯罪骚乱的温床还存在，所有欧洲君主想要维持的和平政策，都将受到威胁。"

威廉二世非常理解弗兰茨·约瑟夫一世，理解他因弗兰茨·斐迪南的死而情绪不稳，极为激动。

威廉二世告诉德国首相贝特曼·霍尔维格："那使得我亲爱的朋友，尊敬的奥匈帝国皇帝陛下和他的皇储及皇储的妻子深受其害的卑鄙懦弱且可憎的罪行，让我从内心最深处感受到惊慌和震惊。"

大多数统治阶级都与威廉二世有着相同的感受，不论他们的国家是共和国还是君主制国家或是大帝国。因为自 19 世纪的近几十年来，政治谋杀愈演愈烈，而与此同时，革命浪潮涌起，1905 年在俄国达到顶峰。

改革派沙皇亚历山大二世在 1881 年被暗杀。1911 年，则是俄国首相斯托雷平遇刺身亡。

在法国，1893 年时，无政府主义者奥古斯特·瓦杨在众议院扔下一颗炸弹。他被判处死刑。在他被处决后，他的同党卡斯利欧为了替他复仇，在 1894 年刺杀了时任共和国总统萨迪·卡诺。

美国总统麦金莱于 1901 年被刺杀身亡。

君主们被暗杀身死。1898 年茜茜公主（奥地利帝国的伊丽莎白）遇刺而亡，意大利国王 1900 年遇袭而死，葡萄牙国王卡洛斯一世 1908 年被人开枪打死，而希腊国王乔治一世 1913 年遇刺身亡。

无政府主义者或民族主义者用他们的恐怖主义行动，表现了分娩出一个摧毁老旧社会结构的新世界的艰难与粗暴。

无产阶级既是革命的先遣部队，亦是其后备部队。

人们唱着《国际歌》，人们呐喊着："全世界无产者，联合起来。"

"民族主义"则以隔离无政府主义与社会主义的防火墙的形象出现。

帝国们—即俄国和奥匈帝国想要控制、兼并巴尔干半岛上的人民，然而，人民的民族与宗教激情（天主教徒、东正教和穆斯林并肩作战也彼此对立）促使他们进行反抗，从而加剧了局势的紧张程度。

萨拉热窝刺杀事件则可能成为点燃巴尔干半岛战火的导火索。

在塞尔维亚，人们将普林西普当作英雄般称颂，尽管他的行为遭到所有的政府和大多数国家地区公众舆论的遣责。

塞尔维亚变成了"罪恶之国"。

"欧洲大陆上，塞尔维亚毫无疑问是所有的小国中，最声名狼藉的国家。"《曼彻斯特卫报》如此报道。"它的政策将是'无人可敌的集残暴、贪婪、虚伪和虚情假意为一体的大成者'。如果有人能把塞尔维亚拖到大洋边上，再把它扔进水里，那么欧洲就能拥有和平的氛围。"

英国外交大臣爱德华·格雷，在回忆萨拉热窝事件第二天，欧洲大陆上大家的精神状态时，写道：

"在欧洲各处，没有任何一种罪行能引起比这更大、更普遍的恐慌。对奥地利的同情是世界性的。无论是各国政府还是人民舆论，都已准备好在任何情况下，都同意奥地利在它认为必要时，采取措施惩罚凶犯和他们的同党，即使这种手段可能非常残酷。"

即使不存在任何证据能证明塞尔维亚政府支持普林西普和他的同党，在这样一种氛围下，奥地利又怎可能不打算对塞尔维亚进行残酷的报复呢？

只有法国的社会党人和无政府主义者这样介绍弗兰茨·斐迪南大公："军队党派的首脑，同时也是耶稣会成员，亦是好战、充满攻击性政策的拥戴者。他曾经是奥地利反动分子们的希望……疑心重重、阴郁的狂热者……"

极左派记者、反军国主义者居斯塔夫·埃尔维在《社会战争》中谴责奥地利在波斯尼亚对塞尔维亚人所犯下的罪行。

"世上有一千万塞尔维亚人，其中五百万人生活在独立的塞尔维亚国。如果他们敢做敢为的话，他们应该要为他们的爱国者树立一座雕像。这位爱国者用布朗宁手枪表达了所有在奥地利统治下与在塞尔维亚国生活的塞尔维亚人的感受。"

到处，人们都在痛斥奥匈帝国是一所"人民的监狱"。

鲜有人在萨拉热窝事件发生后的几日里，想到或担忧这起事件将导致欧洲各大国间战争的发生。这些大国都很清楚各自属于彼此敌对的两个联盟阵营：奥地利、德国、意大利，对抗俄国、法国和英国。

法国外交部官方报纸《时代日报》，在它的社论《外国公报》这个被所有大使仔细阅读的栏目里，表达了对维也纳"军队党派和天主教党"创举的担忧：

"不要欺骗我们：东方国家和平的未来或是欧洲和平的未来取决于处理萨拉热窝事件的方式。"

年岁不曾遮蔽克列孟梭无情且透彻的双眼。他在他的报纸《自由人》中写道：

"将刺杀事件的责任加诸塞尔维亚政府和塞尔维亚人民这种想法是非常荒谬的！这将导致不可想象的极为严重的后果。"

饶勒斯，在 6 月 30 日他在《人道报》上发表的文章，也就是 29 日，刺杀事件的第二天所写的文中，也并没有意识到克列孟梭提到的欧洲大战导火索的潜在威胁。

事实上，饶勒斯不愿意斥责塞尔维亚人。

"谋杀普通大众和君王是没有用的。"他写道。"这双重的凶杀，不过是往那鲜血长河中横添一注细流罢了。而这长河也只是白白流过巴尔干半岛。"

他坚持做出这种高尚的概述。

"如果整个欧洲大陆不改革它的思想和方法，如果它无法明白国家真正的力量埋藏于对自由和权利的尊重，埋藏于对正义与和平的关切重视，那么欧洲的东部将依旧是屠宰场，一个牲畜的血与屠夫的血混融的地方，除非从这溅出的混融的血液中某种有用的或重大的事物产生。"

如牲口般的人民？还是屠夫大公？

如果同盟国和协约国机制开始参与此事，刺杀事件点燃的战火里，将什么也不留下，欧洲的和平就此化为灰烬。

但是 1914 年 6 月 30 日，大部分人——国家元首和部长、"精英们"

还有舆论的大方向都没有看到这主要的威胁所在。

雷蒙·普恩加莱这般说道：

"6月30日的部长会议中，人们很少谈论奥地利。人们多在谈论修道会。我获得了我政治上受挫的补偿：受邀与人共进晚餐。参加沙龙的时候，我与艺术家团体成员一起在露天座、坐在花园里度过了一个美妙的夜晚。"

12

1914年6月30日，雷蒙·普恩加莱能够泰然地在艺术家的陪伴下，于爱丽舍宫的露天座和花园里度过一个美妙的夜晚，仿佛萨拉热窝刺杀事件的并未带来什么严重的后果。

仿佛总统和法国媒体在1914年7月初，不再对巴尔干半岛所处的紧张局势感兴趣。

巴黎各大日报保证7月14日的游行将是法兰西有史以来最壮观的游行活动之一。

这些报纸提及环法自行车赛。它们还特别谈论到7月20日将要再度在刑事法庭开审的卡约夫人案件。

中产阶级家庭准备去多维尔、卡布尔、拉博尔、比亚里茨度假。政治氛围似乎有所放松缓和。参议院刚刚采纳了征收所得税的政策。

这是否将会是一个和平的夏天呢？

人们希望这样想。

人们不再复述规模越来越大、从维也纳到布达佩斯，以及奥匈帝国大部分城市都发生的、对塞尔维亚人充满敌意的示威运动。

不论是在维也纳还是布达佩斯，或是萨拉热窝的民族主义报社，都在揭露"塞尔维亚巫师们的诡计"。

在贝尔格莱德，报纸在回击中指责"奥地利人"才是不断增长的暴力事件的罪魁祸首。

英国领事馆和大使馆的急件报告称，一场对抗塞尔维亚的战争必将深得民心。"这样，人们就能一劳永逸地同塞尔维亚人算完总账，将这个国家打击到将来都无法再爬起来的地步。"

在匈牙利，英国领事强调"对塞尔维亚及所有塞尔维亚人的盲目的仇恨狂潮横扫了整个国家。"

这些事一点都不让法国外交官感到忧心。

至于共和国总统、政府总理维维亚尼还有外交部政治事务主任马士里先生，他们则在准备他们前往俄国的旅行。他们将于7月16日离开法国。

众议院对用于此次出访的四十万法郎的借贷作出了决定。议会讨论非常简短。这些借贷都被批准通过，而饶勒斯则出言讥讽，仿佛这次出访毫不重要。然而，在塞尔维亚的背后，有决定要支持他们的俄国人。

"普恩加莱先生头戴海员帽，"饶勒斯这样对众议院席位台上的人说道。"他们会去波罗的海，在那儿的微风下呼吸……普恩加莱先生的使命是旅行，他是去旅行！"

这样的嘲笑、讽刺令人震惊，也揭示了饶勒斯在这个惊人时刻的盲目态度。

当他提出战争与和平的问题时，他的话语，尽管很真诚，却是那么地泛泛而谈，根本没有效力。

7月5日，在罗什福尔这个刚刚于5月选举出一名社会党议员—饶勒斯的地方，饶勒斯用他洪亮的嗓音声明："我们身处在一个自称文明的欧洲。自耶稣在绞刑架上受难已有二十世纪，他说'和平属于有诚意的人们'，与他一样，我们如是说和平属于有诚意的民族。"

人们热烈欢呼。

然而7月5日，威廉二世在波茨坦接见了亚历山大·冯·霍约斯伯爵、奥地利外交部部长参谋贝希托尔德伯爵。

奥地利人想要了解他们是否能够在奥匈帝国对塞尔维亚人发起的敌对行动中，依靠德国人。

"现在这时刻正对我们有利，"威廉二世如此回答道。

德国皇帝发表了这样的宣言带来的后果便是，德国首相贝特曼·霍尔维格说服威廉二世乘坐其游艇—霍亨索伦城堡号出行，让威廉二世沿着挪威海岸航行，借以向欧洲表示，德意志帝国希望奥匈帝国与塞尔维亚的"冲突"仅限于局部的、有限制的冲突。

威廉二世用远行来表明他拒绝将德国卷入一个将导致奥匈帝国和塞尔维亚冲突扩大化的机制之中。

7月6日，贝特曼·霍尔维格给弗兰茨·约瑟夫一世写了一封信：

"尊敬的威廉二世陛下自然无法在奥匈帝国和塞尔维亚现有问题上作出决定，选择站在哪一边，因为对于这个问题，他深感力不从心。"

"不过尊敬的弗兰茨·约瑟夫一世陛下，您可以放心的是，按照德国对同盟国的义务和对多年友国的友谊，尊敬的威廉二世陛下将会忠诚地与奥匈帝国并肩作战。"

贝特曼·霍尔维格用羽毛笔画了一条斜杠，这条斜杠将最后几个词与这封信之前的句子分开："……与奥匈帝国并肩作战／在任何情况下。"

第二天，7 月 7 日的巴黎，仿佛他能感知到什么，哲学家阿兰[1]在法国政治阶层都一片死寂的情况下，写下了暴风雨正在靠近：

"和平已变得困难，理智罕见。"他如此写道。"而我，我想要推崇谨慎，因为没有什么疯狂是谨慎的，也没有任何激情是谨慎的。大家都为精神吗啡—他们的英雄主义自鸣得意。特拉瑟，我的朋友，我们应该要给这些疯子泼一些冷水。"

威廉二世和贝特曼·霍尔维格并未给奥匈帝国的人们"泼冷水"。

此外，奥匈帝国的人们似乎没有让步于"疯狂"——他们想的恰恰相反。他们以为有了德国这个后盾，作为塞尔维亚盟友的俄国将慑于德国为奥匈帝国提供的支持，便不会再干涉其中，任凭其粉碎塞尔维亚。

7 月 9 日，为了使塞尔维亚为刺杀事件背负上责任，奥匈帝国的一名高级官员弗里德里希·冯·维塞尔前往了萨拉热窝。

7 月 13 日，他递交了报告：

"没有任何迹象—既无证据也无轻微的迹象—能表明塞尔维亚政府与人串通，筹谋了这起刺杀事件，或是向刺杀者提供他们所使用的武器。"他如此写道。

不过维塞尔声明，必须向塞尔维亚人要求追捕塞尔维亚官员中的黑手社党。一名社员是塞尔维亚铁路局的雇员，他为普林齐普过境提供了很大的便利；另一名则是上尉谭克斯克，他为恐怖分子找到了那些武器。

长时间都犹豫不决的匈牙利首相第萨伯爵嘲笑再度给贝尔格莱德发出"最后通牒"的想法。塞尔维亚不会接受其中的所有条款，尤其是追捕塞尔维亚官员的这条。

塞尔维亚驻俄国大使控诉奥匈帝国应该为弗兰茨·斐迪南大公的死负责，因为他们兼并了波斯尼亚，因为他们对在波斯尼亚的塞尔维亚人的镇压行径。这番控诉使得"最后通牒"更成为必须。

塞尔维亚顽固地坚持它的立场，而俄国的支持让它变得更加咄咄逼人。

1　译者注：Alain

第萨伯爵承认军人想要尽快开展对塞尔维亚的反对措施是正确的。

"我们没有别的选项。而我是在绝望的状态下才选择了作出这样的行动。"

对塞尔维亚的"最后通牒"于 1914 年 7 月 14 日 ~7 月 15 日期间在维也纳获得了批准。

13

而在这些日子里，巴黎的人们则为庆祝国庆而载歌载舞。

德国社会主义者卡尔·李卜克内西来巴黎参加在法国首都举办的社会党特别大会。他在饶勒斯和其他几位同志的陪同下，漫步于大道上。

他们艰难地在拥挤人潮中挤开一条道路。人们都簇拥在管弦乐队所在的乐台周围。

"欢欣让这或雀跃、或翱翔、或顺流而行的流动人潮如此热闹，不过这样的欢欣在我看来出奇地克制。"他这样记述道。"人们跳得那般充满生命力和优雅，人们的舞蹈几乎没有发出一点喧闹声，没有突兀的音调，没有粗旷的笑声或是粗鲁的动作，也没有互相拥挤，更没有粗暴地互相推搡。这是 7 月一个疏朗的夜晚。"

如何能想到战争？

尽管大会辩论的主题是如何阻止战争的发生，大会的气氛仍然是温和且热烈的。

梅斯在德国国会的社会党议员乔治·威尔，同时还是《人道报》在柏林的通讯记者，在大会中参与了辩论，自然，他使用的是法语。他保证说德国无产阶级拒绝接受战争。他赢得了众人的欢呼。

饶勒斯提交了一份动议，进行投票。该动议宣称对抗战争最有效的方法之一，"是在全世界范围的、有组织的、同时性的普遍的工人罢工。"

饶勒斯重复说，法兰西"不会独自陷入瘫痪停滞的境地"。普遍的罢工"将经过商讨后、双边进行的；或者不以上述形式进行"。

报刊媒体未及正确理解其中涵义，便大感震怒。

在许多报纸中，都发表了要刺杀"普鲁士人饶勒斯先生（德语）"的号召。这番对动议意义的曲解是故意为之的。

《时代日报》，这温和的《时代日报》，这理性的《时代日报》谈论"可憎的议题"。

莫里斯·德·瓦勒夫在 1914 年 7 月 17 日版的《巴黎回声》中写道：

"告诉我，在战争的前一天，有一名将军指挥四个人和一名下士将公民饶勒斯挂在墙上枪毙，给他补上脑中缺少的子弹。你们认为这名将军不应该履行他这最基本的义务吗？他应该履行，并且我还将帮助他。"

莫拉斯在《法国运动》毫不犹豫写道：

"每个人都知道，饶勒斯先生，他代表着德国。"由于不能对这个威胁掉以轻心，莫拉斯补充说："人们知道我们的政策不仅仅是说辞。这些想法将行动的重要性和现实主义衔接在一起。"

因为饶勒斯提起了"在当今社会，事件的巨大力量不在一个人身上，而在于事物不可战胜的规则中"，都德在同一份《法国运动》上最大限度地表达了他对犯罪的希望："我们不想用政治谋杀来结束任何一个人的生命"，都德写道，"不过饶勒斯应该被吓得瑟瑟发抖。他的文章能引起某位狂热者用实验性的方法来解决问题的欲望。这个待解决的问题是，了解是否在事物不可战胜的规则下，让·饶勒斯先生是否也必须要遭受同加斯东·卡尔梅特先生一样的命运"

"杀了饶勒斯，"于是这些词都被印刷出来。而饶勒斯周围的人们则非常担忧。饶勒斯却耸耸肩膀，回答道："不要把这件事看得太认真。查尔斯·莫拉斯无法原谅我从不曾引述他的话语。"

每一天，饶勒斯都收到威胁信件。大量的信件寄达他家或寄到众议院。比如下面这封匿名信：

"先生，

十人委员会今日聚集召开了会议，我们全票通过了执行死刑的决定。理由：您的行为、您的文章、您反对军队的演说，这些都显示出您是法兰西的叛徒。当执行死刑的时刻一到，无论您在何方，您都将死去。

十人委员会。"

当人们提到保护饶勒斯的可能性时，饶勒斯表现出带着恶劣情绪的冲动或是显得满不在乎。危险组成了他生命的一部分。他曾多次在大街上，混在示威者当中，表明宪兵的突击无法吓到他。他是勇敢的，而且是非常不起眼的，要知道他不过是众多人中的一员。并不需要那么重视对他的保护。

然而，他总是有种直觉，他知道他自己便是战争一个极大的障碍。在社会党代表大会召开后的某日，此时对饶勒斯的咒骂和威胁已如冰雹般砸下，当议员保罗－邦库尔来与他打招呼时，他说道："啊，您看到了吗？一切，为了阻止这场杀戮才做的一切！这将是一件特别可怕的事物……另外，人们将先把我们杀了的。而之后，人们会为此后悔的……"

不过这种预感、这样的恐慌在 1914 年 7 月中旬便消失了。

7 月 16 日，共和国总统在政府总理和外交部政治事务主任的陪同下，在敦刻尔克登船，去完成他们从年初就开始准备的俄国之旅。此时，该如何想到最坏的结果呢？

普恩加莱、维维亚尼和皮埃尔·德·马士里在"法兰西"号装甲舰上，由 Jean-Bart 号战列舰和鱼雷艇 Stylet 和 Trouble 号组成的舰队护航。

这群法国政治家自 7 月 20 日到 7 月 23 日都要在俄国呆着。

返程途中，他们将在丹麦、瑞典和挪威靠岸。

德国皇帝威廉二世正在他的游艇霍亨索伦城堡号上，他乘着他的游艇在挪威峡湾里航行。

7月的那些日子里，天气非常晴朗而炎热，海洋非常平静。

三名法国政客在 1914 年 7 月 16 日至 7 月 20 日进行的航海将会同普恩加莱所希望的那样"十分迷人"。

第四章　　　1914年7月16日~1914年8月3日

14

1914年7月13日，在进行了两日的航行后，普恩加莱独自一人伫立在"法兰西"号装甲舰的舰首。

他告诉舰长他希望独处，因为他要思考和冥想。

他远离了维维亚尼。而舰队自敦刻尔克起航开始，他便同维维亚尼并肩而行，试图与维维亚尼分享对国际形势的令人担忧的分析。

法国驻维也纳领事向他们保证奥地利准备一份最后通牒。奥地利意图强迫塞尔维亚在它的要求下或者选择投降，让奥地利官员在塞尔维亚进行他们的调查，这样也就否认了塞尔维亚的主权；或者拒绝投降，也就意味着选择对抗强大的奥匈帝国，与之作战。

而塞尔维亚唯一的机会将是求助于俄国。

法国的盟友俄国，则很可能被卷入这场冲突之中。

这两天来，普恩加莱在试探着维维亚尼的无知程度。这位政府总理似乎并不为这些国际问题感到担忧。

"我感到很惊慌，"普恩加莱在他的日记里这样记述道，"我试图让他也知道这些事。"

维维亚尼只能察觉到巴黎的政治环境变化。由于无线电报的沟通联络非常困难，存在风险，所以近期使用有线电报。在收到的电报中提到了，军队委员会夏尔·恩贝尔作为报告人，在参议院所发表的报告引起的论战的激烈程度。

恩贝尔解释说，除了 75 毫米口径加农炮，法国不再拥有任何现代化的大炮，亦没有重炮。防御要塞还在使用 1870 年的古老大炮进行武装防御！

"我们既不受到军事防御的保护，也不被统治！"委员会成员克列孟梭这样喊出。

饶勒斯则更大声地驳斥他，痛斥"那些被可怖的揭示出的罪恶的冒失之举、致命的无能、迟钝、精神的怠惰，都应该让军事主义和沙文主义的对抗行为永远不被信任。"

克列孟梭再度拾起笔墨，这个自由人为 7 月 14 日军队在珑骧跑马场地游行作了报告，在他的报纸中写道：

"那般壮阔雄伟的场面，脑海里想到的是祖国。"
他不想要被人同国际主义者饶勒斯混淆在一起。

克列孟梭重复说：

乔治·克列孟梭

"脑海里想到的是祖国……我们曾在 1870 年被人打败。然而我们，被紧紧地禁锢在法国还留存给我们的地方，我们不想，我们也不能再次经受同样的厄运。成为英雄是不够的。我们希望成为胜利者。"

这样的渡海经历本该令人着迷，在普恩加莱眼里，却显得无休无止。

在巴黎，他知道承担了外交部部长代理职务的司法部长比安弗尼·马坦（白里安）是无能的。白里安现由一名年轻、精力旺盛却毫无经验的国务秘书辅助进行工作。幸运的是，外交官飞利浦·贝特洛也在协助他，不过这也只是个机关工作人员。

而正是由贝特洛进行撰写有线电报的工作。不过，到达"法兰西"号装甲舰上的有线电报时常被截去了大段。

贝特洛就这样宣布，在维也纳，人们在 7 月 19 日决定了要向贝尔格莱德发布的最后通牒的最终条款。

是什么时候呢？这个秘密被保守的很好。

如果维也纳感受到法国的决心，也许它能放弃这种做法。

普恩加莱将这个问题从他脑中驱逐。

7 月 20 日，"法兰西"号考虑到它的体积问题，它无法靠近港口，于是它停在了圣彼得堡的停泊地。沙皇尼古拉二世的游艇亚历山大号前来与法国装甲舰对接。

沙皇在游艇上。

正是他将载着普恩加莱和维维亚尼到喀琅施塔得和他的夏宫—彼得宫。

7 月 20 日，刑事法庭上，卡约夫人到庭。报刊媒体早已将他们全部的注意力都聚焦在了这件诉讼案上。他们忘记了俄国、忘记了巴尔干半岛、忘记维也纳，而普恩加莱为此感到庆幸。

15

1914 年 7 月 20 日，法兰西共和国总统坐在了沙皇的旁边，这二位一起坐在皇家游艇—亚历山大号尾部。

自俄国之行的最初时刻起，表面上是政府总理维维亚尼在制定和领导政府政策。而实际上俄国政府则把国家首脑—普恩加莱当做自己的谈话对象。

即使普恩加莱努力站在维维亚尼一步之后，他用自己话语中的坚定语气使俄国人更坚定自己的立场。

他非常高兴能够成为法兰西之声。

他得意地发现，从他们谈话的开始，他就在沙皇尼古拉二世及他的外交部部长萨宗诺夫面前占据主导地位。

此外，维维亚尼的无能，还有他的烦躁情绪迫使普恩加莱高声谈话，主导着谈话，有时还打断沙皇的话。

"我很肯定，"大使巴莱洛格这样吐露道，"在所有穿着华贵的达官显贵中，许多人都认为：这正是一名独裁者说话应有的方式。"

至于维维亚尼，"他低声抱怨、咕哝着，咒骂着，以至于大家都注意到他这一点，"普恩加莱如是记录。

巴莱洛格试图让他冷静下来，不过却是徒劳。

沙皇非常专注地听着普恩加莱的话语，然而很快他看上去就筋疲力尽了，尽管他不过才 46 岁。

但是，他似乎被"命中注定"所折磨，听任自己屈服于神的意志。

大使向普恩加莱解释这点时，补充说俄国皇太子阿列克谢患了血友病，俄国皇后亚历山德拉，也就是德国公主阿历克丝·海伦·露薏丝·贝娅特丽丝听信于"占星师"拉斯普京，后者断言自己能够在神的帮助下治愈皇太子。

俄国沙皇尼古拉二世

尼古拉二世身边的人被外交部部长萨宗诺夫所掌控。萨宗诺夫生活在惶惶不安之中。他是1911年被刺杀而亡的首相斯托雷平的岳父。

1905年的回忆笼罩在俄国宫廷，那一年俄国与日本的战争失败，还经历了国内革命的地震。

与法国的结盟成为俄国外交政策的拱顶石，普恩加莱保证双方相互结盟是实实在在的。

7月21日，在与尼古拉二世面对面的觥筹交错间，普恩加莱高声说出他对这个立场的肯定。

这使得战争支持者们异常兴奋，他们中有许多都是皇室宫廷中的要员。

沙皇叔叔的妻子，女爵安娜斯塔西，在7月20日沙皇举行的晚宴中正坐在法国大使巴莱洛格的身边。她对大使宣称："战争即将要爆发了……奥地利不会再剩下什么了，你们也能收复阿尔萨斯和洛林地区了。我们的军队将在柏林会师。德国将被毁灭。"

那四天俄方同普恩加莱和维维亚尼见面的情况就是如此。

7月21日，他们穿过圣彼得堡市。然而，他们忽略了让整个城市陷入瘫痪状态的大罢工行动。地形学家、有轨电车司机立起了路障，使得城市的全部街区都被隔离开来。哥萨克骑兵在街上冲锋，成功地让示威者远离政府队伍。

工人抢走了三色旗，要将它们撕碎，他们要将这做成红色的旗帜！

普恩加莱和维维亚尼并没有见到这样的俄国。

7月21日，在由法国大使馆举办的，于圣彼得堡开展的诸国大使接见会时，普恩加莱仿佛受到他与沙皇和俄国众大臣谈话时所享受到的主导地位激发，他对奥匈帝国大使弗雷德·扎帕利伯爵说了如下一番话，警告奥匈帝国不要对塞尔维亚采取一种侵略性的政策：

"塞尔维亚在俄国人民中，拥有一些非常热血的朋友。而俄国呢，它有一个盟友，那就是法国。有什么难题能让塞尔维亚害怕呢！……"

普恩加莱坚定地表达出，他作为国家首脑对自己力量的确信。他参加了7月22日在红村进行的十分壮观的军队阅兵式，这让他确信法国无懈可击。俄国能在德国边境部署近一百万兵力！

身着白制服的步兵，头转向主席台，他们给人一种刀枪不入的印象，浩浩荡荡的骑在马上的炮兵队列亦如是。

这正是"俄国压路机"，它已准备好出发前行。

军队在经过沙皇面前时，大声喊道："我们非常高兴能为尊敬的陛下服务！"

军乐队演奏着《法国洛林进行曲》和《桑布尔与默兹进行曲》。

法国记者都兴奋不已。

他们忘了1905年俄国的战败。

唯有《人道报》的通讯员对他所听到的"这些揭示了一种封建时期才有的精神面貌的奴颜卑膝的顺从话语"感到气愤。

俄国人因普恩加莱的决心而深感安心。他们有种感觉，"历史性的日子、神圣的日子"临近了。

7月23日晚上，普恩加莱在"法兰西"号进行接见会时所作的演讲，也就是共和国总统俄国之行的最后几个小时里的那场演说，坚定了俄国人的这种信念。

那晚的暴风雨，如注的雨水不能抹去普恩加莱所说的话语。这位总统逐字逐句地强调道："将两国联合在一起的协约牢不可破。对于每天出现的各种问题……总能达成一致，并将继续达成一致……两个国家有相同的，在力量、荣誉和尊严上的和平的标准。"

是事先商定好的演说词？一些外交官这样认为。

不过，他是以强有力的口气在"法兰西"号装甲舰上说出的话。在这个时刻，已有传言说奥匈帝国向塞尔维亚发出了最后通牒，这样使得战争的威胁再度出现。人们曾以为已经摆脱战争。而战争却突然强势地徘徊在附近。

7月23日的夜晚，"法兰西"号松了它的缆绳，离开了喀琅施塔得。它驶向瑞典。普恩加莱计划于7月25日到达斯德哥尔摩。

7月23日，《人道报》发表了一篇饶勒斯的文章。这篇文章的摘录被通过无线电报发给了普恩加莱。

"四处几乎都在开展着革命运动，"社会主义评议委员会委员如是写道……"如果沙皇引起欧洲战争或放任欧洲战争的发生，那就是非常不谨慎的行为。"对于奥匈帝国而言，也是一样的道理。

"在所有压迫和特权制度统治下，土壤都被侵蚀，"饶勒斯继续道，"如果战争的震荡发生了，那时一定会有崩塌、塌陷。"

7月23日，当奥地利人确定"法兰西"号起航后，便将最后通牒传达给了贝尔格莱德。

维也纳要求四十八小时内，必须向它传达有利的回复，也就是7月25日周六18时。

战争抓伤、撕碎了和平的大门，现出了它的獠牙。

16

在1914年7月24日周五的拂晓，暗淡的日光同被装甲舰"法兰西"

号船头破开的灰色的海混淆在一起；浪花拍打着舰艇的甲板，普恩加莱、维维亚尼和外交官马士里在甲板上踱来踱去。

"法兰西"号的舰长交给普恩加莱一份无线电报。而海底电报则带来了奥匈帝国对塞尔维亚的最后通牒的内容。奥匈帝国在德国的同意下，趁着确保"法兰西"号已在海面上时，奥匈帝国才向贝尔格莱德发出了这份电报。而此时，法国人再无法同俄国人进行商榷。

这恰是奥匈帝国想要粉碎塞尔维亚的证明。最后通牒全文的暴力条款也论证了这点。不过奥匈帝国和德国还是对俄国与法国的反应有所担忧的。

他们是否希望，人们又能否将冲突限制在局部范围内？

普恩加莱，头向前倾，双手背在身后，迅速向维维亚尼和马士里瞥了几眼，重复着：

"在最后通牒的要求中，对塞尔维亚来说有一部分是难以接受的。俄国将会采取怎样的行动呢？奥地利又会做些什么呢？"

马士里建议向奥匈帝国要求给予贝尔格莱德一个额外的延期。维维亚尼补充说，还必须进行一次国际会议，恳请英国进行调停。

这三人草拟了一份稿子，通过海底电报向不同国家的首都发去。

然而，俄国部长会议早已研究过发给塞尔维亚最后通牒的内容，并宣称：

"为了俄国的荣誉、俄国的尊严还有俄国的历史使命，如果俄国想要保有它在欧洲的地位，它就必须要支持塞尔维亚，而这在必要时，要诉诸战争。"

在巴黎，报纸出版了奥地利发出的牒文。一时间，焦虑攫住了那些最最明智的知名人士。

饶勒斯向所有他遇到的人表明他的忧虑。

"气氛极端地沉重"，他这么说，最后通牒的牒文令他惴惴不安。

"它似乎盘算好了，要彻底羞辱塞尔维亚人，或是将塞尔维亚粉碎……人们可以想想，奥地利的神职人员和军国主义者的反应。人们思忖这些人是否不期待战争，不致力于让战争变为可能。这实在是罪行中最最可怖的一种。"

1914 年 7 月 24 日周五，战争扼住了欧洲的喉头，也扼住了饶勒斯的喉咙。在巴黎，舆论继续牵挂着卡约夫人的案件审理，卡约部长老练的辩护，一小时、一小时地过去，他利用证人陈述扭转了陪审团的意见，并因此他的妻子被宣告无罪。不过，所有的旁观者都知道 1914 年 6 月 28 日在萨拉热窝点燃的导火索已经十分靠近火药桶了。

7 月 25 日周六是一个"灾难性的、令人焦虑的一天"。

普恩加莱和维维亚尼下船到了斯德哥尔摩。他们在自省中，参加完一个国家的外交礼仪接待活动，离开去参加另一个国家的访问接待活动。

他们是否还要按照原先计划的步骤，继续他们去丹麦和挪威的行程。又或者，他们是否要以最快的速度赶回法国？

马士里得知威廉二世已经终止了他在挪威峡湾的巡航，他已经回到了基尔。

普恩加莱犹豫了。

回去的话，难道不是加剧了国际紧张的形势？最重要的难道不是将这场冲突局限在"区域内"？

不过，也许已经太迟了。

海底电报昨日，7 月 24 日，报告称德国大使已经要求司法部长、临时外交部长比安弗尼·马坦接见他。

冯·肖恩男爵用暗哑的嗓音表明，德国政府认为这场冲突应该"只在奥匈帝国和塞尔维亚间解决，任何其他国家的干涉行为都有想要带来难以估计的后果的嫌疑"。

普恩加莱注视着维维亚尼。

政府总理从一个决定又转向另一个，然后，在恢复他的焦躁不安、激动和踌躇状态前，进入了让人难以忍受的沉默状态。

在 25 日这天的尾声，奥匈帝国，以塞尔维亚拒绝接受所有最后通牒中的条款为由，断绝了所有与塞尔维亚的外交关系。奥匈帝国驻塞尔维亚大使刚刚才离开塞尔维亚的首都。维也纳打算在必要的时候，通过战争让塞尔维亚投降。命运的齿轮开始转动。

普恩加莱和维维亚尼决定终止他们计划好的中途停靠的行程，并返回法国。

饶勒斯，7 月 25 日那天在昂市的维兹区。他来参加一次局部选举的选举集会。许多人们开始被焦虑情绪所压抑，在白炽灯灯泡强烈的灯光映照下，他们的脸庞紧绷着，脸色煞白，如同面具。他们走向主席台，饶勒斯同他们紧紧握手。他知道就在半小时前，塞尔维亚和奥匈帝国断绝了外交关系。他只说了几句开场白，接着便是刺耳的满是焦虑的喘息声。

饶勒斯拆开这可能发生的普遍范围战争的齿轮：

"四十年以来，欧洲从未处在这样一个危险的、悲剧性的境地，我们正身处这个境地之中……"他这样开始。"每一个民族似乎都手举小火炬穿过欧洲的街道，如今火灾要降临。"

整个厅室寂静无声，感到恐惧。大家都知道和平受到了威胁，他们无法想象和平已经濒临灭亡。

让·饶勒斯

"公民们！"饶勒斯继续道，"我说这些话的时候，是相当绝望的。在这个我们深受凶杀和野蛮威胁的时刻，我们只有一个机会，那就是所有的无产阶级者聚集他们所有的力量……众人心跳的节拍一致能够驱逐这可怕的梦魇。"

人群的欢呼声彼此相通。人群散去，再度被 7 月沉重的夜晚所俘获。

必须要行动起来，必须用言语以外的力量掌握住这人群，让这些听众变为积极参与者。在《工团主义斗争》中，人们在 7 月 25 日周六呼吁在周末军队游行的时候进行示威活动。确实，人们在军乐队经过的时候喊道："共和国万岁！""打倒战争！""卡约万岁！""打倒三年兵役条款！"。在大道上，示威活动初露端倪。

人们感受到工人们为了和平的利益而沸腾的态势还在不断升温。

就在 1914 年 7 月 26 日这个周日的巴黎，数百名民族主义者在大道上游行，他们穿着三色旗，叫嚷着"军队万岁！""法兰西万岁！""占领柏林！"，甚至是"战争万岁！"。

饶勒斯正搭乘从里昂回到巴黎的火车。在第戎时，火车出了故障。为了查阅电讯，他着急地跑到当地报纸《第戎的发展》编辑部。他在那儿口授并编辑了给《人道报》写的文章。

随着他读到越来越多近期的新闻，仿佛被人们挤压他的身体一般，他蜷曲了身躯。

塞尔维亚颁布了全国总动员。它可能也已经邀请俄国参与到抵抗奥匈帝国的运动中来。

这些流言皆从圣彼得堡流出，尽管还未经证实，但对于饶勒斯而言，谣言已经反映了沙皇政府所采取的决定。谣言提到了军队的调动、俄国军队的局部动员。局部动员不过是想要掩饰俄国参谋部认为唯一可行且不可少的未能实现的全民动员行动罢了。

英国和法国报纸在圣彼得堡的通讯员报告说，圣彼得堡发生了爱国主义者的示威活动，在车站、在月台上，人群聚集。

"火车上全是军官和士兵。这早已像是动员。"

这就是记者们所看到的景象，而外交官们和德国搜集情报者同样也见证了这些。

如何能阻止德国参谋部从那时起也进行他们的全国总动员呢？

饶勒斯无比焦虑，不过他并不是一个轻易放弃的人。《第戎的发展》的记者们都带着敬仰之心，聆听饶勒斯在若干分钟的思考后口授的为《人道报》写的社论。

其后，他要求《人道报》的编辑不对他的这篇社论做任何修改，他力求突出法国军事上的弱点。

然而，他作出了反对行为。普恩加莱和维维亚尼在这些危急的时刻总是缺席。外省记者听到他口授了以下的句子：

"然而我们，我们法国人，我们可能在试图沉入漩涡中，我们什么时候才能再次拥有一个为我们服务的政府？"

在饶勒斯眼里，没有什么比普恩加莱和维维亚尼的圣彼得堡之行更具有双重象征性了。圣彼得堡，这个战争之都。如同普恩加莱通过此行确认了法国的从属地位，使得巴黎权力变得真空（第二重象征）。

战争的大门已经打开。只剩下一个希望：希望冲突只是局部的，将一直只在奥匈帝国和塞尔维亚之间；其他的大国不因盟约产生的规则或战争逻辑而猛地扎进这趟浑水中。

天色已晚，而此时希望仍断断续续地同绝望在角力。

饶勒斯，每当他提起战争，他总是用非常具体、强有力的表达恐惧的词汇来形容：犯罪、凶杀、杀戮、伤寒、暗杀、屠杀、血。这个政治先知并不为他所说的话讨取报酬。这些画面如同真实的伤口般流着鲜血。

但这受启发的具有预示性的现实主义，与一种因人们常常未经历过却将它表达出来，使得战争更具传说意味的景象所带来的敏感相反，而这类人早已明白他们会继续充当他们预报者的角色。

在这决定欧洲命运的日子里，法国驻汉堡领事保罗·克洛岱尔在他的日记中写道："7月26日周日，这个要去做弥撒的早晨，白色的大布告贴在街道角落烟草商的店里，释放性的、冒险性的美丽词藻：战争！（德语）"战争的颂诗：人们喘不过气，人们被包围，人们在这人挤人的拥挤澡堂中筋疲力竭……突然，一阵风袭来，帽子飞走了……从工作中解放，解放妇女，解放孩童，摆脱被各种规定束缚的地方，是冒险。同一时间，在欧洲所有的大城市，汉堡、柏林、巴黎、维也纳、贝尔格莱德还有圣彼得堡。三分之一的海洋都化成了血海（《启示录》）。

"……好哇！那沐浴在油与巨大火焰的池中的大炮。又一次，人们将互相抱住，重逢、感受彼此的怀抱、相认。"

在巴黎，编剧亨利·伯恩斯坦过去曾游行示威反对《法国运动》，因为他做了逃兵。现在，他摆出姿态，用另一种更加粗俗和政治化的语调来表达战争同样的吸引力。

亨利·伯恩斯坦同约瑟夫·卡约进行论战。他在民族主义者舆论掌声中宣称："在我年轻的时候，我曾经做出荒唐之举，我曾当众表示过后悔……我请求过再度让我入伍……而我也被核准了。我是一个作战的武器……我在动员令发布后的第四天出发，而动员令很可能就在明天。我不知道卡约哪一天出发，不过我要告诉他，在战争中，人们不能让一个女人代替自己，人们必须自己开枪。"

7月27日周一，在几个小时内，想要将冲突限制在局部范围内的意图似乎实现了。英国外交部大臣，准男爵爱德华·格雷先生提出让奥地利和俄国进行直接协商，法国支持这个提议。

7月27日周一的晚上，从9时到午夜时分，数万的示威群众，可能有十万到二十万人，在巴黎林荫大道游行示威。他们从歌剧院走到共和国广场。他们喊着"打倒战争！"。

由于需要战胜大量的敌人，庞大的警察队伍"疯狂地向人群扑打"，

《小巴黎人报》这样写道："林荫大道被一场渎神的示威所污染，"《时代日报》感到无比愤怒。人们指控饶勒斯"没敢对反对军国主义者集团说出一点点的责备话语"。

这些文章于7月28日周二问世。

奥匈帝国外交部大臣贝希托尔德伯爵告知皇帝弗兰茨·约瑟夫一世，塞尔维亚人已经对着奥地利人开火了。而事实上，恰恰是奥地利人对着塞尔维亚那岸射击了！

贝希托尔德伯爵是否故意撒了谎，或者，在塞尔维亚和奥匈帝国的前线上的人们是否只彼此开了几枪，他们无意发动战争，而各大国却因此为他们行为引发的后果深表担忧？

德国皇帝威廉二世注意到若塞尔维亚接受了奥匈帝国发出的最后通牒的主要条款，事实上就已经表示投降了。而这样，"所有的战争理由"便就此消失。

然而已经太迟了。

7月28日周二，奥匈帝国向塞尔维亚宣战了。

那一天，卡约夫人被宣告无罪。虽然民族主义者短暂却暴力的游行示威活动在巴黎立法大楼前发生了。

然而这仅仅是一个片段的结束，而形势的发展变得不合时代。

7月28日，饶勒斯去往布鲁塞尔参加第二国际的办公室特别会议。

这个会议以阻止战争的蔓延为题。

奥匈帝国外交部大臣
贝希托尔德伯爵

"诸多繁杂的事件都冲着一个黑暗的、十分恐慌的世界奔去，"饶勒斯对陪他到巴黎北站的莱昂·布鲁姆这样说道。"今日的世界从未有过，混乱、盲目和粗暴与这般悲惨的尽人皆知的事一起出现过的情况……人们思忖是否还值得活下去，是否人类并非命中注定的受苦受难的生物，因为人类对于服从于其动物天性，和同从天性中解脱同样无能为力。"

在布鲁塞尔，饶勒斯住在希望酒店……

第二天，7 月 29 日周三，他要在民众之家同第二国际的代表们碰面。

7 月 28 日过渡到 7 月 29 日的那个晚上，20 时 45 分，德国皇帝威廉二世给他的表兄弟，沙皇尼古拉二世发了一封电报。这二位君主也都是英国国王的表亲，他们用英语交谈。

"带着最最担忧的情绪，"威廉二世在电报中如是说，"我得知奥地利对抗塞尔维亚的行动是你的国家先挑起的……"

为了给这项"行动"正名，他这样提到了萨拉热窝刺杀事件"可憎的……可恶的刺杀事件"。必须要惩罚这出双重谋杀的始作俑者。

"另一方面，我极为明白，对于你和你的政府来说，对抗公众舆论的推力有多困难……"

"考虑到我们二人长久以来紧密联系在一起的真诚的、温情的友谊，这就是为什么我将利用我所有的影响力来促使奥地利直接地同塞尔维亚协商，以期能和你达到一个令人满意的协议……"

"你真挚且忠诚的朋友和表兄弟。威利[1]。"

7 月 29 日周三早上 1 时，夜色正浓，沙皇给威廉二世发了电报。

"我很高兴你已经回到德国了。在这个危急时刻，我请求你帮助我。一个弱小的国家接到了一场卑鄙的战争的宣战。在俄国国内存在的愤慨，这我也完全能感受到的愤慨是非常骇人听闻的。我预见不久后，我可能在被逼无奈之下，采取一些会引起一场欧洲大战的极端措施。为了尽量避免欧洲大战这场灾难的发生，我请求你，看在我们绵长友谊的份上，尽一切

---

[1] 威廉二世的昵称。

可能阻止你的盟友们做的太过分。尼基[1]。"

一场区域性的战争还是一场欧洲大战？

7月29日周三，这是这个早晨伊始就要遇到的难题。威廉二世和英国人盘算着一个"区域性的解决方法"：让奥匈帝国军队占领贝尔格莱德，实施所有奥匈帝国的最后通牒中所包含的条款，然后退出塞尔维亚首都。

然而此时"军事"机制已经启动，这能成为一个比较现实的提议吗？

7月29日周三的8时30分，普恩加莱和维维亚尼走下了"法兰西"号装甲舰，在敦刻尔克上岸了。

气氛十分沉重。

来迎接共和国总统和政府总理的主管外交事务的副国务秘书阿贝尔·菲瑞在他的日记里记下两位政要急急匆匆赶回巴黎的场景。

"他们刚在敦刻尔克上岸，"菲瑞写道，"无论是维维亚尼还是普恩加莱都不愿意相信战争开始了。在乘坐总统专列的三个小时里，我为他们朗读、评论文档。"

17

在巴黎，1914年7月29日周三，13时20分，总统乘坐的专列在巴黎北站停下。

站台上彩旗飘飘，挤满了人，他们呐喊着"法兰西万岁！""占领柏林！"高唱起爱国旧曲：

"你们无法拥有阿尔萨斯—洛林地区。

不论你们如何阻挠，我们将一直保持法国人的模样……"

1　尼古拉二世的昵称。

普恩加莱出现了，受到了人们的热烈欢迎。

人们瞥见挥舞着旗帜的莫里斯·巴雷斯被年轻人环绕着。

爱国者联盟动员了它的成员，这次的迎接活动并非自发组织。

在场的军官被人群围绕，收到热烈的掌声。一名海军上将大声说道："我们本不应该指挥上帝，但是我有一种感觉，那就是当时机成熟时，法国将已准备好。"

普恩加莱和维维亚尼向汽车走去，军官很难为他们在热情洋溢的人群中开出一条道路。

似乎没有人能想起此刻，这场冲突是奥匈帝国和塞尔维亚两国间的冲突……大家说着柏林、威廉二世、阿尔萨斯和洛林地区，还有有力的俄国盟友。

在火车上，普恩加莱从阿贝尔·菲瑞口中得知，沙皇在未进行告知的情况下，已经开始动员他的军队了。

法国驻俄国大使，莫里斯·巴莱洛格已向沙皇的外交大臣萨宗诺夫保证，俄国可以依靠法国给予的支持。

他的行径已然超出了给他的指示。不过普恩加莱和维维亚尼满足于让人给巴莱洛格发出一封电报，以要求他促使沙皇避免做出任何挑衅动作。

挥舞着旗帜的人群在缓缓开动的汽车后奔跑着，巴黎北站附近的街道满是熙熙攘攘的示威者。

"我从未如这般从道德上和身体上都感到难以保持无动于衷，"普恩加莱如是写道。

"这就是团结的法国，"他说道，"政治纷争此刻都被遗忘，而国家之心在它崇高的现实中得到了表达。"

"我从未曾经历过如此令人感动的场面，质朴无华、伟大、充满热情、团结而庄严，所有的一切都使得这次的迎接活动变得难以忘怀。"

在爱丽舍宫，部长们聚集在一起，他们等待着普恩加莱和维维亚尼的到来。

临时外交部部长比安弗尼·马坦，在总统和总理安顿好后，便开始向二位汇报最新的消息。

最重要的消息便是同沙皇"半官方式地"发出部分动员令有关的消息。不过沙皇发布全民总动员的敕令已经准备好了。

在波茨坦，德国将军们在威廉二世身边不断强调着俄国发起的这些举措所带来的危险。俄国的军队将在德国动员令尚未确定时展开行动。

人们得知德国外交大臣哥特列·冯·加奥向德国驻俄国大使发出如下信息：

"我请求您让萨宗诺夫先生关注并严肃对待，如果俄国继续采取发布动员令的措施，将迫使德国也发布动员令这一事实，请他知晓，在这种情况下，将几乎没可能阻止欧洲大战的发生。"

这则消息于 7 月 29 日周三下午伊始便由电报发出。

德国就此决定冒着"一场欧洲大战"的风险。联盟体系、各国参谋部提出的战略上的迫切需求正是国家元首越来越难以控制、阻止的机制。

他们中的每一个人都想象着另一方将会退让。人们并未选择战争，但是人们却把它当作外交手腕的一个因素来要挟对方。

普恩加莱在这个 7 月底如是写道：

"德国的懦弱之处便是始终扮演着纠纷发源地的角色……唯一能够让危险远离的方法便是表现出不屈不饶的坚决态度和沉着的冷静。"

普恩加莱并未估摸到战争早已跨越过了门槛。

情况是那样的危急。

然而，在布鲁塞尔集会的社会党代表们也同国家领导们一样盲目。

他们决定第二国际大会将在 8 月 9 日于巴黎举行—而不是维也纳—而在那之前，将进行一场声势浩大的表达和平诉求的示威活动。

饶勒斯，当他在布鲁塞尔皇家马戏团大厅，在一万多人面前发言时，他似乎无视了需要采取应对措施的紧急性。8 月 9 日的情况将会发展到什么地步呢？就在 11 天后。他不曾自问。

他的演讲激动人心。

他描述着战争的可怖。

"有什么理由，你们要给我们送来那些尸体？……"

"当人民终于走过被基督教统治的二十个世纪，当人权准则取得胜利近百年，数百万的人们可能在不知晓为什么的情况下，在领导人不知晓为什么的情况下，在互无仇恨的情况下，就互相撕扯、自相残杀吗？"

与其说这是对展开行动的呼吁，倒不如说是一场沉思，仿佛饶勒斯不再相信进行普遍性罢工这一方案，能迫使各国政府不得不求助于调停举措和谈判协商。

"我们，法国社会主义者，"他呐喊道，"我们的使命很简单：我们不需要强迫我们的政府采取一项和平政策，因为我们的政府正在实施着这样一种政策。"

他用郑重的口吻补充说：

"我有权在全世界面前说，此刻，法国政府是令人钦佩的英国政府最好的和平盟友。法国政府首倡进行和解，它还向俄国谏言，令其谨慎、多加耐心。"

为了给自以为巴黎此刻正采取一项和平的政策的信念注入更大的力量，他重拾起他自己过去的态度：

"我从不曾犹豫用自己执着的意志给自己的生命招来沙文主义者的怨恨，

这种怨恨并不会因德法关系的亲近而减弱。"

在危机的这个阶段，饶勒斯以为主要责任在莫斯科、维也纳和柏林身上。他仍在宣传英国提议进行的和解举措。继而，在他演说的结束语部分，他喊道：

"所有国家的人类啊，这就是我们应该要完成的和平与正义的作品。"

他受到了热情的欢呼，整个大厅的人们站起身，晃动旗帜和手帕，自发组成了一个队列。与此同时，饶勒斯筋疲力竭地回到希望酒店。

饶勒斯不知道俄国已经发布动员令，他不知道德国已然知晓此举。他们认为这场奥匈帝国和塞尔维亚间的冲突酝酿着欧洲大战。

从那时起，饶勒斯的愿望，即得到法国支持的"令人钦佩的英国政府"所求的"和解"早已看上去像是过时的假设。

在深渊的边缘，国家领导们在此时此刻，被这场咆哮的战争所震慑、吓得动弹不得，他们看到了这只怪兽的黄眼睛，于是他们犹豫了。

在下午将尽的时候，这个 7 月 29 日周三，德国皇帝威廉二世接见了军事首长们。

"将这场冲突演变为一场扩大化的战争，这将是一种癫狂的行为。"他喊道。

他要求军事首长们离开房间，他口授了一封新的发给尼古拉二世的电报内容。

已经 18 时 30 分。

"对于俄国而言，它肯定能只做塞尔维亚冲突的一个旁观者，能够避免让欧洲卷入这连俄国都从不曾见过的最最恐怖的一场战争。"

尼古拉二世在两小时后给出了回复：

"把奥匈帝国和塞尔维亚的问题交由海牙会议将是比较合适的。我对你的智慧和友谊有信心。"

"你亲爱的尼基"

威廉二世却感到不耐烦。海牙国际法庭？

尼古拉二世，正直的尼基，是不是在嘲弄他？

德国皇帝于是接见了战事部长，埃里希·冯·法金汉将军，陪同将军的还有德国军队参谋长，路德维希·冯·毛奇伯爵。德国首相贝特曼·霍尔维格也加入了他们的会议。

所有的人都坚持认为有必要颁布动员令—这对于德国人来说，就是宣战的第一份文件—既然俄国人，他们谈论和解，谈论国际法庭，继续动员行动。

威廉二世用粗暴、生硬的声音再度口授了一封电报给沙皇：

"任何的调停都是不可能的，"他说道，"如果，就像你和你的政府放任流言所说的那样，俄国为对抗奥地利进行了军事动员。"

"从此以后，这个决定所带来的所有负荷都压在你的肩上，你承担着选择和平还是战争的责任。威利。"

1914 年 7 月 30 日周四，这是一个灿烂的夏日。尼古拉二世彻夜无眠。他要在白天接见军事首长们。杜马会议—俄国议会议长，这个"如俄国人民代表的长官"的人也将为全民军事动员进行辩护。

尼古拉二世听着这群或那群人说着。

7 月 30 日 16 时，他签署了颁布全民军事动员的敕令。该敕令将在 7 月 31 日生效。

九百万人将穿上军装。

尼古拉二世想要相信，在向德国人民表明他的决心后，他已经避免了战争。

而对此，俄国人刚刚作出了一件具有侵略性的行为。这使得威廉二世有种被他的朋友尼基所愚弄的感觉。

在巴黎，军队首长霞飞将军，向他的部长阿道夫·梅西米要求下达动员令。

他保证，如果这项决定被拖延，法国军队将无法应对德国的进攻。

这个7月30日周四，维维亚尼和普恩加莱仍在犹疑。不过在圣西尔军事学院，对新军官进行任命的仪式——"凯旋仪式"被取消了。现在已不是进行阅兵的时刻。

大家希望英国政府保持其对三国协约的忠诚，站在法国和俄国这边。维维亚尼对英国政府明确表达如下观点：

"我们已经让我们的军队在距离国界十公里处留守待命，我们禁止他们进一步靠近。法兰西共和国政府坚持要表明，法国并不为进攻行为负责，俄国也不对此有责任。"

人们是否仍能避免这场无情前进着的欧洲大战？而人们—其中大约有几万的民族主义者—是爱好和平的；而国家元首和政府首脑，即使他们做好冒险的准备，他们难道也不想要战争发生？

在7月30日周四的夜里，奥匈帝国的所有军队都已被动员。

然而，就在这同一天，法国总工会秘书长莱昂·儒奥发给德国工会中心秘书长电报没有收到任何回复，他在电报里恳请后者对其政府施加压力以保障和平。

饶勒斯不愿停止阻止战争的发生。

7月30日他从布鲁塞尔回国后，17时15分，他往众议院处去。

记者们将他包围。

"英国的调停并没有失败，"他说道，"我对于当前这种悲观主义和惊慌情绪感到不解。"

他又去往《人道报》的总部。

人们告诉他政府禁止召开本应在瓦格拉姆厅进行的法国总工会大型会议，并且所有的地铁出口都已有警察重兵把守。不过，尽管在警察的粗暴行为下，集会开始自发在星型广场和特纳广场形成。整个夜晚，巴黎的这个街区都将是暴力上演的场所。

在劳工联合会和社会党的呼吁下，外省的各城市发生了许许多多的示威活动。这样的情况发生在布雷斯特、在布尔日、在里昂还有瑟堡。在每个城市，这数千示威者喊出他们拒绝战争的心声。这是一股和平主义的潮流，那么强烈而迅猛，它似乎已经开始涌动。

法国总工会希望在8月2日周日组织一场盛大的示威活动。

饶勒斯更希望人们能够等到8月9日再进行示威，那一天将召开第二国际大会。

"我们应该不计代价，"饶勒斯说，"让劳动阶级免于恐慌和疯狂。"

饶勒斯补充道，他相信现在欧洲所处的紧张的状况还将持续十多天。经过讨论，法国总工会的代表们最终同意了饶勒斯的观点。他们明日，即7月31日还将在联盟委员会内继续讨论这点，但是他们却已经做出了决定。

饶勒斯深感万分疲倦。他快速下楼到他常去的一家餐馆—金公鸡餐馆吃晚饭。这家餐厅坐落在蒙马特街和飞铎街的交叉处。嘈杂声、灯光、高声阔谈交织在一起，证券交易所雇员还有闲逛在那儿的记者们的注视的目光，都在音乐和歌谣所组成的喧嚣声中。

还是应该回到书房，继续写作。头是那么的沉重，不过随着在页面中间以《必要的镇静》为题所涌现的词句出来后，头也变的轻盈起来。"战争的疯狂"，饶勒斯说着。危险存在于"人们感到的烦躁不安和蔓延开来的焦虑"之中。危险是巨大的，不过，它却并非不可战胜。饶勒斯补充说："外交争斗必然将延续好几周时间。"

他并未掌握俄国军事动员的最新讯息，他在写下这些文字的时候甚至不知道在维也纳，奥匈帝国已经决定进行军事总动员。

从此往后，是那些军事机器和它们的要求占了上风。参谋部的分量、他们的技术理性和他们表现出来的逻辑占了优势。

而后，如果说"外交斗争"不会在几个小时内结束是正确的判断的话，饶勒斯忘却了从联盟机制形成时起，从法国和德国争夺摩洛哥时起，"外交斗争"就已经发生。

1914 年 7 月 30 日这将要结束的一天，不过是十年前开始的一个进程的终结。

饶勒斯对此并不知晓吗？或者是，他不愿意想起这些？

在这夜的炎热中，他的文章被带到了版台上等待印刷，而通报为争取和平而发生的示威活动在外省众多城市发生的电讯堆砌成山。人们得知，在巴黎的特纳广场和星型广场，示威者和警察间的血淋淋的对峙发生了。饶勒斯下楼到科洛桑街和蒙马特街岔口角落的科洛桑咖啡馆餐厅去了。

他想得出神。一整日的筋疲力竭都写在他的脸上。他慢慢地啜饮着。他低声说着如果战争发生的话，它那残忍如野兽般的冲动将会苏醒：

"我们要等着被杀死在街道的角落"，他说道。

他笨手笨脚地坐上了一辆出租车，身体是那么沉重。他的眼光看向他方。

一名 29 岁的男子就在那儿，他的目光追随着远去的出租车。

他在窥伺着饶勒斯。他名叫拉乌尔·维兰。他前日从兰斯来到这儿。金发、细细的小胡子随意地横在他的脸上，显得很不精神。他的母亲因"长期躁狂症"被拘留起来。他不爱他的父亲。

他加入了阿尔萨斯—洛林青年拥护者联盟，他早早便想过要杀死威廉二世。十几天前，即 7 月 19 日，他前往赛夫勒参加天主教露天赈济游艺会。他曾到射击摊位前，他在摊位前整整三个小时。他不停歇地进行无声、精密的射击。

7月30日周四快要22时，他走向了《人道报》的编辑部。他从未见过饶勒斯。他观察到一群人从报社走出。可能饶勒斯也在其中？维兰向一名工人询问，而后者为他指明《人道报》报社社长。维兰想象中，他应该更年长一些。他向科洛桑咖啡馆餐厅走去，发现饶勒斯坐在朝向蒙马特街的窗户附近。在维兰的口袋里藏着一把手枪。他在口袋里的手抓紧了枪托。

尔后，他犹豫了，走远了，却又返回。饶勒斯出现了。那群同社会党领导人一同走出《人道报》报社的男人中的一个为饶勒斯叫了一辆出租车，饶勒斯乘上车离开了。机会就这样被错过了。

维兰还会再回来的。他认为他还应该找到卡约。于是他离开了。

18

这是1914年7月31日令人窒息的拂晓。

安德烈·纪德在他位于诺曼底大区屈韦尔维尔的房产里，正坐在他的书桌前。

他缓慢地书写着，注意不遗漏在他的日记里书写下他每一日的所见所感。

他在重新读着他昨晚刚刚记下的句子，在7月30日周四，这静止的、黏糊糊的夏夜空气中所记录的句子。

"我们的邻居，乔治从勒阿弗尔回来了。"他写道，"他跟我们谈到在信用社前无止尽的队伍和安保人员。大家都到信用社去取钱。在餐馆里，侍者在为顾客服务前，都会先提醒此处不接受钞票。

"储蓄所拒绝一次性给予超过五十法郎的款项。银行们只根据一定比例来回应需求。"

纪德划了一条划线，写道：

"7 月 31 日周五，人们准备好进入一条充满血与阴影的隧道中。"

同一时间在鲁昂的一个印刷厂内，首批《鲁昂快讯》已经印刷出品，它将于 7 月 31 日早上进行出售。

在某一页中间，有一段阿兰的话语，有一栏他悲怆的文字。这位早已在战争的另一边的哲学家，他似乎看到这一切的后果，在文字里表达出了他的想法。

"在这之后，人们，"他写道，"无论是胜利还是失败，都将缺少真正高贵的血统……战争造成的人口损失将夺去最高贵的血统……是的，可以脱离军队，这也不过是为了马上被机关枪扫射而亡。作为葬身之地，这是一个多么好的选择！非正义的行为将朗诵几句葬礼上的祷告；但这所有这般美妙地死去的人得出的教训又能给谁以启示？我害怕看到伪善获得的令人震惊的成果，排场盛大却实质卑劣的演说横行的时代……我希冀英雄的亡灵回归，他们欣赏这他们将用生命的代价赎买的尊贵的和平。"

然而，无论是纪德还是阿兰，抑或是那些拥挤在储蓄所窗口前，被恐慌所俘获的不知名者，他们都无法想象一场波及一千万人的战争！

无论是国家元首还是将军们，没有人能想象到一场大规模的屠杀正在酝酿。

然而，1914 年 7 月 31 日周五这天，整个欧洲都行驶着装满军队的火车。在兵营大院的地板上，是募集的成千马匹的马蹄掷地之声。人们要将它们套在炮兵的辎重车上。人们为屠杀做着准备。

军事动员在俄国进行着。奥匈帝国也展开了军事动员。法国采取了军事措施。英国皇家海军大厦处于戒备状态。为了能够在接下来的时刻宣告"战时状态"，德国参谋部早已下达相关命令。

事实上，这种安排早已是德国参谋部在进行形势分析后决定采取的战时措施：德国唯有在采用进攻策略的情况下，才可能战胜法俄联盟。

阿尔弗雷德·冯·施里芬将军死于 1913 年。在他之后，他的继任者是冯·毛奇。他们都打算绕过法国难以攻陷的防御工事网络，而采取从背后攻击法国军队的方式。其中，凡尔登正是法国防御工事网的拱顶石。

德国部队将向北方前进—这是以横穿比利时为前提，包围那些被吸引到洛林和阿尔萨斯地区的法国人，从北边来的德国部队将对他们进行封锁行动，他们便如同在瓮中。

只需六周即可战胜法国。铲除这个敌人后，就像1870年~1871年[1]那样，德军就将转头对付俄国人。

由冯·毛奇发展出的施里芬计划要求必须追击法国人和俄国人。冯·毛奇同战事部长冯·法金汉还有首相贝特曼·霍尔维格一样，煽动威廉二世宣布进入战时状态。

法国和俄国因此必须舍弃塞尔维亚，或是拒绝舍弃塞尔维亚，而德国就将开展它的进攻策略，这就是施里芬计划。

7月31日周五13时，威廉二世让步了，德国宣布进入战时状态。

然而，"表面上"这还并没有发生战争。德国皇帝在14时给沙皇尼古拉二世发去了电报。

"我并非如今威胁到世界和平的这场灾难的祸首，"他口授道。"在这个时刻，你仍有权力来防止它发生。俄国能够等待我调停的结果，没有人威胁俄国的体面和实力。我的祖父在他临终的床榻上，将你和你的帝国的

● 赫尔姆特·冯·毛奇

1　以及1940年。

友谊托付给我，对我来说这份友谊始终是神圣不可侵犯的……欧洲和平仍能被你拯救，如果俄国接受停止一切威胁到德国和奥匈帝国的军事措施。"

"威利。"

一小时后，尼古拉二世发来回信：

"我发自内心地感谢你的调停工作，这开始给我一切都能和平地结束的希望……从技术层面说，已经不可能停止我们的军事准备措施，而这都是由于奥匈帝国的军事动员所导致的。我们极其不愿发生战争……我的军队将不会做出任何挑衅的举动……"

"你亲爱的尼基。"

几个小时后，德国驻俄国大使递交给尼古拉二世一份最后通牒：如果俄国不停止它从 7 月 24 日便开始进行却没有对外公布的军事动员，德国也将在最后通牒到期时，即 8 月 1 日周六正午，进行它的军事动员。

这将是一场欧洲大战，因为俄国的盟友法国始终保证将与之团结一致，同仇敌忾。

英国的态度让法国非常担忧。普恩加莱刚刚亲笔致信给英王乔治五世。

"如果德国，"普恩加莱说道，"确信英法协约得到公认，在必要时于战场上，这将有极大可能使得和平不被破坏。"

英王草拟了一个他的大臣们口述的含糊其辞的回复。

在巴黎，除了普恩加莱和维维亚尼之外，仅有几名政府成员清楚局势的最新进展。

当饶勒斯到达众议院时，他还一直相信法国政府支持英国进行调停。

在波旁宫的走廊里，人群密集。部长们经过，吐露出事关隐情的只言片语，记者们窥伺着，提供着信息。

饶勒斯参加了社会党团体的会议，人们为内政部长马尔维采取的禁止法国总工会进行示威的决定而担心。一个代表团在与部长碰面后已返回：内政部长拒绝撤销他要采取的措施。

饶勒斯出来后，来到走廊中。人们聚集在一个带来新消息的部长身边：柏林已经宣布进入战时状态，即德语"战争危险状态"。铁路交通应该已经被切断，机车应该已被拦截。

饶勒斯同也出现在这些走廊里的马尔维交谈。饶勒斯提高了音调，现在正是亟须向俄国施压的时候。

"俄国应该，"马尔维说，"接受英国的提议，否则法国有义务告诉它，法国将不跟随它的决定，并选择和英国同一战线。"

马尔维用非常疲劳的语气，虚弱地说着担保的话。不过饶勒斯不再相信政府的决心："如果不能强硬地施压，那么事情就无可挽回了。"他威胁称："政府的责任将变的极其大。"

马尔维避而不答。走廊里人声喧哗。焦躁不安的饶勒斯仍希望保有信心。

人们寻找着字典。有人给德国大使馆打电话。他们必须精准地明白 drohender kriegsgefahrzustand（德语）这个词组的意思。

饶勒斯略感安心：这个意思至多不过是"戒严令"，"戒严"。然而，他自己都无法说服自己，他让那些围着他的议员和记者作见证。他说出：

"不，不，进行过大革命的法国不能跟在满是庄稼汉的俄国身后，跟它一起对付经历过改革的德国。"

继而，他又重新说起了他对马尔维说过的话，我们的国家看起来是俄国的从属国，他叫喊道，带着暴躁和愤慨的情绪："走吧，我们一起去为伊斯沃尔斯基，这曾经的沙皇外交部长、俄国驻法国大使解开世界大灾难的锁链。他为没能在 1908 年收取奥地利为波斯尼亚和黑塞哥维那被让给奥匈帝国所支付的四千万小费而愤怒异常！"

已经19时了。作为社会党代表团的一个领头人，饶勒斯向外交部走去。然而，同时承担着外交部长职务的维维亚尼，正在接待德国大使冯·肖恩男爵。聆听代表团的是副国务秘书阿贝尔·菲瑞。这个男人年轻、聪明。

　　饶勒斯颇带威信的与他谈话。

　　"请您注意，"他开始说话。他发难道：

　　"你们同我们的盟友俄国交谈时太过软弱。"

　　阿贝尔·菲瑞叫嚷道，试图用巴黎陈述观点时表现出的决心来说服饶勒斯。

　　"我们是这么做的。"他说道。

　　饶勒斯进行复述。应该迫使俄国接受英国向俄国和德国提议的仲裁。

　　"这才是义务，这才是拯救。"

　　菲瑞说了几句客气话。"我感到很抱歉，饶勒斯先生，您不能参与到我们当中，来给予我们您的建议。"

　　人们不敢向饶勒斯说出真相。他们畏惧他的目光，害怕他无情的智慧。人们在内心深处都明白他是对的。饶勒斯并没有上当。

　　"我向您担保，"他如是说，"在同样的条件下，你们将带领我们走向战争，我们会战起来，我们将向人民喊出真相。"

　　由于他正直的品性，他向菲瑞动容地说道：

　　"你们都是伊斯沃尔斯基和俄国诡计的牺牲品；我们要向你们告发，草率的部长们，我们应该被枪毙。"

　　这是饶勒斯最后说出的话。

　　菲瑞没有勇气对饶勒斯对峙，不过他向一名议员嘟哝，如同供认："一切都结束了。再没有任何事可以做了。"

　　德国大使冯·肖恩男爵刚刚辞别了维维亚尼。

　　他向政府总理即外交部长维维亚尼正式通知，德国要求俄国在四十八小时期限内停止对军队的动员行动。

　　继而，他以一种威胁的口吻，要求法国政府如果"德国与俄国之间爆发战争，法国要保持中立。法国要在十八小时内给出回复。"

冯·肖恩收到发自柏林的最明确的指示：

"在您提出这个问题后，立马发回电报。事不宜迟。"

维维亚尼避而不答，"我绝对对所谓的俄国军事动员毫不知情。"

这确是事实。法国驻俄大使巴莱洛格延误了发出在德国由冯·肖恩男爵给出最后通牒后到达的信息。

"法国，"维维亚尼继续说道，"并不想参与到这场争议中。它将以它自身的利益为行动指南。"

维维亚尼从未在任何时刻提及进行中立的可能。

冯·肖恩于是避开不谈柏林给他下达的指示的后文。

"机密：如果法国政府宣称它将保持中立，这不太可能，我请阁下您向法国政府宣布，我们不得不要求，作为其中立的担保，法国要将要塞图勒和凡尔登交由德国占领，而在与俄国的战争结束后，我们将归还这两座城市。对于这个问题的答复要在从现在开始到第二日的 16 小时内给出。"

一个代价等同于投降的中立条款。

德国参谋部提议这个"条文"，因为他们知道这将让法国不可能选择中立。

因此，它选择了进攻的战争，这同施里芬计划在这方面的规划是相符。

1914 年 7 月 31 日周五下午，再没有人质疑战争已经打碎了大门，再没有人质疑它已经驻入人的思想中，然而一个月以来，自从 6 月 28 日萨拉热窝刺杀事件以来，极少有人认为战争有可能发生。

报纸将巴尔干半岛发生的各种事件、各强国间紧张的局势都降级写在了内页的低处。

可是，7 月 29 日《费加罗报》在卡约夫人宣告无罪的第二天，能够这样写道："让激进共和国被泥泞和血液所覆盖的当代最大丑闻……"不过，两天后，还有谁能记得抨击这档事的这篇社论？

在圣西尔军事学院，新的晋升被命名为旗帜十字架[1]。一名少尉对他的同僚们发表讲话，颂扬对 1870 年战败者的回忆。这些"来自我们杰出种族的士兵……沉睡在边疆的那边，你们不久后也将睡在我们国境的这边。"

其他戴着白手套的年轻军官，戴着装饰有羽毛的圣西尔军校军帽，他们宣誓要攻击敌军。

然而，对于和平主义者和社会主义者，这些已经相信国际范围罢工、相信无产主义者的人们，想到"国际化，人类方重兴！"他们拒绝屠杀他们的外国同志。对于这些人而言，7 月 31 日周五是倍感受挫的一天。

"如果军事动员已经进行，我可能被谋杀，"饶勒斯吐露。

他今夜想要为 8 月 1 日的《人道报》写一篇文章，这将是一篇类似于《我控诉》的文字，它将会把这些"草率的部长们"的丑事公布于众，这些"没头脑的神思恍惚的人"。

不过，首先，他必须先恢复体力，进食晚餐。

他进入了位于蒙马特街的科洛桑咖啡馆餐厅，同一些记者坐在一张桌子上，并背对着这条街。

而出了厅之后，人们观察着饶勒斯，打量着他。他的一部分同志为他感到担心。可他看上去却无动于衷。一名记者向他展示了自己孙女的照片。饶勒斯向他问着孩子的年龄。

没有人看到拉乌尔·维兰在 1914 年 7 月 31 日 21 时 40 分靠近窗户，撩起了窗帘，将手枪瞄准了饶勒斯，往他的脑袋上开了一枪，杀死了饶勒斯。

一个女人尖叫道："饶勒斯被杀了，他们杀了饶勒斯！"

人们跑了起来，抓住了拉乌尔·维兰。

一名药剂师拒绝提供安瓿剂用于饶勒斯的注射。

"我不会给饶勒斯这个恶棍、这个要对战争负责的强盗提供任何东西。"

---

1 译者注：Croix du drapeau

在科洛桑餐厅内，一名穿着作战服的军官摘下他的法国荣誉军团勋章，将它放在饶勒斯的胸口。这是杰拉尔上尉致敬的表示。

女诗人安娜·德·诺阿耶写下：

"我看到了这个能干的人死于夏天的一个夜晚。

一尊庄严的卧像。一张桌子在旁。

他荣光沉睡在简陋之侧。

我看到了这个令人敬畏的死者还有他简朴的房间。

这个房间沉浸在这个男人的沉默之中。

敬意包围了冥想的氛围。

这个沉睡着的人被渴望和平的人铭记在心。

……

历史夺去了这名英雄，泪流满面、惶惶不安，他被杀死在军队之前。"

19

"他们把饶勒斯杀了。"

聚集在新月咖啡馆前的人们低声重复着这句话，仿佛他们就跪在响着丧钟的教堂里一般。其中一人说道："明天警钟就会被敲响。饶勒斯被杀了，接下来就是开战了。"

阿娜·德·诺阿耶通过电话得知了这个消息，她回忆道："这位英雄在屠刀面前倒下了，和平已逐渐被蚕食殆尽。"

消息传到了香榭丽舍宫——各部长们正汇聚在此，谈论着如何答复德国大使冯·肖恩给法国总理维维亚尼下的最后通牒。

饶勒斯被谋杀了？

其中一位部长在事后回忆道："在几声惊恐的呼声后，在场的人都陷入了沉默。"

内政部长马尔维在离开了一会儿之后回来说道："警署的人给我打电话了，说是三小时以内巴黎会发生暴动，郊区将会有游行集会。"

"什么！"一位部长忍不住嚷道"外战加内乱？这会儿可都给碰上了！"

会议决定把本要派往前线的两个装甲团留在巴黎维护秩序。

马尔维并不赞同逮捕那些和平主义者、工会主义者和君主政体的拥护者——这几类人在每个省都被划归到一份档案 B 里。原定是要将他们监禁起来以防万一的。

"把断头台[1]给我，我保证我们打胜仗。"战争部部长阿道夫·梅西米曾多次宣称。

最后还是马尔维占了上风。

众人决定寄希望于人民的爱国情怀，尤其考虑到，拉乌尔·维兰在被逮捕之后宣称，他对饶勒斯的谋杀完全是出自个人动因。

"真是个十恶不赦的糊涂虫。"普恩加莱评论道。

他在给饶勒斯夫人写的信中说道：

"我听闻了您丈夫遭遇的那场可怕谋杀。他虽然一直都是我的死对头，但我非常欣赏他的才华以及品行。在这么一个民族团结显得前所未有重要的时刻，我坚持要向您表达我对饶勒斯所怀有的崇敬。"

---

1 断头台在法国大革命时期曾被当局用于处决政见不同者。此处为相同含义。

勒内·维维亚尼起草了即将向全法通报的《政府宣言》。

他曾是饶勒斯的朋友。在文中，他向这位"社会主义共和党人"致敬，并强调："在这个艰难的时刻，为了和平，我支持政府的爱国行为……国家正处在危急关头，政府必须依靠工人阶级及整个民族的爱国主义：人民必须保持镇定，公共情绪不能有过大的起伏，否则首都将会陷入动荡。"

一切都是那么的平静。

在 1914 年 7 月 31 日星期五这天的晚上，以反军国主义、和平主义为人所知的记者吉斯塔尔·埃尔维写下了次日，也就是 8 月 1 日《社会战》的头版文章：

"必须保卫国家！他们谋害了饶勒斯，我们不能谋害法国！"

8 月 1 日，莫里斯·巴雷斯在饶勒斯的遗体前弯腰鞠躬，他后来写道：

"饶勒斯此刻是如此的孤独！我深谙其立场，因为（对相互政见）理解的缺失并不能阻隔一切。这是一个高尚的人，是我的精神信仰，也是一个伟人！永别了，饶勒斯，你本是一个我可以自由崇敬的人[1]。"

同样在这天，在土伦的一家啤酒店里，一位海军上尉在听闻了这则消息后评论道：

"也好，长痛不如短痛。如果这消息是真的，我会给酒保 5 法郎。"

笔名为 Gyp 的当红女作家马爹利·得·让威尔女爵在她的日记里写道：

"我认为这是一件好事。如果《行动法国》和它的主编想为这个国家做点什么，那他们本可以做得非常漂亮……媒体的态度太让我吃惊了。这是多么巨

1　此处意指，饶勒斯除政见方面与他持不同观点外，其他方面均令其崇敬。

大的转变啊——可怜的饶勒斯竟被那些标榜爱国[1]的报刊或明或暗地哀悼着，这些对我而言，不仅仅是难以理解更是难以置信。"

他还满足地写道：

"无论如何，作为一个通常比较活跃的政党的宠儿，饶勒斯有点突然的遇害并没有多少成效。"

人们没有忘记饶勒斯，但又能怎么样？

消息传出来了：政府成员在 1914 年 8 月 1 日开会并决定于 9 点进行全国总动员。次日，动员令正式公布。各地政府的门前都张贴出了这些白色的布告，警察将出征路线发放到被动员入伍的人手中。

另一则消息从周六开始也传播开来：8 月 1 日当天，法国政府回复了德意志帝国大使的最后通牒，法国在其中虽态度坚决却并没有表现出任何强硬的态势，看守边境的法国士兵甚至收到这条命令——往后撤退 10 公里以免出现任何意外情况。

在一份《法兰西民族征召令》中，维维亚尼在没有言明德国威胁的情况下透露了共和国边境正面临着风险，但他在其中也声称，法国政府相信可以找到一个和平的解决办法。

"动员并不意味着战争。"他在最后总结道，"就目前的情况看，动员是在恐怖中维护和平的最好办法。"

8 月 1 日 17 时，冯·肖恩向德皇威廉二世转述了法国政府的回复，后者在听闻邻国进行全国总动员的消息后，在其位于柏林的宫殿的阳台上发表了演说："德国正在经历一个阴暗的时刻，四面八方虎视眈眈的人正逼迫不得不拔出利剑。"

另一边的法国，警报声回荡开来。

1　爱国色彩明显的报刊都支持对德宣战。

阿尔贝一世（前排左）与
乔治五世（前排右）
巡视比利时军某团

8月1日，身在诺曼底的安德烈·纪德从大约下午3点开始听到了警报声。

"变了脸色的邻居，压抑着呜咽声和我们说，'是的，是警报声，动员令已经发布下来了。'"

纪德来到克里克托，布告已经张贴在政府门前的墙上。

"警钟声停止了。"他写道，"巨大的警报声在整个国家上空回荡过后，只留下压抑的沉默。天上飘起了细雨，回来的路上我一个人都没碰到。因为动员的缘故，那些面包店、鞋店、皮具店里的男员工在今晨5时便已出发了。"

"在心脏的位置，我只感觉到一块潮湿的碎布堵在胸口。战争这一执念似乎在我的两眼之间横亘成一道令人生厌的条杠，我的所有思绪都为其所扰。"

这种感受与焦虑不只纪德一个人有——德国皇帝威廉二世、英国外交事务部国务卿爱德华·格雷也感受到了，甚至连战争的来源国——奥匈帝国及俄罗斯帝国的首脑们也感受到了。

英王乔治五世在给俄皇尼古拉二世——也就是他的嫡亲兄弟——的电报中写道：

"我简直不敢相信一些小的误会竟然会导致我们与德国如此突然的决裂。我提醒你这是个误会，是希望它可以瓦解并给和平一个可能。"

英国的迟疑让普恩加莱担心不已。

巴黎希望英国可以加入法俄战营，但伦敦则更倾向于相信时局还没有糟糕至此。同时，人们还知道威廉二世又给尼古拉二世发了一则电报。

但在 1914 年 8 月 1 日星期六这天，随着时间一点点流逝，每个人都知道战争已是不可避免。

当卢森堡被德军入侵而比利时岌岌可危的消息传来时，伦敦下定了决心。

正如伦敦政府时常被提醒的那样："安特卫普这个港口城市，犹如一把瞄准英国心脏的手枪。"所以，英国不可能看着德军入侵比利时而没有任何军事行动。

德国在给比利时的最后通牒中声称："法国军队有可能经由日韦、那慕尔[1]两地朝拉莫茨进发，目的就在于进入德国和比利时领土。"比利时国王阿贝尔二世不以为然。

毕竟局势已经说明了一切。

他回复道："任何的战略利益都不能为侵犯主权的行为开脱。比利时政府将坚持到底、竭尽所能击退任何入侵其领土的行动。"

战争就这样来了，德军的施里芬计划拉开帷幕。

1914 年 8 月 3 日周一 18 时 45 分，冯·肖恩向维维亚尼提交了德国向法国宣战的宣言。

"德国政府及军事机构在德国领土上发现了一定数量的、明确由法国飞行员实施的敌意行为""其中的部分行动因为飞越了比利时上空，已经对该国的中立立场构成为威胁。其中的一次行动还对周围的设施进行了破坏；另外在埃菲尔山地区也发现了行动实施痕迹；还有一次军事行动对卡尔斯鲁厄及纽伦堡两地的铁路进行了轰炸。"

完全是一派胡言。

英国驻德大使要求会见德国总理贝特曼·霍尔维格并向他转达了英方的通牒："如若在 24 小时之内，德国不放弃入侵比利时的行为，双方将不

1　两地均为比利时瓦隆区城市，其中日韦处于法比交界处。

得不兵戎相见。"英国政府还提及了1839年签署的一份协议，其中规定英国将在比利时遭受攻击时伸手救援。

德国总理感慨道英国竟能对这么一份"破纸片"给予那么多的重视。

让德国同样失望的是，意大利认为德国对比利时的入侵行为在某种程度上解除了它作为盟国的义务，因此意大利选择了中立。

然而，德军并没有撤退。

相反地，德方开始有条不紊地实施其施里芬计划。

8月1日夜，德国向俄罗斯宣战。在此之后的几个小时，战争的硝烟令整个欧洲都紧张起来。

甚至在冯·肖恩向法国传达宣战宣言前，德军的骑兵巡逻队便已深入法国领土，直达贝尔福地区的容谢勒村，并在当地与法国军队进行交火。

双方各损失了一名将领——带领德军分遣队的卡米尔·迈尔少尉以及法军步兵排长儒勒－安德烈·别儒下士。

双方在本次交火中不分伯仲，但各折一兵之后将是成千上万名士兵的牺牲。

谁人能料想到这八月初的交火将是屠杀的开始呢?

年轻的随笔作家兼史学家雅克·拜恩威尔与莫拉斯[1]是密友，他在自己8月3日周一的日记中写道："生活仿若悬在了电报上……德军向比利时下的最后通牒犹如晴天霹雳：这已经说明他们将从北方入侵法国，正如他们的战略家多次宣告的那样，而法国，虽然经历了那么多次警告，却还是没有寄予足够的重视……在这场战争里，一方面，英法两方不仅很平静甚至有点和平主义的倾向，可以说他们在信条上确信战争在人类历史上已经是不可能的了；而敌军一方，却是一个军国主义国家并动用着一切可用的资源在筹备着战争。"

然而，年轻的人们涌上巴黎的街道，哼唱着《马赛曲》，高喊着"攻

1　夏尔·莫拉斯（1868-1952年），法国记者、随笔作家、政治家及诗人，日报《行动法国》创始人。

向柏林！"

　　"错过今天的巴黎的人可以说错过了一切"
夏尔·佩吉写道，他在这次游行中要求把自己扮
成步兵队里的一名少尉。

　　拜恩威尔并没有被这股热情带走，"人们妄
想战争将在 2 个月最多 3 个月后结束"他写道，
"人们相约在 10 月底相见，那些我在 8 月 2 日一
起吃午餐的军官们甚至已经在为胜利干杯，他们
认为自己只是去参加一场延续一个夏天的战役。
首领们警告说起初会有些艰难，我们不得不先撤
退，但在 10 到 15 天以内我们会继续前进。对老
百姓而言，每个人都在战役打响的最初几天期待
着占领南锡的消息，但等着他们的将只有失望……
相信战争很快会结束也许是另一种拒绝相信战争
会发生的方式，这种轻信的态度在当时的法国随
处可见，这个国家在事实面前紧紧抓住最后一丝
希望……"

　　人们真的抱有希望吗？

　　8 月 2 日，回到巴黎的纪德记录道："空气中
弥漫着令人压抑的焦虑，巴黎表现出了它不真实
的一面。没有汽车的空荡街道上，挤满了紧张却
又平静的人们。马路上有很多人拿着行李箱，在
酒馆门前有人高声怪唱马赛曲，时不时身边就有
载满行李的汽车飞驰而过。"

　　纪德希望可以加入红十字会。

　　"中心办事处位于弗拉索瓦一世街 21 号，里
头一派繁忙景象，各个阶层的妇女（但更多是高

安德烈·纪德

阶层背景）纷纷在报名表上签字，表达了自己的服务志愿……"

而几条街开外，暴力正在上演。几伙人在责骂着那些招牌上带有德国或其盟国元素的商店的经营者。

"我看到了一家叫玛吉的奶品店被洗劫"纪德陈述道，"我似乎到得有点儿晚了，商店里已经变得空荡荡的，两位身材壮硕的男人，在警察默许的情况下，刚刚用木耙把门面的玻璃打碎。他们中的一个爬到一处货架上，手里拿着一个棕壤质的咖啡壶，向众人展示了之后哐啷一声摔在了马路上——大家欢呼了起来……今天早上，一些小混混趁着警察不在破坏了一架自动称重器，拆开了它的外壳拿走了里头大大小小的钱币……几乎没有什么新的消息传来，但却突然得到一个令人惊愕不已、难以置信的消息——冯·肖恩先生竟然还在巴黎！"

纪德在一家报刊亭前停了下来：《人道报》的头条上是饶勒斯的照片，下面用大写的字母写着："面对外敌的入侵，社会主义者将完成他们的使命，为了祖国，为了共和国，为了共产主义。"

1914 年 8 月 3 日的这个周一，《社会战》的主任吉斯塔尔·埃尔维在向战争部部长梅西米写的信中说道："我恳求您将我编制到第一批出发的军团里，这将是对我特殊的恩惠。在被大学开除、被律师协会除名并因缺乏爱国主义之名被判处了 11 年狱刑之后……我确信您可以理解，共和国欠我这一次光荣的补偿。"

"法国万岁！——简短有力。"

卷 三

PART THREE

1914 年 8 月 4 日 ~ 12 月 31 日

F I F T H　　C H A P T E R

20

"法国万岁！"

这四个字既是一种祈愿，也是一种宣誓——8 月 4 日周二，战争开始的第一天，它不停地回响在让·饶勒斯的葬礼上。

在亨利－马丁大街的角落里以及蓬克路上，超过 10 万名民众聚集在这位民权保卫者的住宅周围。

总理勒内·维维亚尼、法国总工会总书记莱昂·儒奥、众议院及参议院的主席、部长们以及工人们，都簇拥在灵柩台的四周。

他们知道饶勒斯是一位无政府主义者，但他所颂扬的是法兰西民族及共和国的团结，批判的是奥匈帝国及德意志帝国的当权者。

"我们誓言要让您王权统治的丧钟敲响。"他曾字字铿锵地说。

站在众议员前的，是议长保罗·德沙内尔。他在念诵饶勒斯的葬礼颂词时，声称后者"被一个精神病患谋杀了"。

"饶勒斯宽广的心胸都贡献给了社会的公正与人类的手足之情……他的政敌和他的朋友一样（都因他的遇害）受到了打击……但我能说什么呢？到现在还有敌我之分吗？没有了，我眼里只有40多年（自1870年）以来为和平事业不断作出让步的法国人，他们此刻正准备着不顾一切去维护这些神圣的事业，即文明的保全、法国以及欧洲的自由。从这位去世伟人的棺木中我看到了团结、从他苍白的嘴唇上我听到了希望的啼声。"

那些站着聆听的议员们通过持久的掌声为饶勒斯致意。葬礼之后，他们又全体一致地举手，赞成公布这篇悼词。

有消息称冯·肖恩在那天夜里带着德国使馆的90名工作人员离开了巴黎！人们愤慨不已，但现实中表达出来的却既不是不满，更不是愤怒。

历史学家马克·布洛克记录道："城市交通放缓了下来：公共汽车无处可寻，计程车也很稀少，街道几乎是静悄悄的。人们心底的悲伤都没有显露出来，许多妇女的双眼都肿得发红。国民军因为战争的到来成了人们情感的来源。在当时的巴黎只有两种群体存在，一方是奔赴战场的英雄；另一方，则是目前除了照顾'未来的士兵'还没有任何义务的妇女和老人……大部分男人并不激动，但都很坚决，这确实更好。"

安德烈·纪德从一个街区走到另一个街区，发现"人们令人钦佩地充满了热情，同时又平静而决绝"。他的一位亲戚偶尔会大喊出来："这是野蛮的行为！如中世纪般愚昧！我们所做的这些都有什么用呢！"

有人向纪德转述了在等待出征指令的夏尔·佩吉所说的话：

"有些人真是神了！"佩吉写道，"他们为身边的人、事的变化感到吃惊。他们以为可以在战时状态过和平年代的生活。但之后他们发现两者根本就不能兼容，再怎么努力都会有差别存在。"

此时此刻，对祖国的爱、相互信任以及团结的意愿战胜了一切。

拜恩威尔是这样记录的："那些没有走上战场的人，都在试图间接地加入战争、都希望自己可以在战争时期发挥作用。那些没能成为士兵的人会感到失落甚至羞耻。但除此以外，的确已经没有什么可以做的了。至于那些急性子的人，政府甚至提出要加强郊区的安保工作。动员必须有条不紊地进行。事实上，一切进行地都很顺利：拒绝从军的比例仅仅为6%，与预期中的20%相去甚远。在兵力上没有可以好担忧的。"

人民们是那样坚定地要保卫自己的祖国，以至于在1914年8月4日的这个下午，他们的政治代表（即众议员和参议员们）在聚集起来召开的一次特殊会议时，表现出了这个国家历史上第一次非比寻常地统一——当议会主席宣布会议开始时，几乎所有的议员都出席了。

会议开始，半圆梯形会场根据规定，已被禁止入内。一部分人已经穿上了制服，走上了讲台，台下的议员们自发地响起了掌声，向他们致敬。

众人情绪达到了最高点，大家相互拥抱，聆听着、汲取着共和国总统要向他们传达的信息，发言人是政府总理维维亚尼。

他看起来似乎已经筋疲力尽。

听人们传言称，那些接连发生的事情以及精神的紧张已经让他几近萎靡。但当发起言来，他似乎又复活过来，热情、震颤的声音令人动容。长久的掌声常常打断他的讲话。

"法国刚刚遭遇了一次突然的、蓄谋已久的入侵，这对于人类的权利无疑是一次挑衅。"他说道，"在我们得到开战宣言、甚至在德国大使要求其通行护照以前，我们的国土便已经被入侵。一直到昨天晚上，德意志帝国才给他们一直在实施的行为正名。40多年以来，深爱着和平的法国人一直在心底压抑着他们正当的渴望。他们向世界展现了一个大国的风范。这个国家凭借着意愿、耐心与勤劳，从战败的阴云中走出，并仅在追求进步及全人类福祉的范围内使用她的新生力量。自从奥地利下达的最后通牒将整个欧洲置于危机边缘以来，法国便一直四处实践和宣扬谨慎、明智、稳重的策略。人们不能怪罪这个国家的任何行为、举措和言辞，因为它们无一不是以和平、和解为目的的。在战役即将打响之时，法国有充足的理由，庄严地维护本就属于它的公正，与此同时，尽最大的努力消除战争——消除这场德意志帝国在历史真相面前，必将承受不可推卸责任的战争。"

喝彩声时刻伴随着维维亚尼的发言。说到这里，总理的每一句话的停顿都被欢呼声所装点。

"几天前，我们和我们的盟友，都已公开表达了继续和谈的夙愿，这个谈判也得到了伦敦政府的支持。但就在这个表态之后的第二天，德国突然向俄罗斯宣战，并入侵了卢森堡，同时厚颜无耻地侵犯了比利时——我们的邻居同时也是我们的盟友。他们甚至还试图在外交对话仍在进行的背景下，阴险地想陷我们于不义"维维亚尼继续说道，"但法国是警戒的。这个专注而平和的国家早已做好了准备。我们的敌人将在他们行进的路上碰到我们英勇的掩护部队。在这些部队的身后，全国的军力动员仍将有条不紊地进行。我们勇敢而崇高的军队啊，法兰西共和国慈母般地陪伴在你左右。他们已经站了起来，充满激情地要保卫国旗的荣誉以及祖国的领土……"

"在这场战争面前，法国是有其权利的。一个民族，而不再是一个个人，都不可能在藐视永恒道德力量的同时不受制裁。"

"她的子女们将英勇地捍卫道义。他们组成的'神圣联盟'在敌人面前将坚不可摧，今天的他们因对入侵者的愤慨，如兄弟般团结在爱国主义的信仰周围。这个'神圣联盟'得到了其盟友俄罗斯的忠实协助、得到了英国友谊的可靠支持，于此同时还有来自文明世界四方的同情与祝愿。因为今天，这个'神圣联盟'又一次，在苍天面前，代表了自由、公正与理性。"

"让我们勇敢迎战！法国万岁！"

"神圣联盟"——普恩加莱的选词表达了政客们与公民们的意愿，法国人民的确应该团结起来了。

但雅克·拜恩威尔却带着怀疑、尖锐地在其日记中写道："资产阶级们都欣赏古斯塔夫·埃尔维——这些狠毒的口舌叫嚷着饶勒斯的遇刺刺激了爱国情怀。至于大众对议会的爱国情怀表现出的怜悯，阿尔贝·德·曼表示不屑一顾，他把议会集会的那个周二描述成了'被祝圣的一天'——若人们了解了幕后的事情，恐怕要失望了。昨天，在巴黎媒体工会的一次会议上，克列孟梭早已不想再言明军方的确已经以公共安全为理由，对报纸出版物进行了相关审查。

"我们在参议院投票通过的毕竟是法律呀。"众人向他反驳道。

"我自己也参与了投票，但我发誓自己是最不想实施这道法律的那一个！" 克列孟梭仍然对审查持反对的态度，让政府部门大跌眼镜。

"人们会相信当时的法国能在 48 小时之内从它的混乱状态中恢复过来吗？"

但在 1914 年 8 月 4 日的这个周二，这种高傲的现实主义以及令人心酸的清醒受到了"神圣联盟"的冲击——工会主义者莱昂·儒奥在饶勒斯的墓前发言道："除了抗争以外别无他法，我们必须站起来打退入侵者。"

为了保卫共和国和自由必须与帝国们抗争。

莫里斯·巴雷斯身为"爱国者战线"的主席，身处在政治棋局的另一个极端，这回轮到他评论"神圣联盟"了：

"在这个敞开着的坟墓前，正如在被侵略的边境上一样，一切的政治分裂都是不应该。"

巴黎的红衣主教阿梅特在其写给神职人员及信徒的信中呼吁天主教徒们为法国祈祷："当面对着外来的威胁时，（祖国）儿女之间的分歧都应停止。所有人应站起来，团结一致，忠诚地为祖国奉献。"

那些反对教会干预公共事务的人们与教会之间的冲突也消失了。在这个实施政教分离的世俗化国家，"背着包的神甫"[1]们将要保卫法国。

在听完总统普恩加莱要传达的内容后，议员们一致同意通过由维维亚尼宣读的政府宣言。

---

1 1889 年 7 月 15 日通过的法律恢复了对神职人员服从兵役的要求，他们至此需要参与为期一年的兵役服务期。由此有"背着包的神甫"一说。

"没有人会诚心相信我们是入侵的一方……"政府总理说道，"他们侵犯的，是整个欧洲的自由。而这正是法国，以及它的盟友们，要自豪维护的东西。"

人们欢呼着，维维亚尼一字一句地继续说："我们在过去无可指责，在未来将一往无前。"

众议院议长保罗·德沙内尔在会议结束前向那些即将奔赴战场的议员们致敬，声称他们将击退一次"令人发指的入侵"。之后，他又说道：

"法国母亲万岁！共和国万岁！"

人们再次欢呼起来。

类似地，在柏林，议员们为保卫祖国的目的聚集起来。

他们一致投票通过了战争拨款。但也有其中的一小部分人——如极端的社会主义者卡尔·李卜克内西——表明了他们对帝国政策的反对。

1914 年 8 月 4 日，德国向比利时宣战并开始了它对后者的入侵。与此同时，德国军队已经占领了卢森堡。

自然而然地，这些入侵行为也迫使英国加入了战争。后者在参战前一直希望可以通过国际会议的沟通渠道解决危机。

德国的外交部长冯·贾高一直在为德国的行为辩护并试图说服英国置身事外。

"我们必须从最快最方便的通道进入法国，这样才能占据有利地位并给予他们致命一击。这对于德国而言是一个生死存亡的问题。"

这位德国部长还提到了法俄同盟，说后者如同一把虎钳要碾碎德国。

"快速的行动是德国的杀手锏，而俄国的杀手锏则在于他们几乎不会枯竭的兵力。"

但对于德国而言，另一个生死攸关的问题则在于它是否尊重比利时的中立立场。

威廉二世在他向议员们发表的发言中提及了他为和平作出的努力。

"带着沉重的心情，我不得不为一个邻国发起动员令，俄国本是一个我们曾肩并肩一起战斗过的国家……向你们展示的这些文件表明了我们的政府，尤其是我们的总理，为了避免最糟糕的情况，直到最后一秒仍在竭尽所能。我们拔剑出鞘，完全是出于合理的自卫，我们头脑清醒、手上也没有浸染过无辜者的鲜血……此刻，我再看不到什么派别之分，我的眼中只有（作为一个整体的）德国人民。"

但威廉二世害怕德国的孤立。意大利选择了中立，英国在8月4日23时向它宣战。

"我们的盟友犹如腐坏的苹果一样陨落，只剩下敌人！"他愤慨地说道，想起了马丁·路德说过的一句话："上帝偶尔会厌倦游戏，把牌扔到桌上。"

这场欧洲的战争，在1914年8月4日的这个晚上，打响了。

一位年轻的法国少尉奥拉德－梅厄想象道：

"手里握着军刀，潇洒勇敢地，快马奔驰着收复了洛林和阿尔萨斯"、"之后终于可以看到那些柏林的女子们，为了讨我们开心，跳起了法式华尔兹。"

实际上，这场残酷而常规的欧洲战争将不仅仅是一场（欧洲）内部的战争。它将席卷全球，因为欧洲早已将世界殖民化了。

1914年8月4日周二，德国的巡洋舰"暗盾"离开了它在中国青岛的基地攻击并拿下了俄国的蒸汽船"瑞尚"。

在地中海，两艘德国的巡洋舰 "戈尔本号"和"布雷斯劳号"，对阿尔及利亚的两座城市博纳[1]和菲利普维尔进行了轰炸。

在柏林，英国驻德大使申请回国。

与此同时，时任英国海军第一大臣的温斯顿·丘吉尔向世界各地的英国皇家海军发布了一则电报："向德国开战。"

---

1 今阿尔及利亚北部城市安纳巴

21

进军巴黎！

德国士兵们用粉笔把这几个字写在了行军的车厢上。他们就这样挤在车厢里，穿越了卢森堡和比利时的边境，目标只有一个——"进军巴黎"。

根据施里芬－冯·毛奇计划安排，他们将攻占巴黎，迫使法国投降。

首先是比利时。

穿着棕绿色制服的德军士兵肩并肩，开始了对列日的堡垒发动攻击，同时大喊着"进军巴黎！"

但比利时一方的机关枪斩断了他们的进攻！直到德军使用了420毫米的奥地利重型加农炮，列日才被攻下来。这种武器是唯一一种可以击穿几米厚要塞墙体的武器。

8月7日，列日陷落了。

在之后不到2小时的时间里，人们便意识到这场战争将逐渐变成一个难以填满的无底洞——无数人将栽身其中。

几千名德国士兵在列日堡垒前倒下。

一样是在战争开始的最初几天，身穿红色制服下装的法国步兵——犹如要吸引死神注意一般——也因为机关枪及炮兵连的进攻而遭受了重创。

"子弹四处飞射。"一位士兵记录道，"地狱般的喧闹声，每听到一声枪响，我就在想'这一枪是给我的……'"

"填充弹药的军号嘹亮地响起来。"

"那上头有水源！"

"那里有水源！"

"之后，有人倒下了，队伍开始变得稀松……"

"我们损失惨重。中校、营长以及四分之三的军官均不能再参与战

斗……人们带着痛苦的神色交谈，说话声也很低，似乎整个团都在哀悼。"

指挥官曾大声命令道："把步枪上的刺刀装上！"

"我们将用刺刀作战，所有人都应该见识见识！"士兵们回答道。

结果又是一场大屠杀。

第33号步兵团的一位年轻少尉——夏尔·戴高乐——在菲利普·贝当上校手下任职。他是唯一几个质疑刺刀作战这一战术的几名军官之一。8月15日，他在迪南桥前负伤，随后在日记中他写道：

"站立着牺牲的军官们强装着淡定；几个排的士兵不屈不挠，将尖刀置于步枪之上；号角声声命令着装载弹药；孤立的英雄们最高的馈赠（即献出生命）……这一切都无济于事。一眨眼的工夫，似乎世界上所有的美德都抵不过战火。"

从8月7日起，法军从贝尔福开始，发动了对阿尔萨斯的进攻。他们在当天便占领了阿尔特基克，第二天收复了米卢兹。

法军大元帅约瑟夫·霞飞马上给阿尔萨斯人民发布了宣言：

"阿尔萨斯的子女们，在44年痛苦的等待之后，法国士兵再一次登上了你们尊贵的土地。他们是复仇大业的排头兵。"

● 约瑟夫·霞飞

他还在一份公报上写道：

"在我们的刺刀面前，德国人拔腿就跑。我军的士气势不可挡！"

这是多么令人欣喜的一件事——终于报仇了。报纸刊物均以未来几天阿尔萨斯和洛林的全境解放为标题。

自 8 月 5 日起，共和国总统便在主要部长的陪同下接见了巴黎各个日报的负责人。

他对他们爱国的态度以及对本职工作的高度诠释表示了赞赏。

而对那些随着时间流逝慢慢变成社会宣传的种种理念，巴黎人民用自己的行为表明了他们的赞同。

8 月 7 日，当第 31 团步兵离开他们所在的杜海勒斯军营行进在大街上时，人们欢呼不已。军乐队奏响了《桑布尔河与默兹》和《出征曲》，妇女们把花抛到空中，有人把它们别在步枪的一头。人们有节奏地高呼道："攻占柏林……打倒普鲁士……拿下威廉二世的胡子！"

在柏林，人们为那些高呼"进军巴黎！"的士兵们欢呼。

在巴黎，日报们揭露了敌人凶残的行为：

"普鲁士兵向救护队伍的担架开枪。那些根据战争规则理应得到（包括对手在内）保护的伤员就这样被他们近距离地结果了。所以，现在与我们为敌的，是与整个人类文明对峙的野蛮行为。"

在朋友聚会上的安德烈·纪德记录道："同席一位暴躁的朋友声称自己将毅然决然地处理掉碰到的任何德国人，无论女人、孩子还是士兵……他不能接受我们还能谈论除了战争以外的事情。"纪德坐立难安，但显然巴黎人民的热忱占了上风。

8月5日、6日，他写道：

"和睦、有序、淡定、决绝，人们的这些精神都值得钦佩……碾碎德国的想法变得越来越疯狂，人们为此辩护并拒绝讨论其不可能性。"

"政府、个人、整个法国甚至邻国的人民都处于一种令人钦佩的精神状态，这样的态势让人觉得一切皆有可能。"

"人们似乎窥探到一个新时代的到来——欧洲成为一个以裁军协约为基础的合众国：德国国土被削减或彻底解体；意大利收回的里雅斯特；丹麦收回石勒苏益格；尤其重要的——法国将收回阿尔萨斯。每个人都在谈论着版图的改写，就好像讨论某部连续剧的下集一般。"

但随着时间的流逝、季节的变化，不确定性逐渐取代了欣喜与激动。

伤员断断续续地被运回来。被征用的建筑、部分酒店甚至路易大帝高中的一部分都变成了临时医院。

人们焦虑起来。8月10日《辩论日报》上写道："战争有可能会持续很长时间……目前为止还没有任何实在的战役打响，未来几天也不会……这个月底的最后几天可能会有一个结果……"

之后，人们又在其他报纸上找到安慰。

上面的报道称："德国人缺少粮食，他们来此的目的是为了获取食物"以及"无数巴伐利亚

亨利·柏格森

· 130

士兵逃跑了，因为他们拒绝进攻热爱和平的比利时以及这个国家深得民心的女王。"

法兰西政治与伦理科学学院的哲学家亨利·柏格森所写的一篇文章被刊登在 8 月 8 日各个日报的头版："我们与德国的对抗称得上是文明与野蛮的对抗。每个人都有这种感觉，但我们学院似乎可以带着特别的权威那么说。致力于心理、伦理以及社会问题的研究，我们学院可以从德国的残暴、厚颜无耻以及他们对正义与真相的亵渎中看到人类向蛮夷阶段的倒退。"

"我们知道，也从哲学与历史里学到，人民们可以从他们的权利意识里汲取多大的力量。这也是为什么我们无所畏惧的原因，带着不可动摇的信心，我们将坚持战斗到最后一秒。"

监狱里，饶勒斯的刺杀者拉乌尔·维兰读着这些报纸。在他看来，那些报道以及柏格森那篇谴责德国人"向蛮夷阶段倒退"的文章，变相地为他的行为做着辩护。

8 月 10 日，他在给兄弟的信里写道：

"你若是一位步兵，就会知道夺下军旗意味着什么。有些人夺下了对方的军旗意味着其他人将永远没有机会。我其实算打倒了那个伟大的擎旗手，他是'三年兵役法'[1]的伟大主宰者，他的口舌遮盖了阿尔萨斯、洛林的呼喊。我惩罚了他，而那就是一个新时代的标志，对于法国人、外国人均是如此……因此，若不是遗憾不能成为第一个踏上阿尔萨斯土地的人，我这辈子可以说是活得十分满足。"

22

8 月 8 日，法军占领阿尔特基克、米卢兹两地。整个法国为之一振——

---

1 饶勒斯反对"三年兵役法"的通过，拉乌尔·维兰作为极端右翼民族主义者则支持该法律通过。

1870 年的耻辱今日终于洗清。

各个日报纷纷确信"普鲁士人"仓皇而逃。博纳尔将军指挥下的红裤军团配备上了"罗莎莉"——这些步枪上的刺刀令"普鲁士人"闻风丧胆。

人们可以在报刊上读到："44 年来我们一直都不能正视他们，现在是时候给他们看看我们的脸色。他们会记住这一天的。"

然而，这些大肆吹嘘的报纸字迹还未干的时候，人们就听说了德军在 8 月 9 日收回了米卢兹，而法军则有序地撤退到了贝尔福。

纪德对此记录道："今夜，日报们解释了这一撤退，似乎没有什么可担心的，可以预期到的是，近日很有可能将爆发一场极大的战役。"

其实，这几天关键性的战役主要集中在比利时的凡尔登。

正是在那儿，德军死亡的镰刀不断挥舞，重创着比利时及法国的军队。后者则不得不撤退，德军实施着自己的施里芬 - 毛奇计划——目标巴黎。

同时，法军总指挥部却只关注着阿尔萨斯和洛林。收复这片土地的胜利似乎象征着法国的复兴，1914 年 8 月发生的一切将帮助人们忘记 1879 年 9 月的耻辱。

在新指挥官保将军的指令下，一场更大的进攻即将到来。5 个步兵师、1 个骑兵师以及 5 个阿尔卑斯猎步兵队集结起来，重返阿尔萨斯，并在 8 月 19 日拿回了米卢兹、莫朗日、阿尔特基克、盖布维莱尔，同时朝着科尔马进发。

报纸再次大肆宣扬起来。"（报纸们）与事实相比不知夸大了几倍。"纪德分析道，"夺下了巴伐利亚的旗帜？一大批群众涌到某部委的庭院里，却不知应作何反应，是应该欢呼还是应该喝倒彩……"

但只要仔细读读这些报纸，人们就可以察觉到那些被新闻审查机制强制"遗漏"的事实，那些欺骗性的宣传。

"人们读到法军光复了阿尔特基克，说明这个地方之前其实是被占领的。"纪德记录到。

但人们根本不能抑制自己的好奇心。"人们每天买 8 次报纸，《晨报》

《回声报》《费加罗报》《每日邮报》《信息报》《夜晨报》《自由报》《时事报》。"

"日报每时每刻都在出号外，这保持了大众的热忱。""但由于只有政府公报是唯一合法的来源，所有的报纸都在说同样的事情，我们自我承诺说要忍住报纸们的吸引，抵制那些正午出版的媒体。"

甚至，正如纪德所说的："依然存在各种新式的陈词滥调，各种俗套的爱国精神表态，好像如果不那样就不可能是一个坦诚的人一般。报道者谈论德国的腔调让人恶心。所有人都'前赴后继'，作出自己的判断，生怕自己落后于别人，生怕自己没有别人那么'法国人'。"

的确，在1914年的这个八月，媒体与公众们都在宣泄着他们对普鲁士人、对德国人、"普鲁士狗""木头脑袋的德国人"、入侵者的愤怒。人们抢劫了那些有可能是德国人开的商店。

人们甚至还能看到挥舞着红色旗帜、高歌改编版《国际歌》的工人队伍。

"现在所有人都在卖力打仗。朋友，我们只有这一生，如若我们来一次远征，别管威廉还能不能称王，因为我们伟大的梦想，是去往柏林，在远方。到那儿建立共和，发扬人道思想，这是最终的战役，努力奋斗，而明天，人们将生活在国际主义的殿堂。"

这的确是法国人的"神圣联盟"，但其中有将战争激情混入《共产国际歌》的社会主义党人；也有如巴雷斯那样的个人，他们捍卫传统价值——军队、祖国、宗教——并将战争比作贞德的法国与匈人的德国之间的对抗。这是多么明显的变化啊！

夏尔·佩吉在蒙特罗加入了第276步兵团，他希望与那些"踏着厚重的步伐行进在耕好的田地里"的步兵共同作战。但他并没有忘记自己的社会主义信仰，他写道：

"我们共和国的士兵出发了，为了全面的裁军[1]与最后的战役。"

---

1 即最终的和平——欧洲各国协约裁军、和平生活。

而这对于莫里斯·巴雷斯而言只能是一个梦想。

"爱国者联盟"的主席更依仗双方的力量对比。

法军总参谋部充满信心。

在它看来这是一只完美的军队。

截至 1914 年 8 月 15 日，共计 370 万名法国人被动员入伍（德国则有 380 万），其中有 80 万的常备军和 290 万的预备役及本土保卫军。后者将被发配到后备岗位或从事堡垒守卫工作。

对于法国将军们而言，进攻是不可置疑的。84 个步兵师、10 个骑兵师外加 950 门 75 式加农炮将参与这次进攻。

人们寄希望于步兵的灵活以及步枪的高效性，拉贝尔步枪能在一分钟之内射击 12 次，还配备有刺刀。

另外，人们还寄希望于法国的盟友们，尤其是因人口众多被视为"兵力储备库"的俄国。协约国的人口大概是奥匈帝国与德意志帝国的两倍。

但让人们没想到的是，当 8 月 14 日，总参谋部在洛林发动一次大型进攻时，法国步兵团的脆弱暴露无遗，每个团仅有 6 支冲锋枪可供使用，而德军在这方面是他们的两倍。

这个细节意味着什么？——凶杀！法国步兵的红色下装将他们转变成了麦田里的"靶心"。

更严重的是，"拒绝审慎是安全的最佳保证"、"尽力把进攻性的精神发挥到极致"以及"前进就是胜利"——这些激进的态度占了上风。

霞飞大将军并没有听从贝当上校（后成为将军）以及朗热扎克将军的劝告，后者主张"进攻性防守"的战略。

霞飞想重演历史上的"奥斯特里茨一击"，在洛林及凡尔登北部发动进攻。

因此，法国士兵们将奔赴"火场"——前方是机关枪、榴弹炮以及德军的重型炮，而步兵们甚至连头盔都没有。

1914 年 8 月 14 日，从莫伯日到萨尔堡，近 200 万人参与了战役，结果是法国的惨败。

在阿尔萨斯，法军在收复、失去、再收复、再失去阿尔特基克、米卢兹两地之后，只剩下坦恩这座小城。

在洛林和比利时，法国军队也在撤退。被屠杀的部队、孤零零地在寻找自己所在军团的士兵，殊不知其已经被敌人歼灭；因为叛逃被逮捕的警察；以及不加以判断就胡乱的射击。

无数的部队失去了近四分之三的士兵！德军的冲锋枪、致命的扫射以及榴霰弹并没有给这些红裤士兵任何的机会——而他们的将领也曾经大喊着"装上刺刀！"，命令鸣响军号以给出装配弹药的指令。

一位奇迹般没受伤的军官评论了这次被击破的进攻：

"各个参谋部只局限于使用泵动式步枪；他们希望可以从中间切断德军……但敌军的大炮和冲锋枪从后方进行了侧翼掩护：大屠杀啊。……这一切的装备都比法军要好！"

在巴黎，没人想到过这一局势会渐渐导致首都的陷落。整个城市生活在幻像与自信中。

报纸的头版对法军在这一边境战役上的后退只字未提。只有那些阅读《日内瓦日报》的读者——在这份报纸分发时！——才了解到德军的突破。其他的报纸要么鼓吹法军的英雄气概，要么宣传着俄军的前进。

《晨报》的标题是"哥萨克骑兵距离柏林仅几步之遥"或"盟军虎钳不断压迫着敌军"。每一天，媒体都会宣告一次突破，一次前进或一次英雄的抵抗。

之后几天，很明显地，人们在公报发布后知道了德军攻下了布鲁塞尔和图尔耐，而法军"撤退"到了默兹。

加利埃尼将军在他的本子里记录到："报纸与公报错就错在过度鼓

约瑟夫·加利埃尼

吹了胜利，第二天人们就发现它们说了谎。"

人们还没意识到威胁的存在，也还不知道悲剧的发生以及死伤的规模，但不安已经开始蔓延。

某个叫让·谷克多的人穿戴得像一个士兵，为了再现米卢兹的屠杀找了一些逗趣的词来模仿军号的声音和榴霰弹的嘘嘘声。纪德"完全没有心情往下看"，他转而揭露了那些沉默的人的悲惨、他们的愤怒以及他们那种被遗弃的感觉：

"别人和我说了拜恩威尔那边的消息，说是一个5万人的大型市郊居民区的区长只能每天眼看着危险不断逼近——等着被枪杀或更确切地说，被砍杀，如果妇女和孩子们再得不到食物的话。"

但在目前所有男人都奔赴战场的情况下，谁来做这个收割工作呢？

农业工会很着急，他们要求总理维维亚尼"采取一切必要措施以加紧收割和打麦工作……在必要时还应依靠北非劳动力。"

维维亚尼则以向法国妇女发起号召为回应：

"我请求你们维持在田间的工作，完成今年的收割并为明年的播种做准备。你们不能再为祖国付出更多了……因此，站起来吧，法国妇女与年轻的孩子，祖国的子女们！用你们田间的劳动取代战场上的付出吧。"

战争就在那儿。它弄乱了一切，让人受饿，

让人受伤，甚至让人死亡。街道上也遍是它的痕迹。

在克里希大街的一家家具店门面上，有一排用粉笔写上的全大写法文："我出阀（此处为故意出错）上战场。法国万岁！"

看到这一行字的雅克·拜恩威尔写道："这种对拼写规则的蔑视以及对句法的直觉就是法国人的代表。克里希大街上的某个家具商，在店铺的门面上表明了自己的参战态度——并不都按着规则走，却或多或少带着一些战争意识。"

"在蒙马特转了一圈"，拜恩威尔发现了"小酒馆舞场颓败的一面。轻佻的波西米亚女人的穿着肮脏不堪。咖啡馆里，苍白消瘦的女子似乎除了坐的地方以外没有了其他安身之所。战争重创了这些伤风败俗的行业。应招入伍的人趁着出发前几天纵欲狂欢的消息早已听不到了。"

23

从默兹到阿尔萨斯；从迪南、沙勒罗瓦到凡尔登；从阿登高地到孚日山脉，数以千计的年轻人经历了他们"出发前"最后的日子。

至于在这个 8 月倒下的法国士兵的人数，则大约有 8 万人被杀、10 万人负伤。

在 8 月 20 日至 23 日便有 4 万人牺牲！谁能料想到这样的一场屠杀呢？

结果如何呢？

前线在哪里？一切都是未知数。

人们想象法军已经进入比利时境内，他们已经阻止了敌人的入侵。

突然，8 月 24 日当天，战争部部长收到了大将军霞飞的电报。总统、部长们以及所有的政客都对这位大腹便便的将军寄予厚望——他睡觉时什么都别想吵醒他、胃口好时可以一次吃下 4 块排骨或一只喂肥的小母鸡。不久之前，众人还对他在阿尔萨斯战场上表现出了冷静与胜利表示了赞赏。

普恩加莱甚至还饶有兴致地打算组织所有议员到边境旅游：斯特拉斯堡和梅斯——它们都是马上要解放的城市。

然而，等来的就是霞飞的这份电报："我们的目标应该是打持久战。要坚持下去，做出一定的让步，再往后撤离一些，竭力耗损敌方的精力。"

霞飞打算如奥斯特里茨战役一样把德军一切为二。

这赌上的可是巴黎的命运啊！

霞飞的参谋部发布一则公报，仅寥寥几个字："法军所处地不变，在索姆河至孚日山脉一带。"

怎么可能？难道不应该是"位于孚日山脉的顶峰么？"

人们从满足与幻想、从"哥萨克骑兵距柏林仅几步之遥"一下子跌到了慌乱与惊恐的边缘。

普恩加莱愤怒异常："我今早在报纸上没有读到任何与撤退相关的东西……军队总部什么都没和我们说……我要求每天都要给我呈交战争的详情……我竟什么都不知道，他们什么都没说！"

众人幻想着边境应该在比利时境内，幻想着在梅斯与斯特拉斯堡将有神圣的军队检阅。然后此时，人们却看到普鲁士的枪骑兵出现在桑利斯。那可是桑利斯啊！距离巴黎十几公里的这个地方竟然出现了敌军的巡逻队。

在圣－迪耶和吕内维尔依然可以看到德军的身影。他们其中的 5 个部队正行进在洛林的土地上。隆格维和蒙梅迪均已投降。而凡尔登——作为法军军事部署的颈喉——正受着威胁。

政府开始筹划着将其所在地转移到波尔多！

这个城市让人不禁想起了 1870 年的那场溃败 巴黎会变成什么样？

是不是应该宣布巴黎"对德开放"以避免它遭受战火的摧残？

1871 年巴黎遭围困的记忆袭来——饥饿、公社、被焚烧的杜伊勒里宫、市政府还有街垒战。

没有人想吃老鼠度日！人们开始涌向车站——逃。

8 天之内，近 50 万人离开了首都！

"8月25日是悲凉的一天"安德烈·纪德在日记里写道：

"我们从疯狂希望的高处跌落。媒体成功地让人们相信我们的军队肯定能让敌军溃败。8天前，当法军撤退到当时仍未被侵犯的地方时，他们便已预言巴黎将遭遇围困。每个人都在试着说几句鼓励、希望的话，因为他们并没有彻底失望——更确切地说人们是从梦里醒来了——他们愣愣地看着那些愚蠢的明信片，上面正描述着'柏林的饥荒'：一个肥胖的普鲁士人蹲在马桶前，手里拿着一把巨大的叉子伸到马桶里，打捞出一条形似香肠的东西准备要吞下去；亦或是一位德国人在看到法军刺刀的那一刻吓得尿了裤子，其他人则狼狈逃开——他们在图上显得那么的愚蠢、那么的猥琐甚至带着畜生般的丑陋，应该没有比这更损人、更耻辱的神态与动作了。"

在几个小时以内，巴黎的整个氛围都变了。人们不再相信报纸上说的，他们已经看够了这些谎言。

8月25日、26日，"那些从被焚烧的村庄里逃出来的人开始涌进了巴黎"纪德写道。他们开始讲述自己的遭遇以及其他逃难者和他们讲的故事。

"唉！俄国人！你们以为他们可以依靠吗！他们的军官就和他们的官员一样腐败！你们几乎不敢相信他们竟然把喂马的粮草卖给了奥地利士兵！"当人们向这些难民提出问题或表示疑问时，他们只能耸耸肩。"我们就是知道"他们反复强调说。到最后，大家都相信了他们。

"一个老人到的时候几乎疯了，惊惧的氛围在他周围弥漫开来，"纪德写道，"'我们不是武装力量！我们不是武装力量！'他不断重复道，'那些人几乎没有道德底线'他走了很长一段路，可以说是一路匍匐着、躲着穿越了前线，沿途看到的都是冒着烟的乡镇与农场。他在自己村子儿公里开外的地方被发现了，他是那儿的村长，却因为突然树立起的防火墙不得不离开自己的岗位，与家人两地相隔。"

来自瓦朗谢讷的难民被安置在夏季马戏团里。"他们声称：'有人看到许多小孩被砍去了双手。还有被挖出双眼或者带着可怕的伤口'。然而，这些事情根本不可能核查其真实性。"纪德写道。

但在搜集这些目击证词的同时，人们还听到了一些德国囚犯的坦白。可能是因为自己心存愧疚，他们陈述了自己犯下的罪行。他们当时听从上头的指令，似乎有几千名比利时和法国民众（1914 年 8 月至 10 月共计 6500 名民众）遭到了德军的处决；一些村庄甚至城市在遭到了洗劫之后被威廉二世的军队烧毁。

德国参谋部不希望德军在比利时领土上的行进有任何的停滞。施里芬 – 毛奇计划成功与否取决于进军巴黎的速度、以及一系列能让法军步入陷阱的手段，而后者将迫使法国投降。

德军的将军与士兵们害怕法国的"自由射手"[1]，对他们而言，似乎任何民众都可能有这个嫌疑。指令已经给得清楚明白：处决任何的嫌疑对象、在民众中制造恐慌，以保证他们不奋起反抗，同时保证德军的持续前行。

实际上，并没有什么"自由射手"，但德军们却确信他们存在。

德皇在其日记里写道："那些比利时民众的行为简直就如魔鬼一般，我就不骂他们畜生了，他们和那些哥萨克骑兵简直一模一样。他们折磨我们的伤员，把他们暴打致死、谋杀医生和医务人员、纵火……还假装自己和街上那些毫无防备的人没什么两样——其实他们早就提前收到了消息，并受到某位统领的引导。比利时国王因此收到警告称，既然他们的军事力量部署范围已经超越了欧洲惯常的规定——既从边境线上到各个村庄均有'发现'武装力量而非仅在列日一处——他们将因此承担这些行为的后果。比利时的处境因此变得极端困难。"

德皇的这些控诉都是谎言。

然而在 8 月 22 日，德军第二部队统领冯·彪罗将军在列日张贴出了以下公告："昂代讷以一种及其阴险的手段袭击了我方军队。在我的指令下，受袭部队的指挥官已经把该地化为灰烬并处决了 110 个人。我希望你们清

---

1 即法国民众组织起的游击队员。

楚反抗德军可能会面临的下场。"

不久之后，在康布雷、里尔以及许多城市及乡村，相似的告示都被张贴出来。教士、孩童、妇女、老人无一幸免。

8月20日在法国诺默尼（默尔特–摩泽尔省），大部分的房屋都被烧毁，十几名居民被枪决。

在默兹河边上的迪南，几百人被杀害。

在法比边境上的莱费，德军步兵在8月23日遭遇了顽强的抵抗。

法国人民当时位于默兹河的西岸。德军士兵则以为他们遭遇了来自"自由射手"的袭击。弗朗茨·斯泰炳下士之后陈述道："我们一幢一幢房子地前进，几乎每幢建筑物里都有人在朝我们射击。逮捕到的人手里几乎都有武器，我们就地将他们处决了。只有15岁以下的孩子、老人和妇女得以幸免。在此同时，150到200米开外的小山岗上也有人朝我们开枪。在这场街巷战里，我并没有看到队伍里有谁被杀或负伤。但我在路上至少看到有180位'自由射手'的遗体——我们只对他们动手。在一个锯木厂旁边又看到30到35具左右的尸体。我随后知道那是他们的聚集地。"

其实，任何对德军的反抗都被看做是"自由射手"的行动。德军逮捕民众，强迫他们喊出"德国万岁！德皇万岁！"，然后将他们射死。冯·罗本少校领导着一个处决分队，他是这样描述的："有人向我报告称听到枪声。街区被分成了一个个局域，各个连队开始搜寻武器以及'自由射手'的踪影。就连监狱也未能幸免，看守们甚至被收去了武器，德军在那儿发现了一些手枪和其他的武器。我的连队位于监狱旁边一个花园的墙体后面，并没有遭受'自由射手'的攻击。但我听说我所在的团遭受了来自周围建筑里的持续射击攻击。最后，带领第一军团的中校凯尔曼西格伯爵决定杀鸡儆猴，命令我杀掉数名带武器的适龄年轻人。"

"一部分人被送进了监狱里，另一部分人则一队一队地出发了。我猜他们应该是朝我军开炮或者是做了其他敌视行为的人。他们沿着墙体分几列站着，妇女、儿童、老人被从中剔除。有两个分队，每个分队在一位中尉（其中一位中尉是冯·埃伦塔尔）的命令下处决这些民众。我在设法带离妇女和儿童的时候碰到了困难。一个女人死死拽住自己的丈夫，想和他一起受死，我最后决定放她走——和她丈夫一起。一个男人怀里抱着一个大约5岁的孩子，虽然他声称孩子不是他的。但最后孩子还是被夺了下来，交给了旁边的女人们。男人之后和其他人一起接受了枪决。我们连开了好几发齐射。我不太确定有的人是不是只受了伤，因为我们不得不继续上路。但我确信没有任何妇女或儿童在那儿被杀。但如果他们躲在这桩花园墙体的背面，就极有可能被穿过的子弹射死……我说过我的一位同僚——莱格勒上尉——被一位平民杀死了。我似乎还说过一个年轻的女孩曾朝德军开枪了。这些都是士兵们和我说的。签名并宣誓：罗本"

因此，在1914年8月的这最后几天，人们不可能继续生活在幻想中了——战争不可能说赢就赢，屠杀、恐怖、残忍以及不公正都是不可避免的。

镇长来到自己所辖的各个小村庄，带来的却是某家的丈夫或孩子牺牲的消息。在其他地方，主要是警察署负责报丧。噩耗随处可闻——单在8月22日周六这天，就有2.7万名法国士兵被杀！还有好几万人负伤。

伴随着噩耗与失望而来的，还有灾难性的消息。即便在最边远的村庄，人们都知道这份官方公报想表示的意思。这份早在大城市流传开的消息，在8月29日那天，终于来到了城市边缘的乡村：

"从索姆河到孚日山脉，战势基本无变化。"

说白了，就是法军整体上在向巴黎撤退！

几天以前，人们读了好几遍报纸上刊登的文章，希望他们所报道的都是真的。只可惜一周之后，那些东西一下显得可笑不堪。

8月17日，那些不"认输"的顽固派们发布了以下"信息"：

"大家都在谈论敌军发射的炮弹：他们的榴霰弹软绵绵地爆炸，从天上散落下来；射击也没有好好瞄准；至于子弹嘛，它并不危险——它从某个躯体里的一个部位穿向另一个部位不带留下任何的裂伤。"

2.7万名法国人在8月22日这天死去。

在吉斯的埃纳省，朗热扎克将军带领的军队获得了些许的胜利。多亏了这些胜利才让撤退的法军不至于遭受全面的溃败。

是的，法军在撤退但并没有溃败。

但巴黎正面临着威胁。

骑在马上的普鲁士枪骑兵似乎已经可以依稀看到远处埃菲尔铁塔纤弱的剪影。

恐惧已经将巴黎人吞噬，他们冲到车站里，挤在驶向诺曼底或大西南的车厢上——那里已经有来自北方和比利时的人民在避难了。

"到处都有密探。"人们低声说道。村庄们依据反抗的规模被换了头儿。德国人对居民们说："我们会回来的。"

纪德收集着这些说辞和谣言："普鲁士人回来时，他们洗劫了一切。他们在房屋四角纵火——有一个分队专门负责做这事儿——之后他们驻守在门前，狙击那些往外逃的人。被射死还是被烧死就完全看他们心情了。"

一个年轻的女人悻悻地讲述到："如果我们没有逃出来，就会和其他人一样被射死。普鲁士人掳走并奸淫了妇女……他们扒掉她们的裙子和衣服，打算把她们送上餐桌……啊！战争时期的人们真是什么都做得出来。"

雅克·拜恩威尔对此则感慨道："啊！战争啊，就是那些不断被重复使用的悲凉故事的素材，现如今，最骇人听闻的篇章正在上演。"

妇女们在挤满人的车厢里分娩；因为内部太过闷热，一个老人热死在车厢里。

在诺曼底的各个城市，护士和军医们在站台上等着载满伤员的火车。道路上驻守着手持老旧步枪的"国土保卫军"，他们一致地戴着法国军帽，手臂上别着臂铠。

"如果普鲁士人可以抵达这边，他们将像'自由射手'一样射杀他们。"

"一批将被送往迪南的德军囚犯经过这附近。"拜恩威尔写道。

那些军官们自信异常，他们戴着单片眼镜，嘴角叼着浮夸的雪茄，嘴里不断念叨着他们的同伴很快就将抵达巴黎，这些话语惊到了村民，把他们吓得不轻。

维维亚尼政府以及总统一致认为，为避免国家陷落有必要激励一下国民，必须要加强一下"神圣联盟"。维维亚尼提名了两位关键社会主义人士加入了政府——儒勒·盖得任国事部长，马塞尔·桑巴任公共工程部长。

维维亚尼认为境况悲惨。

在发动进攻并夺取几次胜利之后，数万俄军向兴登堡元帅投降，后者在东普鲁士的坦嫩贝格向发动攻击并将他们击败。

这个消息必须向民众保密——舆论早已相信俄国联军是法国面对德国的杀手锏，真相无疑会让他们疯掉。

维维亚尼准备了一份政府公报，它将得到所有部长的签署并向全法通报。

俄国联军依然是颂扬的对象，同时爱国的志愿将得到肯定。

各级政府都张贴出了这份公报，人群围上来，安静地读着：

"法国人民们！我们的义务虽带着悲剧的色彩，但也只在于打退入侵者，追击他们，从他们留下的泥垢里夺回我们的国土，从他们的手中夺回自由。只要有必要就要坚持到底，提振我们的精神与灵魂，在危难之上，做我们命运的主人。"

"与此同时，我们的盟友俄军正在向德国首都迈出关键的一步，那里早已人心惶惶；他们正在向德军不断施压，后者也在撤退……我们要对自己有信心，心中除了祖国别无他念！面对着战线，我们有策略也有意愿！我们会夺取胜利！"

第六章

S I X T H   C H A P T E R

24

"我们任务看似悲惨，但却很简单，那就是击退敌人。"

《政府公报》的这第一句话直截了当，直摄人心。

其后，"俄方联军正在向德国首都迈出关键一步"等幻想和谎言仍在继续，事实上，近 10 万名俄军向兴登堡的军队投降！

但在 8 月的最后几天，"人头堡垒"已经是不争的事实。

维维亚尼回应道，俄国联军的进攻促使德军总司令将 8 万士兵从法国边境调离。

是真是假？法国人民不再任人愚弄。

他们聚集在白纸黑字的布告前，清楚地知道从此以后国家命运的博弈将在本国国土上演，他们必须牢牢把握。

上千名因逃避种族迫害而在法国生活工作的外国人，如波兰人、捷克人、意大利人，将组成一个外籍军团，旗下又有数个"临时兵团"。

约翰·弗伦奇

他们其中的有些人，如 16 岁的意大利人拉扎尔·蓬迪谢利[1]，甚至虚报年龄得以征募。蓬迪谢利宣称："我想保卫法国，因为她让我得以生存下来。这是一种答谢的方式。"

共有 4 万外籍人员穿上了法国军装——这一充满象征意义的英雄行为却不足以弥补 1914 年 8 月末的 2 到 3 天内在战场上倒下的士兵数目。

德军依旧势不可挡。

在柏林，胜利的公告被发布出来："在一系列胜利的战役之后，我军已顺利进入法国境内，从康布雷一直延续至孚日山脉。敌军已然溃不成军，无法组织起正规的反击。"

领导着 12 万人组成的大不列颠远征军的弗伦奇元帅，此时正在比利时试图减缓德军的进军。他对战事的看法与德军的判断并无二致。

至此，他甚至焦虑地考虑在必要的时候将他的士兵遣送回国。在德军控制了比利时所有港口之后，英军撤退至了勒阿弗尔。

霞飞与之会面并解释了自己的策略："撤退至比他（指弗伦奇元帅）预期更远的地方，以更好的组织反攻。"

"我不会怀疑，英军一定会参与这一抗争。现在赌上的可是英国的名誉，元帅先生。"霞飞一字一句地说。

---

1 拉扎尔·蓬迪谢利于 2008 年去世，他是当时一战最后的一位幸存者。其遗体被安置在巴黎荣军院，本书作者有幸宣读了他的悼词，时任共和国总统主持了葬礼。

但弗伦奇已经收到了伦敦给他的指示："您享有完全独立的指挥权。"

可以说，法国的命运此时正掌握在参谋部，确切说是法国步兵团的手中。

撤退因此还在继续。

加利埃尼将军是霞飞的副官，此刻留守巴黎。他在没有收到任何指示的情况下，如此回复了询问首都未来命运的普恩加莱："巴黎保不住的，政府必须马上迁移。"

8 月 31 日，兰斯居民开始撤离……

与此同时，弗伦奇元帅拒绝将他的士兵换上前线。"在经历了官兵的损失之后，疲惫的大不列颠远征军应撤离以进行数日的休整！"——弗伦奇与霞飞两人因此断绝了关系！

但大将军并未丧失理智。

他向各个将军们解释了法军必须"抵抗住敌人所施加的压力"，重新部署，准备进行下一次大反攻——几天之内他将会下达命令。

"在必要的情况下，不要吝惜使用一切积极措施来追踪那些松懈、参与洗劫的士兵。那些妄图逃跑的士兵，将被追捕并枪决。"

没有人知道究竟有多少的士兵——惊慌失措地游荡着——在没有武器、与所在部队失去联系的情况下被逮捕并枪杀，甚至连一场形式的审讯都没有。

军队以这样的代价维护着纪律——没有任何一位将领料想到自己的军队竟自我暴露在这些现代武器的洪水猛兽前，把自己浸渍在由它们触发的大屠杀中。

难以置信地是，在看到了自己的同僚被开膛破肚、被折磨致残、甚至化成一滩血涂之后，这些士兵竟然被要求发起进攻！

政客们开始怀疑霞飞的倡议是否可行——他们已经得到消息称，5 个德军兵团正行进在从凡尔登到瓦兹省之间 50 多公里的前线附近。

"霞飞给的希望都落空了，法军到处都在撤退！" 普恩加莱不断重复道。

8月30日，霞飞和加利埃尼一样，宣称巴黎已经守不下去了。政府将不得不迁至波尔多。普恩加莱与大部分部长担心这将招致大众的谴责。自从迁都的流言流出后，人们都在嘲笑这些每月拿着1.5万法郎津贴的总统、议员和部长们。

"逃往波尔多，1.5万法郎肯定也跟着撤退了！[1]"人们鄙夷地说。

但怎么能违背参谋部的意愿呢？迁移被定在9月2日星期三的午夜，出发点在奥特伊－散杜荷车站。

共和国总统普恩加莱、维维亚尼以及各个部长坐在一辆驶往车站的专门列车里，之后乘坐连接巴黎与波尔多的全国线路。普恩加莱夫人低声地哭泣着，近乎崩溃，总统先生低声地说着："必须要有看似软弱的勇气。"

25

1914年9月2日，正当专列将法国政府人员送往波尔多途中，一则由共和国总统及总理维维亚尼签署的宣言发布了。它解释了为什么政府认为有必要暂时迁离巴黎——为了保证国家的安全。

第二天，也就是9月3日，宣言被张贴在各级政府门前，同时也全篇出现在各类报纸上。

"法国人民们：几周以来，我军与敌军进行了多场激烈的交火。我方战士的英勇让他们在几处战役中获得了显著的优势。但在北方，敌军的前进促使我们不得不撤退。这一处境让共和国总统及其政府不得已做出这一悲痛的决定——为了国家的安全，公共权力机关必须暂时地远离巴黎。在那位出众将领的领导下，法国的军队将带着勇气与活力对抗侵略者，捍卫首都及其

1　人们嘲讽那些议员虽然撤往波尔多却依然拿着津贴。

爱国人民的安全。但与此同时，在国土上的其他地方，战争必须继续。在这个没有和平与停火的关头，不能停止也不能懈怠，保卫国家荣耀、追回被侵犯权利的这一神圣奋斗必须继续。我们的军队仍未被击破。如果部分的军营承受了明显的损失，空缺也已经被后备人员迅速地填补上。与此同时，新兵的动员也会保证未来抗争的兵源。"

"坚持作战，这应该成为英国、俄国、比利时及法国的作战指令！坚持作战，在这个英国的海上力量已经切断了敌军与世界联系的时刻！坚持作战，在这个俄军不断前进、就差给予敌方心脏致命一击的时刻！"

"共和国政府是绝不退缩的抵抗运动的指挥者。为了独立，随处可见法国人民站起来抗争。但是，为了保证这一伟大抗争的生命力与有效性，政府必须有充分的行动自由。在军方的要求下，政府暂时地将其所在地移至一处可以随时与整个国家保持联系的地方。"

"同时，政府希望议会的成员可以在其左右，以便可以在外敌面前形成整个国家的联盟。在确保了巴黎整个城市的防卫工作、动用所有能用的资源加强堡垒之后，政府方才离开。本国政府深知没有必要向她可敬的人民强调镇定、决绝与冷静。他们每天都在不断表现出践行责任的能力。"

"法国人民们，在这悲剧性的时刻让我们守住尊严，我们必将夺取最后的胜利，凭着我们卓尔不群的毅力、持久力与顽强的奋斗。一个不愿意就此泯灭的国家，为了生存，在苦难与牺牲面前也绝不后退——这样的国家必将战胜一切。"

9月3日，刚刚被任命为巴黎军事地方长官的马达加斯加前总督加利埃尼将军向巴黎军队以及居民发布了一则宣言，张贴在首都各处的墙上：

巴黎军队及居民们：

共和国政府成员为了更好地推进国家防卫工作离开了巴黎。我受托保卫巴黎，抗击入侵者。这一职责，我将践行到底。

巴黎军事地方长官、巴黎军队指挥官加利埃尼

巴黎

1914 年 9 月 3 日

26

"入侵者"——聚集在巨大白底布告前的人们眼神都聚焦在这个加粗的四音节词上。人们重复着、默读着布告上的文字，似乎在努力掌握和领会加利埃尼这则通告的内在含义。

人们握紧了拳头。

不是恐惧，也并非惊讶抑或是失望，而是一股"抗击入侵者"的决心在涌动。

决不让步。

人们似乎已经忘了政府的长篇宣言，忘了那些签署它的人——总统和部长们。

反倒是这位人们不曾耳闻的"巴黎军事地方长官、巴黎军队指挥官"加利埃尼的几行通告犹如命令般回响在每个巴黎人心中——一则人们必须也愿意去执行的命令。

事后证明，这则简明扼要通告的发布者的确是一位有能力"抗击入侵者以保卫巴黎"的人。

人们心里知道这个男人将"誓死履行他的义务"。

1914 年 9 月 3 日晚，一个由近万名非洲人组成的师行进在从奥尔良门至巴黎东站的路上。人行道上，人们层层叠叠，为他们欢呼鼓掌。

拉丁区中心的圣米歇尔大道上，陈列着一罐罐的啤酒、葡萄酒和水——在鼓掌声、欢呼声以及雄壮的军营歌曲声中，这些军人将它们仰饮而尽。

"共和国在呼唤我们，要么打胜仗要么牺牲，法国人民为共和而活，为了共和不惧死亡"

在首都内部及周边加强的防卫措施表明了加利埃尼的决心。

巴黎的各个城门周边都布满了拒马，塞纳河上的各个桥都被布了雷。人们开始推倒市郊的树木与房屋——以防止它们成为德国先遣队的屏障或补给点。

法军知道他们就在不远处，大概十几公里开外的地方。埃纳河、索姆河、马恩河、塞纳河、乌尔克河——这些都是巴黎人熟悉的河流，它们现在每天都会迎接各式各样的驳船，源源不断地为首都提供着沙子、煤炭、小麦、木材以及砂砾。德国人曾经成功跨越过"我们的河流"直抵拉昂、兰斯、桑利斯、莫城。

在距离巴黎 17 公里的一个叫戈内斯的地方，有人看到普鲁士枪骑兵——或者叫"死亡枪骑兵"——在巡逻，那些普鲁士骑兵一身黑，毛皮帽上装饰着一个头骨下方交叉着胫骨的骷髅头标志。

"他们"那些黑色的十字型飞机——鸽形单翼机——甚至向巴黎投掷了几枚炸弹。

对巴黎的进攻似乎在不断临近。

从 9 月 2 日起，常备的出租车车队被整编起来，以随时将军队快速运抵德国人进攻的地点。

准备工作过后，大家等待着敌人对巴黎守备区的进攻。

然后，加利埃尼派出的巡逻队却在 8 月 30 日带来了冯·克拉克带领的德国第一军团改变行进方向的消息。

他们朝着南方行进，却并没有向着巴黎的方向——很显然他们打算围堵位于东面、在洛林地区守卫孚日山脉的法军。但如果这一改向的消息得到确认，那德国人就相当于将自己的侧翼暴露在法军面前，后者完全可以在马恩河一带对他们发起进攻。

加利埃尼果断决定利用这个机会。在莫努里指挥官的陪伴下，他来到了位于默伦镇的英军总部，打算鼓动他们参与进攻。

结果弗伦奇将军此时并不在那儿：英国人因此没有回应两位法国将军提议，即便后者根据驻扎在巴黎的飞行员带来的消息，已经相当确定德军的军事调遣。

冯·克拉克旗下的低空飞行部队确定自己并未向法国飞机开火。

士兵们行走在道路的两侧，他们的包裹堆叠在卡车或马车上。这些步兵们同时也是炮兵团的将领，他们轮流登上汽车后部的平台上休息。

飞行员们知道这些士兵背着几公斤重的背包，也知道他们一个月以来每天都要步行近 50 公里。飞行员为此向长官报告，为步兵们抱不平，但后者也只能无奈地耸耸肩。

军队对步兵的要求随后变得更加严苛——在加利埃尼的引导与说服下，霞飞在 9 月 4 日晚发出了准备在 9 月 6 日一早发起进攻的命令。

9 月 6 日，霞飞向他的军队发起号召，其中写道："在这场决定国家命运的战役即将打响的一刻，有必要向所有人重申一件事：现在已然不能回头！所有的努力必须锁定在进攻上，锁定在击退敌人上。无法继续前进的军队必须尽最大努力守住打下的土地，宁可死在那儿也不能后退。在现在这个关头，任何的失利和懦弱都是不被允许的。"

法军的进攻在前线全面发起了。

这就是 1914 年 9 月 6 日至 11 日发生在马恩河的激烈战役。

"大地仿若一处大坑，天空如火山喷发过一般。"一位幸存者描述道。

成千上万的人互相残杀。部分人在进攻的前夜已经倒下，其中一位就叫夏尔·佩吉——一位发配到第 276 团的 46 岁军官。

9 月 5 日当天，他的营队在距离巴黎 20 公里（是的，仅 20 公里）

● 1914 年 11 月马恩河一带的计程车

的维勒鲁瓦一地歇脚。佩吉在他的前上尉阵亡后代替了他的职务。在德国的炮弹中，他们试图攻占蒙蒂雍——德军一处参谋部所在地。佩吉到死依然保持着站姿，犹如在等待子弹击来一般，而那致命的一击让他实践了自己曾写下的感言："那些为自己情感所系土地而阵亡的人是幸福了，但前提是，那是一场正义的战役。"

战役如饿狼们吞噬着生命，阵亡者的遗体被投入火场。

9 月 6 日晚，630 辆被长期征收的出租汽车载着 4000 名士兵离开巴黎驶往 50 多公里开外的南特伊莱 - 奥杜安。

与参与进攻的 20 万士兵总数相比，这似乎是个小数目。

但这一历史片段却足以传为佳话：马恩河战役成为了神圣联盟的象征，军民同仇敌忾抗击敌人的佳话。

而这无疑是至关重要的一役——德国人并没有像 1870 年那样成功包围巴黎，他们撤退了！

这是一次由大小近百场战役换来的胜利，其代价无疑是巨大的——部分部队在其中甚至完全处于孤立无缘的境地，只能单纯地依靠炮兵炮火的掩护，偶尔陷入敌人的包围圈却毫无察觉。

1914 年 9 月 9 日的这个晚上，被任命为少尉的年轻前师范生莫里斯·热讷瓦，带着他领导的排占领了沃－玛丽高地上的一处沟壑。

"我们自以为从左右两个方向均得到掩护的，两侧还有两处被我方部队占领了的沟壑。"但突然，在暴雨前闪电的映射下，他却瞥见了一些黑影"在向我们猛攻，在天空颜色的反差下，他们头盔的尖顶标明了他们的身份……我们怎么会知道，同伴们已经在那之前被敌军发现，而他们所有人——除了几个被俘虏的官兵外——均已死于白刃之下。"

当时的他们实在太累太饿，匆忙跑进被遗弃的房屋，在地下室里填饱了肚子，"睡意袭来，却在睡梦中被手持刀具的敌人杀害[1]。"

好在莫里斯·热讷瓦所在的排抵住了诱惑，没让悲剧重演。

对于这些永法沉睡在自己被入侵国土上的法国士兵，战败的德军将领冯·克拉克将军这样称赞道：

"这些在 10 天内不断撤退，疲惫不堪而就地酣睡的法国士兵，可以在号角吹响那一刻拿起武器发起进攻。这种纪律在各式打仗的门路里，可以说是不需言明的。"

法军中的一员加尔捷－布瓦西埃，在描述战役过后军队里的情景时是这样说的：

"为了避雨，许多人把背包披到头上，这些巨大的背包一直垂到了他们背上……其他人则在蜡布上裁出一个圆孔套在身上，亦或是把毯子披在身上犹如无袖长衫一般。还有身材魁梧的大兵裹着带有花枝图案的床前小地毯……有些人在自己的军大衣外面又套上了普鲁士步兵灰色的制服。每个人身上都带有一些战利品：尖顶头盔、浅黄色的防护配件、毛瑟枪等等。许多人换下了自己的破鞋子，穿上了德国长靴……一个士兵在卖弄着黄色的女士皮鞋以及猎场看守用的腿套；另一个则在炫耀某个村长的'烟囱导管'。许多人躲在大饭店门前

1　莫里斯·热讷瓦：《死亡近在身边（*La Mort de près*）》.巴黎：圆桌出版社，2011 年。

巨大的彩色雨伞下，后者让人联想到猎人专用的雨伞……"

这些"身材魁梧"的军人们将以"浓毛汉子"的别称载入共和国的历史，成为爱国主义、勇气以及自我牺牲的代名词，是继1793和1794年自愿入伍的"无套裤汉"以及拿破仑时期近卫队士兵之后的后来者。

9月12日，霞飞向这些士兵们致敬，并向军队宣布了胜利的消息。

"持续了5天的战役以我方不可否认的胜利告终……敌人落荒而逃，到处都是他们留下的伤员以及枪支弹药。而我们仍能在各处逮捕到囚犯。""所到之处，我们的军队都在不断目睹剧烈战争留下的痕迹，以及敌人为抵御我们的进攻所动用的各类措施。猛烈的二次进攻奠定了我们胜利的基础。你们所有人，无论军官还是士兵，你们都响应了我的号召，你们都没有辜负祖国。"

第二天，也就是9月3日，霞飞在给政府发送的电报中对马恩河战役做了以下概述：

"我们胜利的趋势已经越来越明显，敌人在全面撤退，四处我们都在发现他们丢下的囚犯、伤员以及各种装备。在经历过这场从9月5日一直延续到9月12日的伟大英雄主义抗击后，激动不已的我军士兵以前所未有的态势乘胜追击。在左翼，我们越过了苏瓦松下游的埃纳河，在6天的抗击里行进了100多公里；正前方向，我们的军队已经抵达了马恩河以北；我们部署在洛林以及孚日山脉的士兵也已抵达边境线；与盟友们一样，我们的军队令人钦佩。他们气势不凡、坚韧不拔、斗志昂扬。我们仍在竭尽全力追击。"

这些振聋发聩词句并未食言，因为"浓毛汉子"们的确"没有自己辜负祖国"。而胜利就在摆在那儿，巴黎将不会被敌军践踏。

但是，在这一宏大事实的背后，却是屠杀与阵亡——数以万计的年轻人，尤其是男子，无论他们穿着什么颜色制服，至此都已离开了人世。

他们不应该被遗忘。埃米尔·昂里奥，这位随后成为法兰西院士的年轻记者，在 9 月 14 日这天亲眼目睹了战役过后的战场。

　　"在莫城的路边，高大的杨树已然四分五裂，犹如从四面八方遭受了闪电的袭击一样。'唉！这其实不算什么。'一位农民对我说道，'如果你想看更壮烈的景观，可以到瓦荷代斯的另一侧看看……'瓦荷代斯犹如坑洞一般，乱成一团。受惊、虚脱的人们来来往往。在门上可以看到用粉笔写上的'任何抢劫犯都将被枪杀'。我朝着高地的方向走，穿越过村庄，看到一匹死去的马，它身体肿胀、马蹄悬在空中、僵直地躺在一处壕沟旁。那里到处散落着各式装备，穿洞了的饭盒、军用水壶……一处篱笆附近有一块空地，庄稼收割后遗留下金栗色的根茎就这样散布在广袤的天空之下，不远处还有一垛一垛黑色的谷堆；某些东西——似乎就是地面本身——在冒着烟。不知为何，某种沉闷、令人干呕的东西刺激着我的咽喉、让我恶心。是这些烟雾么？……我朝前走。右手边有一片丽春花地，但占据了很大一块面积、堆叠在一起的东西却不是丽春花——而是穿着红色制服下装的士兵遗体。

　　"发起进攻的这一排连队（如庄稼一般）被死神收割走了……灾难的气息充斥在这一凄惨的景观里，愈显恐怖。我看到的已经不是人，而是巨大的木偶。垮塌的身体，暴露在这炽烈的阳光下也许已有八天之久，他们的脸和手都已发黑，军帽的颈带扎紧在臃肿的脸上，背包的肩带依然紧紧地捆在肩上。步枪散落在其主人不远的地方。抢劫者已经来过了。机关枪的扫射成效显著，一个或两个连在它们开火之的同时成排地倒下。"

　　"我愣愣地前进，整个高地上到处都是遗体。白布裤子、带着饰带的蓝色上装——他们是阿尔及利亚步兵以及带着小圆帽的佐阿夫团。在同样的命令下，他们以同样的阵仗发起进攻，步枪的一头装着刺刀。如今，他们也躺在了这里，脸部一样臃肿，松弛的身体也一样被捆束在皮肩带里。"

　　"再往前走，一片混杂——既有佐阿夫兵团的人，也有德国人。前者前赴后继，在炮弹的联发射击下纷纷倒下。在一处石磨旁，一位阵亡的佐阿夫士兵站立着，双手逮着那位被他刺死的德国士兵的遗体——我曾见过他。另一头，一位被杀的德国士兵失禁了，他光荣地倒下，瘫坐在自己的排泄物上。那些地表冒出的烟，我现在终于知道它的来历——田地里散布着一些麦秆燃烧后留下的黑圈，其中一个黑圈里还遗有白骨。我之后才知道，德国士兵在那三天的战役中，为避免遗体暴晒下散发出的恶臭，不得已将自己的同伴投入火堆。"

"一处村庄被烧成了平地。不远处，还有填满了德国士兵遗体的沟壑……只需要稍微加点儿土便能轻易地填平它们。在这些遗体之间，散落着十几个香槟空瓶……一个翻倒的枪炮套车，壮实的马匹仍被那绷紧的绳索套着——失去生命的它们同样显得臃肿，就像小型大象一样，僵躺着。"

"在一处交叉路口，完好无损的路标构成了这一幅历史图景的一部分，指示着去往巴尔西、尚布里、托尔西、瓦荷代斯的道路。可怕的气息纠缠着，自己仿佛被胶水粘黏起来一样，无法脱离。在一片庄严、祥和以及熏天的气息中，9 月静谧的夜降临。"[1]

27

只有亲临战场的战士——不论他的国籍是什么，也无论他是士兵还是军官——才能完整地描述马恩河战役：战友们在自己的身边倒下，临死前哭喊着"妈妈……"；自己也曾用刀刺穿敌人的身躯；最后统计幸存士兵的人数。在这个 76 人的排里，仅有 21 名士兵存活了下来。但战斗，不能停止。

9 月 6 日至 9 日三天里，法军共有 2.5 万士兵阵亡，另外还需要考虑上月初那几天牺牲的 8 000 余名士兵，从战争开始到现在，总共损失了 11 万人。

1　引自《法国人民的生与死（*Vie et mort des Français*）》，1959 年由巴黎阿歇特（Hachette）出版社出版，作者为安德烈·杜卡斯、雅克·梅尔、加百利·贝赫、雅克·贝赫，其中引言为莫里斯·热诃瓦所写。

而德军方面8、9月份的人员损失数目相当。

来自昂古莱姆的第107步兵团的J·迪卡斯中士（他于1914年11月15日严重负伤，死于1915年5月1日）在9月11日当天在其笔记本里写下了如下文字：

"今天晚上，德国人被彻底地撵走了。我军的步兵等候着命令，同时目睹了战后的情景……这是多么大的一场屠杀啊！上百具尸体、散落的大炮和背包以及阵阵恶臭。"

"1点时，我们出发了，穿越了库尔代芒热、于伊龙以及格拉内三个村庄，满眼尽是冒着烟的废墟以及肤色藏青的遗体。为避免被敌方炮兵发现，我们行进在沟壑里——马恩河另一头的山坡上仍有几门大炮。我们连队里没有炮弹，在抵达卢瓦西前还遭遇了一场巨大的骤雨。"

"在德国某骑兵师的参谋部，桌子依然立在那里，将军的通讯件四处散落——上面印着他作为黑森亲王专有的姓名首字母图案。"[1]

在4天时间里，整个团行进了80公里。

德军虽然在后退，但却是有条不紊地。他们最后停在了埃纳河谷的顶部，开始筑起防御工事。

一位16岁即应征入伍、有着打仗经验的德军前线年轻士兵沃纳·波麦堡写道："到9月中旬，撤退行动停止，军队再次把炮火瞄向敌人方向，整个队伍都在静静地等待发起进攻的那一刻……"

"位于西部的德国士兵的确离开了战场，同时抛弃了自己宏大的战略计划，但他们并没有让出最终的胜利。"

"前线从努瓦永一直延伸到兰斯，中间途经苏瓦松；在苏瓦松一处又穿越了香槟省，最后直抵阿尔贡森林北部边境。在凡尔登以北的一带，前线则保持着战前的样子。"

1　同引自《法国人民的生与死（Vie et mort des Français）》。

"马恩河的惨剧结束了。局势有了新的变化，胜利地前行转变为匆忙地撤退——在追击敌人的半路上又一次撤退。事态的发展是如此地剧烈，令人难以捉摸。"

"但每个人都感觉到了——不好的事情发生了。"[1]

法军方面，士兵们并没有被狂热的心情征服。

在9月的下旬，莫里斯·热讷瓦这样写道："一种感觉针扎似地困扰着我——追击停止了，鸣钟也停止了，在这种身心濒临崩溃的情况下似乎仍要继续战斗。我感到无尽的孤独，每分钟都往失望的边缘在滑行，却没有人拉我一把。"

士兵们——无论是单纯的步兵或是军队的长官——在经历两个月的战斗、撤退、攻击与反击之后都已筋疲力尽。

他们又饿又渴，因为后方补给一直不能保证。他们因此不得不食用从田地里挖出的根茎植物、桑葚，同时还要忍受着痢疾的煎熬。

冰冷的夜晚，他们不得不垫着麦秆躺在战壕里粘稠的土地上，没有被子，雨还下个不停。这些战壕常常是顶着敌人的炮火匆忙挖出来的——晚上入睡时死去的战友就在自己身旁，死者的手脚常常伸到泥泞的内壁之外。

戴斯枫丹尼中校在他的其中一本记事本里写道："9月14日至25日这几天里，我们经历了战争里最煎熬的时期：体力上的劳累过度、供给匮乏、常备军最后几名军官的阵亡以及军队士气低落。"

"的确，马恩河战役是源自——包括霞飞、加利埃尼、福煦、萨哈耶、莫努里、德卡斯特尔诺以及其他为数众多的指挥官在内——指挥部的决定。然而，却是士兵们亲身经历了这场伟大的战役：他们没有坐在桌子前写下即将对军队发布的命令，很少谈论战略与战术，但却是他们奋斗在血肉之躯与金属相互碰撞的战场上。受苦的是士兵，是他们用自我牺牲的精神和鲜血换来了胜利。"[2]

1　沃纳·波麦堡：《一位德国人口中的一战(*La Guerre de 14-18 raconté e par un Allemand*)》，巴黎：巴赫蒂亚出版社（Bartillat），1998.

2　路易·呼赫迪克

在逼近埃纳河河谷时，士兵们突然遭受到驻扎在高地上的德军的攻击——他们不再撤退，开始反击了。而当法军士兵读到报纸里所报道的一切时，一种愤怒及蔑视的心情向他们袭来。

9月15日的《人道报》上，公社幸存者爱德华·瓦扬是这样写道的："这是普鲁士帝国主义破灭的开端，也是盟军胜利的前兆……"

夏尔费斯将军作为军事评论员，在9月14日的巴黎《回声报》上如是写道："如今，胜利已经来临。它不断颤动的翅膀将把我们的军队一直带到莱茵河畔。最终的胜利已经毫无疑问，目前只是一个时间的问题……德国军队身后什么都没有，没有后援部队，没有有组织的撤退，没有任何计划抑或是后备军，他们失去理智的果实已经没有了可以悬挂的枝头——他们已无力再组织军事反击了。这是他们彻底的溃败，这一颓势也将持续到——如1806年一般——划分战果的时刻为止。"

这一宣传只能糊弄那些家中无人参军的民众，或那些迷信速战论的人——他们相信战争在1914年底就能以盟军的胜利告终。

人们仍在颂扬俄国军队以及英国的海军舰队。

9月4日的伦敦，人们也在庆贺——俄、英、法三国政府应承诺不要在战争进行的过程中进行单方的和解，且应就和平条件达成一致。

事实上，战士们仍每日奋斗在血色泥浆中。

德军占据着兰斯的高地，法军忍受着他们重型机枪猛烈攻击，兰斯大教堂也没有逃过战火的蹂躏。人们对"德国佬"的做法气愤不已——欧洲文明的象征、基督教的杰作竟每天都要遭受德军残暴地燃烧弹攻击，他们意图明显——摧毁这一建筑。

但人们没有感到惊讶。

无法考证的流言在人群中散开，称战争之于德国人就如同一个器官之于机体一般。

"在我们国家，军队只是一种工具"纪德在马恩河战役正酣时写道，"对他们（德国人）而言，却是（国家机器的）一个器官，而战争是让整个机体运行起来的必要途径。"

人们声称德国人在战场上会解决掉自己的伤员。

"人们反复地说。"纪德记录道，"在 9 月 8 日当天，在一处医务室里汇聚着法、德两国的伤员，但这个被德军占领村庄被法军收复之时，撤退的德军将他们的 6 名伤员杀害，另外 4 名法军伤员活了下来。人们怎么解释的都有。"

"另外，在一次黑尔戈兰岛附近爆发的海战上，人们看到德军朝本国落水的水手射击——而此时的英方小艇正打算将他们打捞起来。"

"最后，人们还说，在跨越一处桥已经崩裂的河流时，德国士兵毫不犹豫地将自己的三辆急救车推翻到水里，以此趟过河流，却不顾车里满载着的伤员。"

这些流言也间接说明了残暴的战争仍在继续。

在苏瓦松大区，德军士兵依然在埃纳河省兰斯周围的采石场里顽强抵抗。

要想赶他们走，必须在步兵进攻之前对其进行持续轰炸。但当时的法军却没有足够的重型炮弹装备，弹药也配备不足。

包括所有口径在内，法军共有 3500 门大炮，其中还多是 75 型的大炮，而每天仅 1 万枚弹药的供应量。

霞飞将军身上仅有的那一本小笔记本记录的就是这些弹药的详细数目。

9 月 28 日，他向法军发布了以下命令："在保证每件武器配有 300 枚弹药的前提下，其余多出的弹药将归入指挥部专用的弹药库。在没有向霞飞大将军本人提出申请并获得许可的前提下，各部队不可将其耗尽。每天晚上 6 点以前，每个军队必须通过电报的形式向后方说明自己当天所消耗的弹药数量。"

德军配备的情况稍微好一些，但仍旧担心弹药耗尽的情况。和法军各个兵团一样，他们的军队也在马恩河战役之后元气大伤，人员耗损达到

40%。

针锋相对的情况下，筋疲力尽的两军都发起了动员以重振旗鼓。冯·法金汉取代了冯·毛奇成为德军总司令。霞飞仍旧是法军大将军，崭露头角的福煦福熙将军是其副将。

9月25日，德军朝法国总统位于桑皮尼村的乡间住宅发射了近50枚炮弹。此处临近圣－米耶勒，德军刚将其占为己有并打算筑起防御工事。

从这片德军一直占领到1918年8月的高处上，他们用重型炮弹摧毁了房屋的一部分，并破坏了它的大花园。

"两个字：粗鲁。"霞飞评论道。

的确，在血雨腥风之中，与十几万人受伤或遇害相比，总统先生家的马、家具抑或是花园里的损失似乎都是微不足道的东西。

但总统这一被摧毁的房屋仍出现在了明信片上，作为德国人野蛮的明证。

28

这些德国人、野蛮的"德国鬼子"，他们还是文明人吗？

8月8日，哲学家亨利·柏格森这样抨击道："对抗德国的战争甚至可以说是文明与野蛮的对抗。"这话说得明白：德国受到了谴责，甚至被认为代表着人种的倒退。

9月19日的费加罗报上，法兰西学院院士阿尔弗莱德·卡布斯画在第一版的德国王储肖像被他配上了这些文字："这个名字一下子就和粗鲁、极度的傲慢以及丑恶的嘴脸，还有卑鄙与颓废联系起来了。"

人们开始揭露德国人的暴行：处决人质、偷盗、肢体破坏——"他们切掉了孩子的双手"、以及抢劫。

可以肯定是，入侵者们的确打算在其占领区制造恐怖。

逃到北部省的比利时难民们到处讲述着他们亲眼目睹的暴力以及罪行。

与此同时，法国人民的英雄情怀和高贵情操也被激发了起来。

雅克·拜恩威尔在他 9 月 24 日的日记里这样记到："世界上再也没有其他地方的人，可以有此时法国人民这样品质了。"他讲述了音乐家阿尔伯里克·马尼亚尔的遭遇：一个早晨，马尼亚尔在他位于瓦鲁瓦的乡间住所里远远看到了两位普鲁士骑兵向他的住所靠近，他随即拿出自己的步枪朝他们开了两枪。不一会儿，其他骑兵赶来，抓住音乐家将其射杀……阿尔伯里克·马尼亚尔是个才华横溢的艺术家，一个生性祥和喜好安静的人，但他实在不能忍受"这个"——普鲁士人踏入他的家门。

现实以及报纸的灌输式宣传混杂在一起，纠缠不清。

德国人的确是野蛮人，但他们却也让人着迷。

"德国士兵的确比我们穿得更漂亮"从前线回来的士兵向拜恩威尔陈述道，"他们身材矫健，穿着浅褐色的舒适皮质长靴、灰绿色的制服——和法国土地的颜色近乎一致。与之相比，红色的下装令人悲伤，毕竟他们的衣服实用、灵活而且隐蔽性好，而红色的裤子就很容易暴露自己、成为目标。"

而且，1914 年 9 月，法国士兵还未配备有——头盔："没什么用处"——霞飞似乎是那么说的！

幸好上帝保佑着法国，人们想道。

祈祷活动、仪式行列以及弥撒多了起来，虽然世俗化反教会的政府并没有发起号召。

教士也有自己的爱国情怀，但他必须要考虑到 9 月份刚刚继庇护十世之后成为新教皇的本笃十五世的号召，后者在其第一篇通谕中就要求停止这种手足之间的仇杀，毕竟两国都有天主教徒。

约翰·弗伦奇

但在包括阿尔贝·德·曼在内的一些人看来，一些迹象表明："我们随和的法兰西，在继托比亚克和普瓦捷之后又一次成为了基督文明的捍卫者。"

对兰斯大教堂的轰炸以及佩吉——这位作家曾经歌颂过生于洛林的圣女贞德，其死亡也足以表达上帝的愤怒和旨意。

"奇异的是，佩吉前额中弹身亡的时刻也正是大教堂被焚烧的时刻。正是在那里面，圣女贞德手握着胜利的方形王旗出现在查理七世的加冕礼上"雅克·拜恩威尔写道，"1914年的战争出现了一些有美好象征意义的人和事。在我们文学和国家历史中，佩吉就好比100年前德国独立战争时的士兵诗人一样。"

德国人在进攻大教堂时清楚地知道他们在做什么，再没有人能像他们一般缺乏历史素养、对标志性历史建筑无感了！那里曾是历任法兰西国王加冕礼召开的地方，他们的这一行为，与1871年德意志帝国在凡尔赛宣布成立性质相当。

此时，爱国热情风起云涌，报纸们接受着新闻审查，言过其实的情况很常见。霞飞将军被奉为神人，甚至连马恩河一役胜利的荣耀都"被"归属于他——朗热扎克、加利埃尼两位将军所起的关键作用就此被忽略。

在《马赛激进报》上的一篇文章是这样为大将军祈祷的：

"我们身陷战火中的霞飞，希望您的名字可以受到人们的瞻仰，希望您带领下的全面胜利即将到来，希望无论在陆战还是空战一切都能如您所愿。给他们一记您的重拳，带领我们发动进攻，向那些曾经击破他们防线的士兵再次下达命令吧，别让我们被'德国佬化'，把我们从鬼子手里解脱出来。若一切如此就好了。"

　　"文字掩盖了战争的残酷，但一位士兵的陈述揭露了其中的一个方面，说是那些被抓到的战俘一般都是被就地杀掉，在我军还是敌军阵营均是如此。"

　　这一消息实在是震撼，以至于人们都没有心思追踪战局的演变了。官方的通报总是模棱两可，但是出现的村庄或城市的名字透露出，战争并不只在埃纳河进行——在皮卡第的阿拉斯也有交战、安特卫普被包围了、里尔面临着威胁。

　　双方似乎都想着迂回包抄对方、让对方晕头转向，但可以确定的是，法国北部的大区已经被入侵了。

　　在这场"奔向大海"的竞技战中，各方都想着包围对方，索姆河、加来海峡省、伊瑟河、弗拉芒这些地方已经沦为残酷的竞技场。

　　但这种不断试图进攻的迂回战最终被"战火"打破了，大炮和机关枪可以在几小时甚至几分钟之内就歼敌三千。

　　就好像活人在给自己掘墓一样！挖了一个坑，却不得不直接跳进去以躲避机关枪、子弹以及炮弹的攻击。

　　掘的坑洞越来越多，在地表上出现了一道道分支交叉的裂痕，周围用带刺的铁线防卫起来。但是，一旦炮弹瞄得很准，一次也可杀掉好几个人，或炸成粉碎，或直接将他们掩埋。

　　那些幸存的人和连队随后顶上，用死去同胞们冰冷的躯体筑成护墙。血液从粘土中渗出来，一只手臂或大腿从地面上凸起来——上面挂着几只军用水壶。

战壕里的"喝汤时间"

幸存者就这样幸存着——在死人之间。

"死去的战士堆叠成一个个小山丘，之后被焚烧掉。"赛里尼写道，"穿越默兹河时，我们可以踏着坚毅的步伐从德军士兵的尸体上走过——他们试图突破我们的防线，但我军的大炮却最终吞噬了他们的生命，无一幸存。有些村庄我们几乎不能靠近，其中散发出的气味太浓烈了，没有一处坑洞里是没有尸体的。"

发生在十月最初几天的战役说白了，也就是这些屠杀以及腐烂在沟壕粘土里的尸体——提醒着幸存下来的士兵可能面临的命运。

在海战方面，各个海域都在上演着英德两国巡洋舰的交战。

但英国皇家海军最害怕的，还是德军的潜水艇——U 型潜艇。

9 月 22 日星期天，德军的 U–9 号潜水艇在北海对三艘英国的巡洋舰发动了鱼雷攻击，2200 名船员中只有 700 人生还。

"我们比纳尔逊在所有海战中损失的手下都要多。"海军司令费舍尔评论道。

战争就这样变成了跨越边境线的屠杀，冲突不只发生陆地上、海面上，甚至还发生在海里。

第一次空战发生在 1914 年 10 月 5 日兰斯上空：德军一架亚蒂克型飞机被两名法国空军士兵弗朗茨和奎纳尔特用卡宾枪击落。

在这个 10 月的上旬，凡尔赛的上空出现了德国的黑翼飞机，有的甚至对巴黎进行了轰炸。在殖民地的土地上，战争也拉开了帷幕，从黑非洲一直延续到新几内亚。

没有一个大洲可以逃得过战争的阴霾，这就是第一次世界大战。为了夺取胜利，人们开始依据战争的需要来应用科学：机关枪、枪炮、机械化装甲机车……也正是从 1914 年起，人们开始构思并生产坦克。

人们探索着所有可以杀人的机器。

在化学工业的实验室里，人们尝试着研制窒息瓦斯。

在这战争的初期，谁仍考虑着和平呢？教皇本笃十五世。后者宣布进行为期一天的"为和平祈祷日"，巴黎的主教当天对教徒们说："在为和平祈祷的同时，我们也在为法国以及盟军的胜利祈祷！"

对信徒们而言，爱国的情怀此时已然凌驾于人类手足情之上。

罗曼·罗兰为了保持自己"凌驾于混乱之上"的人道主义正避居在瑞士，此时此刻，他发出的声音竟也显得微不足道——人民保卫祖国的意愿是如此的强烈！

在德国也是类似的情景。

虽然还有几位社会党议员坚持反对战争，但整个国家，包括知识分子在内，都信守着对国家忠诚的承诺。

1914 年 10 月 3 日，他们在对文明世界发出的号召里反击了对德国的所有指控。

"我们是德国艺术科学界的代表，在这场为生存而发起的、双方都不得不参与的战争里，敌人的谎言与诽谤都旨在玷污德国纯洁的事业……"

"德国是战争的罪人，这是谎言。"

"我们罪恶地侵犯了比利时的中立，这是谎言。"

"比利时人民遭受了我们在人身上、财产上的侵害，这也是谎言。当然在我军合法自卫的情况下除外。"

"我们军队猛烈的进攻摧毁了鲁汶，这是谎言。"

"我们推动战争的方式与人权相悖，这是谎言。"

"我们的敌人自私地宣称，对我们的军国主义发起的战争不是对我们文明的亵渎，这是谎言。如果没有尚武的精神，德意志文明恐怕在很久以前便已销声匿迹。德国的军队和德国的国家是融为一体的。在今天，这种感受将7千万德国人统一起来，如兄弟一般，不管他们之间在教育、阶层和党派上存在多大的差异。"

"这是对了解我们的人说的，是对那些和我们并肩保卫人类宝贵财产的人说的，请听听我们的呐喊：'相信我们吧！相信我们将以文明人的身份抗战到底，我们家乡与国土的神圣堪比歌德、贝多芬、康德留下的遗产。我们将会在你们面前证明这一切，以我们的名誉与荣耀为名。'"

这份宣言得到了93位学界人的签名，其中包括1912年诺贝尔文学奖获得者格哈特·霍普特曼、诗人、作家、大学教职人员、神学教授以及教会历史学教授等。

罗曼·罗兰对霍普特曼评价道："我拒绝接受德国领导者的罪行由这整个国家来背负。霍普特曼却与他们站成一排，他已然将权利丢弃在暴力的脚下……他不会明白，一个法国人可以比他更忠实于德国的理想主义，而后者正在遭受着普鲁士帝国主义的践踏。"

在其1914年10月29日的会议上，这位法兰西院院士是这样回复德国学界宣言的："法兰西院拒绝接受德国将战争责任推给法国及其盟军的任何声明，谴责德国对其所犯下残忍罪行全盘否定的做法，更何况这些罪行都是完全真实存在的。"

"以法兰西文明以及全人类文明的名义，法兰西院痛斥这些侵犯比利时中立地位的侵略者、这些妇女儿童的谋害者、这些历史珍贵遗迹的野蛮破坏者、这些针对鲁汶大学、兰斯大教堂甚至妄想焚烧巴黎圣母院的纵火者。"

其他法兰西院院士补充道："带着庄重的心情，法兰西院向我们的士兵表达慰问，你们是我们祖先美德的继承者、彰显了法兰西共和国的不朽。"

在法国和英国，没有人提及德国学界宣言里结论的第五点，后者是这样谴责的："这些自称欧洲文明的捍卫者，没有人比他们更配不上这一名号了——他们与俄国人、塞尔维亚人联合；他们派出的由蒙古人、黑人组成的猎队竟在打击白人。"

法国的媒体界没有人站出来抨击德国人的种族主义、也没有人称颂英法殖民地士兵为战争做出的牺牲。然而，在这些殖民地的土地上，尤其在非洲中心，双方阵营都在动员己方的"本土人"站出来反抗对方的"白人殖民者"。

不可否认的是，各方都在增强以军队为中心的神圣联盟，他们就是祖国的利刃箭牌。双方都在谴责对方破坏了"文明"，都认为对方是战争的始作俑者。

但这样的一场战争怎么会中途停止呢？它只会持续到一方彻底溃败的那一天。

29

战争仍在继续，从 9 月 2 日开始，政治权力首脑们——包括共和国总统、政府人员和议会代表——便带着法国银行的储金，到波尔多避难。

霞飞大将军不希望任何人干预他的决定——拒绝来自部长和议员的控制。也是他在 8 月末，坚持要求总统离开巴黎。

不久以后，面对来自普恩加莱的指责，凭着马恩河胜利声望大涨的霞飞如是回应："我当时建议您离开巴黎，并没有让您干涉战场上的事务。"

普恩加莱的到来得到了波尔多人民的热烈欢迎。但不久以后，他们便察觉到了政要们的手足无措、绥靖态度以及对阴谋论的种种猜忌。

前线的消息寥寥无几、电报也姗姗来迟、信息都需要解密——数字密码已经不起作用。

政府部门被安置在安当当斯大道上的各大酒店里，普恩加莱则在省政府大楼里工作、总理维维亚尼则在市政府。

阿里斯蒂德·白里安

人们在歌舞咖啡馆——如"阿尔安夫拉"和"阿波罗"——里布置会场，以便众议院和参议院每天早上召开集会。他们浪费着时间、讨论着空泛的内容，并没有做出什么重大的决定。

在普恩加莱看来，维维亚尼显得"紧张、心不在焉，既不主持什么，也不作任何总结"。

至于内政部长马尔维， 则一直都呆在"美味大蒜面包块"这家餐厅里，随时等待着会见来访者。

大家开始胡乱猜想。

有人声称卡约在巴黎妥协求和，还有人说加利埃尼将军在首都记者及重要人物的支持下正在谋划政变——他的声望的确令人堪忧。

阿里斯蒂德·白里安和马塞尔·森巴两位部长在马恩河战役后被授意前往首都及法军总指挥部，此行"旨在"将莫努里将军的荣誉勋章提升至 "大十字勋章"一级。其实，两位部长的真实目的在于确认加利埃尼忠诚与否。

在与巴黎总督见面后，他们相信加利埃尼一心只想着如何抵御敌人的反击，保全法军战壕。

但加利埃尼甚至是霞飞都不希望看到政府迁回巴黎——他们忠于共和国，充满了爱国热忱，却不想政府干涉他们的策略。

他们最好留在波尔多！

即便有马恩河的胜利，气氛仍止不住沉重下来。

9 月 21 日，急不可耐想返回巴黎的普恩加莱向部长们发问："为什么？我们为什么还要留在波尔多？我们已经没有任何继续留在吉伦特 的理由了。"

共和国总统在此提及了战争部长米勒兰的答复："可能（已经没有理由继续留在波尔多），但霞飞更希望我们呆在这儿。"

部长们因此忍不住继续臆想各种阴谋论，与此同时，他们每天还接见着同在避难的"金融家""投机者"，后者挤在部委的各个部门里，争取着政府订单。

与此同时，在安当当斯大道不远处的圣－让火车站也有政府人员的身影。人们在那儿将躺在担架上的伤员从火车上抬下来。护士以及那些战时投身医务事业的优雅女性——她们尊贵的衣裙外裹着蓝色斗篷、头上别着白色发卡——正在这些伤员周围忙碌。

站台上可以看到乔治·克列孟梭气愤地质问着运送官员："你们竟然用运送牲口的车厢运送伤员，你们有没有事先消毒车厢内壁和地面？"克列孟梭不断重复着他曾是医生的这一点——他了解破伤风的后果有多严重。而军队卫生部的人有考虑到这一点了吗？克列孟梭威胁要把他刚刚看到的一切写在了《自由人》上。如若新闻监管试图塞住他的嘴，他就把《自由人》更名为《奴隶》，他绝不是在开玩笑！

莫拉斯的学生、《法国行动》专栏记者之一雅克·拜恩威尔则与克列孟梭持相反态度，他和极端派一样愤怒。

"对于任何一个还有一点血性的人而言，（政府）困居波尔多都是一种难以忍受的无作为。政府已然耳目闭塞：它知道自己在这儿过的是一种避难的生活，而那些政府人员们也意识到了这点。我之前在路上瞥见车里的普恩加莱，他看起来比战争开始前老了 10 岁。"

"退守波尔多本来就是一个后果无法弥补的巨大错误，但退守前的焦虑也是难以想象的！"

"《行动法国》在波尔多停止出版并不是毫无道理。政府只想着返回巴黎，报刊杂志和记者们在这里已经没事可做！"

普恩加莱终于从霞飞那儿得到返回巴黎的许可，他之后还前往了位于马恩河的战营。

10 月 5 日，霞飞在位于塞纳河畔－罗米利的总指挥部会见了总统。

前者显得冷静，话语单调乏味；而后者也没有任何动容的表态，用他的话讲，"（霞飞）与平常相比，并没有显得多激动。"

而当霞飞及其他将军发言时，也是在抱怨弹药、重型机枪的匮乏。

普恩加莱看起来像被这群穿制服的男人"围堵"了一般。

他神情诡异，一身似乎"不得已"穿的装扮：扣到颈部的法兰绒上装、黑色的带沿帽子还有蓝色的外套。

视察前线时，普恩加莱并没有对士兵们公开讲话。

一位总统的身边人讲述道："当我们出发时，有人向我们的车投掷了几颗小石子。有几个比较直脾气的人，确切地说是几个来自近郊的、在挖土的士兵，表现得很生气。"

"他们不太开心，您也是，我知道。"普恩加莱说，"你们都期待我的讲话。"

"几句话也许就足够了。"

"你们可能还会抱怨我为什么不从南方避难回来。您还能希望我怎么样，作为一个洛林人，从波尔多那边（避难）回来，根本没脸进行室外即兴演讲，尤其当他正愧疚时。"

普恩加莱安顿在埃佩尔奈，在冯·比洛将军曾住过的房间里。

他走在那些方才收复的土地上、视察各个战壕——士兵们沉默无言、显得筋疲力尽。人们都认为他们应该是看似失望但内心决绝。村庄都被摧毁了，人们身无分文、四处游荡。

普恩加莱看起来有些冷漠无情，用他的话说："一个国家元首在行使其职权的时候，没有权利表现得如此触景伤怀。"

回到巴黎以后，他巡视了香榭丽舍宫的所有房间——它看起来就像一处废弃的皇宫。

10 月 9 日，身处波尔多的他下定决心尽快返回巴黎，但霞飞再一次反对了他的决定。

的确，敌人的"奔向大海"计划有太多的不确定性。

在临近凡尔登的圣－米耶勒，德国人在凸起的高地上筑起了难以攻克的堡垒。

在这些堡垒前面，堆叠着那些在无效进攻中阵亡的法国士兵尸体。那些退守到安特卫普的比利时士兵也已被包围——整个城市都已陷入德军的包围圈。

阿拉斯一地也已沦为战场，里尔岌岌可危。

在这个 1914 年的 10 月，安德烈·纪德在他的日记里写道："也许永远都不会有那么一天，在经过新闻审查的报纸上会出现质疑我们是否真的值得胜利的言论。坦白地讲，这两个国家没有哪个是值得打败对方的。德国在把我们推向反抗的同时，也犯了一个可怕的错误。"

普恩加莱一回到波尔多就听闻了阿尔贝·德·曼伯爵的死讯——那个追随政府、每天在《巴黎回声报》出版一篇爱国文章的专栏作家。

1914 年 11 月 10 日，普恩加莱与全体政府人员一道参加了他的葬礼。

总统发言到："这里安葬着一个尊贵的灵魂。他炽热的天主教思想并没有阻止他为共和国追索正义。他对我的希冀只有收复洛林……"

雅克·拜恩威尔作为阿尔贝·德·曼的读者，在他的日记里这样写道："没有人知道阿尔

阿尔贝·德·曼

173

贝·德·曼被自己的焦虑折磨到什么地步，这种情感在他最后的文章里表现得那么地明显。字字句句只汇成两个字——悲观。他努力地与自己的悲观情感作斗争，以在大众面前保持一种充满信心的论调。在境况最糟糕的那几天，他努力雄辩的同时深受着折磨，这种折磨甚至能要了他的命。"

"这只殚精竭虑的号角最终也吹破了自己的振膜……"

在继饶勒斯、夏尔·佩吉以及成千上万——在1914年8月构成常备军一员——的年轻士兵们之后，阿尔贝·德·曼的死宣告着，在这个1914年的10月，战争的第一阶段即将结束。

30

在1914年的这个秋天，没有几个法国人认为战争的局势将会发生什么大的变化。

9月结束时，人们都倾向于相信在马恩河战役之后将会迎来德军的溃败，然而现在战场已经延伸到里尔、阿拉斯、敦刻尔克和加莱。

人们还听说，曾经与国王一起顽强抵抗的比利时士兵也已弃城而逃了——那些逃过一劫的士兵和国王已经逃到了法国。

10月12日，里尔陷落！

新闻管制把事态都缓和化了，但每个法国人都曾在教科书里看到，说1792年欧洲各国的君主进驻里尔（对法国而言）是一次巨大的失败。

然后呢？在这一系列的进攻与反攻中，英国人、比利时人和新西兰人与法国海军的枪手一起作战，最后双方究竟是哪一方将获得胜利呢？

"德国人登陆了法国。"雅克·拜恩威尔写道，"如马匹身上的跳蚤一样活跃。而我们一直都缺乏大型枪炮来击破他们的防线。"

这便是法国人所谓的"佛兰德斯混战"，这场战争的帷幕在伊瑟河河谷、迪克斯梅德及伊珀尔三地拉开——几万人在其中丧生。由福煦将军领导的盟军在其发自法军总指挥部的公报中，提及了海军准将偌纳克领导的枪手们的英勇行为。

但是，尽管媒体不断对战事进行不切实际的报道，大众仍旧可以察觉到一些蛛丝马迹，面对着每月近6万人的法德各方阵亡人数，人们的不安慢慢转变成了焦虑与绝望。每个家庭都有一些成员身处军营之中——他们或失踪、或负伤或已阵亡。

人们开始怀疑政府公报的真实性。

在克列孟梭主办的杂志《奴隶》上，人们在每一期都会看到他表态称，自己已无法自由地告知读者他本人知道的事情。

《费加罗报》负责人阿尔弗莱德·卡布斯写道：

"即使我们所陈述的东西与以下主题无关：公共权力机关、政府、政治、政治机构、信贷组织、伤员、德国的残暴行径以及邮政服务[1]。我们仍需经过两至三道新闻审查程序才能出版我们想出版的东西。"

但是，当某个市镇的市长给任何一个家庭带来其成员阵亡的噩耗时，"审查"显得那样的苍白无力……女人们的脸上都带着深深的皱纹，她们或是丈夫的妻子，或是儿子的母亲——一身黑装仿若一声不能压制的控诉。

还有那些从前线发回的信件，虽然经过了审查，仍能读到士兵们备受煎熬的字句。

日常生活的压力也在与日俱增：面包店、杂货店门前渐渐搭起了长队。

有人也忍不住心生疑问——播种、收割还有枪炮的制造都将由谁来完成？妇女们因此被鼓励参与曾经由男人来完成的工作。

关于将军们领导无能的流言也开始兴起，说是他们固执地对德军加固后的防线发动冲击，轻易地将几万名法国士兵送上不归路，这一切都侵蚀着人们的信心。

1　邮政多与文件、信息传递相关，故被列入审查对象。

10 月 5 日，拜恩威尔写道：

"在这个全民精神敏感的阶段，各种'传言'总是流转得出奇的快！一个月前，大家都在传说，以珀山和索雷特为首的'政治将领'是里尔陷落、圣－昆廷战败的罪魁祸首；之后又有一则关于普恩加莱夫人义举的传言：一些人说她通过总统丈夫'指导'了战争，另一些人则说她在政府前往波尔多前，义正言辞地向其丈夫宣称留守香榭丽舍宫是他的责任；现在，流言又在一个个村庄间流转，说是共和国的叛徒挑起了战争，还说圣－皮埃尔的贡金都被德皇威廉二世收入囊中。人们甚至因为某位大人物的保守倾向和财富，指名道姓地说他为敌军的荷包贡献了多少多少。这些可憎的无稽之谈在某些乡村最终引发了农民起义。在佩里格，达松瓦尔先生作为知识分子的代表，因为他城堡领主的身份被打上了反动的标签，差点因谋杀死于非命。即使在'国民统一'、'神圣和解'的口号下，共和国内战仍然此起彼伏。"

"与此同时，即使有来自公共教育部的通报要求，还是有流言称，无数的小学教师在学生返校之后，对着年纪尚小的孩子大放厥词。这种愚蠢自尊心驱使下的无知真是无药可救了。"

以上是莫拉斯的学生拜恩威尔的看法。诚然，当时的一些"小学教员"常常也是前线上军队的领队或战争的英雄。

但拜恩威尔的这些言论，在 1914 年的这个秋天，揭露了"神圣联盟"已然渐渐名不副实。

而政治首脑们也察觉到了这一氛围的变化。

普恩加莱多次前往巴黎和前线视察。他授予了霞飞军事勋章，在其发言里多次强调了政府的角色以及返回巴黎的必要性。他还反复强调着以下这个论调——似乎也是为了说服他自己——"我们的军队和法国难道不是融为一体的吗？"

总之，应该由政府人员来决定战争的大致走向。

霞飞最后松口称，政府最迟可以在 12 月份返回巴黎。

但普恩加莱更关注的，是这支共和国的军队可以把"德国鬼子"们逐出境外进行决断。

11 月 2 日，共和国总统在与福煦将军在卡塞尔共进午餐时，后者向其倾诉了国家陷入全面战争的境况，并坦言他自己"又悲又愤，渴望获取胜利却还未得成功"。

福煦与霞飞一样是工科出身。他支持进攻的策略，但同时也是一位实事求是的将领，他深知依据对方的火力与兵力，发起进攻无疑就是让整个军队送死。他手下的参谋部部长马克西姆·魏刚中校也赞成这一观点。

德军方面，司令部也和法军形成了类似的观点。

在伊瑟河谷底的第一场战役中，法金汉对一万多名学生组成的自愿军下达了进攻指令。

比利时人在那之前摧毁了堤坝，期望水流可以延缓德军的进攻。瓢泼大雨下，自愿军的学生们在血色泥泞的土地上纷纷倒下。

10 月的最后几天，在伊珀尔的朗厄马克周围，德军司令部再次对自愿军下达了进攻指令——然而，高歌着装载弹药、列队紧密的他们仍旧遭遇了屠杀。近 5 万名来自德国各个大学的学生在这些进攻中丧生。

德语中的"Kindermord bei Ypern"指的就是这次"伊珀尔子女的屠杀"。他们成为了德国民族主义的一段佳话，他们的牺牲随后被德国纳粹所称颂。希特勒虽然是奥地利人，但他当时在慕尼黑自愿参了军，且很有可能参与了这次伊珀尔战役——这是一次被德国历史所铭记的战役。

斐迪南·福煦元帅

战役便这样一场接一场地逐一拉开帷幕。

盟友们兵力的损失与德军类似：近 2.4 万英国人丧生，法国丧生人数相当。

在朗厄马克，除了死神以外，并没有任何一方占了上风。

冯·法金汉将军终止了进攻。双方士兵开始筑起护墙、挖起壕沟并驻扎其中，这些沟壕周围布满了装有倒刺的铁丝。从瑞士到北海沿岸，成千上万的士兵们分庭对峙，将军们总考虑着发动进攻，而这意味着将兵团送上不归路，但运动战的阶段已经过去。

必须顶住、坚持住，通过远程击杀敌人。

炮火一般是为进攻做准备的，而现在却失去了它原本的作用，因为敌方的炮火已经让进攻成为不可能；而当人们沉醉于通过炮火击破对方防线的幻想时，它的"无力"又沦为大家诟病的对象。

虽然说运动战已经过去，但它就犹如一场炼狱——只有那些被"打入"其中的人才能亲证它的可怕。

拜恩威尔得以倾听到一位年近 60、才从佛兰德斯战场上归来的军官的倾诉："士兵们在战壕里的生活简直惨不忍睹。首先，在伊珀尔和迪克斯梅德一带的战壕，因为连续的战事，并没有经过仔细地挖掘。说白了，那就是一个个坑，士兵们不得不蹲在其中，神经因为不间断的炮火声一直紧绷着。他们每三天换一次岗，出来的时候已经处于肉体——尤其是精神——的极度疲惫状态，有些人甚至变得有点儿迟钝和愚笨了。"

"这几天，上面下来命令说要让士兵们离开沟壕，前往攻占敌军战壕。这是大伙儿第一次拒绝行军，军官们甚至威胁将不服从命令的士兵交给处决分队处置，'相比于像我们同胞一样去送死，我们宁可被枪毙。'他们回答道。其实，不久以前，我们才发起过相似的进攻。士兵们的躯体相互交叠在敌军布下的铁网上，在致命密集的枪火下，存活下来的士兵只能撤离到中间不知是属于法军还是德军的沟壕里，没有任何一方能够前往救援自己的伤员。这些不幸的士兵就这样连续几天垂死其中，他们的呻吟和哭喊几乎要撕裂战友的耳膜，直到这些沟壕最终变成了他们墓穴，方才止歇。"

"运送伤员的车厢里，惨不忍睹的场景也很常见。受了伤寒发着烧的年轻士兵，颠簸了8天8夜，从前线被送往贝济耶。在同一个车厢里，其他伤员因为没有得到医治，呼唤着自己的妻子和母亲，受着疼痛走向了生命的尽头——这一场景几乎和但丁笔下的地狱有的一拼。年轻法国士兵的记忆里因此多了这可怕的一幕，而一路的颠簸也加重了他的病情。"

"死神每天都与我们比邻而居……"

"这也是第一次，我在这里转述那些士兵们当时口口相传的事情：国民军并不是可以毫无包袱地前进，这些35到40岁之间的男人，家里都有妻女，'他们更多是顾盼身后的家庭，而不是朝前看'，他们中很多人因此都应该被枪毙。在许多地方，一些军官甚至自己给出了潜逃的案例……可怜的主权人民！可怜的选民！……但，这就是'国民防卫军'。"

"比如说，德国的国民军行军速度就没有我们快，没有我们'可怜的国民军'快，大众调侃道。"

这些关于战争难以言喻的残酷描述，并不能呈现战壕里地狱般的日常生活。想想伊瑟河地区那些冰冷泥泞、混着血水的土地——它们几乎轻易就能没过士兵的腿部。

"尸体混在泥潭里"一位经历过一战的法国士兵缓慢地说，"偶尔会在其中出现死了有一段时间的人的尸块。"

还有老鼠。"断壁残垣里，老鼠成百上千地大量繁殖。我曾在其中度过了难熬的夜晚——身上盖着压脚被和军大衣，我仍能感觉到这些肮脏的小动物爬过我的身体。"一位军官陈述道，"它们在吃光所有可以吃的东西之后——面包、黄油、巧克力等——便开始啃食我们的衣物。每个人身上能感觉到有15到20只左右的老鼠在活动。在这样的条件下，我们根本无法入睡。"

"这些巨大的老鼠也会垂涎人肉——它们以尸体为食。"

一位士兵还陈述道：

"我匍匐前进时经过了一具死尸，他的头盔已经滚落，头颅暴露着，脸上的肌肉已经被蚕食殆尽，眼睛也没了，假牙滑落到腐烂的衬衣上。他嘴巴大张着，很显然，某些肮脏不堪小动物曾经'光临'过。"[1]

虽然士兵们都知道死亡随时都可能光临，虽然他们都看过同胞被利刃划开、暴露在外的肝肠，这些法国士兵们仍旧心系祖国土地、顽强抵抗。

1914年11月2日，法国清明节，全国人民汇聚到逝者墓碑前，纪念那些为国家献身的人。

"在这个被入侵、被践踏的法国，国民们的情感和领会力已然空前。"保皇党雅克·拜恩威尔写道。此时的共和党人也持相同的观点。

"在敌人面前，人们一定要意识到，把所有人团结在一起的基础，是生活在同一片土地上、捍卫共同的精神及物质遗产的这一事实。"

无论在前线的战壕里，还是后方的群众间，人们都清楚今天的入侵者已不再是进军柏林的哥萨克骑兵！

今天互相对峙的是法国人和德国人，从贝尔福一带领土一直绵延到佛兰德斯的村庄。

然而，在俄国、奥地利和塞尔维亚的边境，运动战仍在继续——战争境况仍是不确定的。

俄国人被兴登堡将军带领的军队击溃；但俄国在进军匈牙利时又打败了奥匈帝国的军队，德军为此不得不从对法前线分调部分兵力进行支援。

至于塞尔维亚这边，其军队多次打败了奥地利军队。

但这些胜利都不是绝对的。1914年11月3日，同盟国宣布土耳其帝国加入战争，形势对俄不利——后者因此被阻隔在黑海一带，孤立无援。

法国首先必须得依靠自己。

1　此处应该读读亨利·巴尔布斯作品《火光（*le feu*）》（1916年）以及罗兰·多尔兹雷斯的《木头十字架（*les croix de bois*）》（1919年）。

普恩加莱已决意要返回巴黎，"我们现在生活在霞飞的专制之下！"他不断重复道，"还是很难对付的专制！"

共和国总统甚至怀疑大将军在策反舆论以对抗他。

"现在别人都在责备我抛弃、牺牲了巴黎——但这曾是一个多么支持我的城市啊。"普恩加莱在 1914 年 11 月 12 日说。

他希望公共机关的意志可以在将军们身上体现，为此政府必须返回巴黎。

11 月 25 日，普恩加莱离开了波尔多并在 26 日一早 8 时抵达了首都巴黎。

第七章 1914年12月

SEVENTH CHAPTER

31

1914年的这个秋末，"社会生活逐渐恢复了。"——一位《插画》的记者陈述道。

"城市稍微恢复了生气，包括大剧院以及圣－拉扎尔车站在内的4到6个街区都回到了战前的状态。妇女开始进出超市。虽然今年服装业停产了，但制帽行业似乎有往军事风转型的态势——警察皮帽正在盛行。战争竟能让奢侈的服装产业精简到这等地步？"

"最伤感的无疑是老友重聚的时刻，时不时就传来的丧文以及那些再也见不到的脸庞……"

人们并不能就此忘记战争——德国的黑翼飞机不时就轰炸巴黎，德国鬼子的战壕就在离首都不远处。后者绵延在香槟省白垩地区一带，重型的大炮一直瞄准着汉斯及其大教堂。

雅克·拜恩威尔消息比较灵通，他确切地知道霞飞将军将要召集 50 万人将德国人驱逐出境。

"事实上，现在的确需要做个了断了"拜恩威尔写道，"延续了三个月的入侵已经披上了'占领'的外衣。我在德国报纸上读到，一个皇家煤矿委员会已经成立，旨在开发位于布里埃盆地的冶金业，而法国的媒体对此只字未提，即便如此，对于法国士兵们悲惨现状以及战争的惨绝人寰，报刊媒体们又说了什么呢？"

另外，对战双方陷入了冲突无效化的状态——一方发动的进攻收复了几平方米的土地，第二天却又再次失守，徒留下牺牲将士的尸体挂在铁丝网上。"

一位军官坦言道："每天晚上，鬼子们都会持续地利用各式各样的导航灯来巡视我方战营，并投放照明弹。"

天亮了之后，会有一些期待。

"我们时不时会发动一次进攻，抑或是击退一次进攻。无论是敌方还是我方，原则只有一个——12 或 24 小时的轰炸后，试着将步兵们撤出沟壑。于此同时，无情的机关枪飞快地射杀着士兵。每次的进攻都会紧随着一次反攻，沟壑失，遂复得，上百人的牺牲最终结果却是个无用功。因为这就是现代战争的意义：攻占土地，并尽可能多地挖掘战壕——因为对于挖得深的沟壑，枪炮的攻击就会显得意义不大。要想炮弹对对方造成伤害，它不能仅掉在沟壑的边缘，而必须正中其中，而这是需要运气的。双方因此就这样对峙着、耗着，似乎没有任何方法可以打破这一围城：我们绝不允许德军冲破我们的防线；而我们又必需一次强有力的冲击来破除对方日益衰弱的阵线。我对这一形势很确定，但我所在的后备师显然不能承担起这一次进攻，因为我们之前多次尝试都已经被证明无效。"

"1914 年 11 月末，一位'非军方人员'皮埃尔·拉罗因为公差的缘故，来到兰斯并得到了福煦将军指挥部的接见。"

"'如果您有心情的话。'福煦说道，'您将有机会观看一场不错的表演'。几小时以后，普鲁士的一个近卫师在一处山谷遭遇了法军的偷袭。法国炮兵们位列在山谷高处，对他们发动了密集的炮弹攻势。之后，炮火转向敌方队列尾部，追击试图逃跑的敌军。"

"与此同时，两个土著步兵[1]组成的后备团也对德军发动了进攻——拉罗看到那些身穿黑色着装的士兵飞快地脱掉了自己的鞋子，光着脚，灵敏异常地对普鲁士士兵发动了攻击，一手拿着刺刀，一手拿着弯刀。在后来半小时的时间里，在这片位于拉彭贝勒和普吕奈之间的山谷中，上演了一场骇人而又难以置信的屠杀——整个德国师余下的人就这样被消灭殆尽。"

1914 年的最后这两个月，德方的损失的确是很"惨重"。那些年轻的自愿军们在伊瑟河战役中被杀。恩斯特·荣格尔逃过了那次杀戮，因为他当时所在的团正在香槟省一带的防线上。他就此体会到了战壕里的生活——在石灰土质的坑里，他度过的第一个夜晚让他意识到了环境的艰辛。

"当白昼来临。"他写道，"我和其他人一样脸色苍白，身上沾着粘土。我看起来就像过了几个月鼹鼠式的生活。"

他第一次经历了戎马倥偬、忍受着来自下士的责骂："小声点儿，天哪，你们以为法国人耳朵里都堵着屎吗？"

"夜晚充满了不确定性：闪烁的照明弹、还有连续射击闪现出的微光，这些都会让我们精神紧绷" 荣格尔写道，"时不时地，就会有一颗射歪的子弹，带着轻微却清脆的响声划过身边。"

"这是一种令人筋疲力尽的生活——站岗、巡逻还有各类勤务。我们会轮流睡两小时，醒来的时候，偶尔会发现自己身处在几厘米深的水洼里。"

在每一处军营里，那些看得清形势的将军们都明白目前的战况，他们并不认为强攻是胜利的关键。但霞飞和福煦两位因为马恩河战役声望颇高的将军，仍然支持强力进攻的战略。费约勒和卡斯特尔诺两位将军都曾规

1　法国在其前殖民地招募的士兵

劝过霞飞——无果。后者解释称持续的进攻可以耗尽"鬼子"们的精力："我要慢慢将他们蚕食殆尽。"霞飞不断重复道，殊不知在"蚕食"敌人的同时，己方也在损失着数以万记的士兵，就好像一只老鼠不断地啃咬着捕鼠器，却没有意识到自己的牙齿也在不断地被磨损。

"我从来没有听过那么多的蠢话"在听过霞飞以及其他进攻论支持者的话以后，费约勒将军说道，"进攻、进攻，说的倒是简单！就好像一拳就可以打倒一整面墙一样……在他们看来，胜利的唯一方式，就是屠杀敌人！"

然而，渐渐地，随着一次又一次的屠杀，谨慎的态度渐渐占了上风。

霞飞决定等等正在生产中的重型机枪以及适用于 75 式大炮的弹药。

弹药的每日生产数量因此从战前的 1.3 万枚上升到了马恩河战役期间的 4 万枚，到了 1915 年 1 月，霞飞要求每天 8 万枚的炮弹供应量。

这样就又可以发动进攻了。

但最关键的，仍是操纵枪炮的——人。

1914 年服兵役的人（时年 20 岁）已经在同年 11 月征兆入伍并在次年初奔赴战场；15 年的那一批正在征召之中，并将定于同年 3 月参与训练。与此同时，那些后备军、免服兵役以及退役的人都被征召入伍！而国民护卫军已经身在前线。

"简单地说，大量征召的时刻已经到来了！"雅克·拜恩威尔评论道，"人们带着巨大的勇气接受了这一切，同时还带有一丝惊奇。毕竟在 8 月的时候，大家都坚信战争应该就是 2 个月，最多不超过 3 个月的事情……一位小商贩跟我说，他在街区里被看成是一位悲观主义者甚至是一位不合格的公民，只因为他在动员开始时，声称战争会持续更长时间，甚至可能到最后所有人都要应征入伍。"

"但是不管怎么样，大家都认清并接受了当前的这一局势，没有任何异议。" 拜恩威尔总结道。

但是，随着战争的延长，政府机构必须继续运行。共和派政客们并不乐意把权力都交到将军们手中！

因此，政府决定在 12 月 22 日召开一次议会集会。

12 月 10 日，普恩加莱返回了香榭丽舍宫。

政府决定给予众议员、参议员们一段空闲时间，以便他们可以进行议会讨论。在众议院、参议院的走廊里，他们可以穿着军队的制服；但如果他们想要进入半圆形的公共议会会场，则必须穿着一般公民的衣服。

32

1914 年 12 月 22 日，众议院闹哄哄地如同蜂箱一般，众议员们急不可耐地等待着自开战以来的第一次议会会议。

旁听隔间里挤满了好奇的大众，其中还混杂着一些优雅尊贵的女性。

众议员们来来往往，在开间里汇聚成不同的小群，议论着。

安省的古戎、萨瓦省的普斯特、塞纳河畔讷伊省的诺齐尔三地的议员已经战死沙场——他们的座位上饰着黑纱、摆放着他们的议员徽章以及三色围巾。

部长以及国务秘书们已经就座。

同在那个早上，他们的其中一员艾贝尔·法瑞在其笔记本上写道："看到了普恩加莱，他向我表明了自己对那些军事政要的不满……很显然，指挥部并没有把所有消息都告诉总统。他因此感到怨恨，而且不止一次地重复那句他在部长会议里讲过的话'有必要重新建立起民事[1]权力的最高权威了。'"

突然，共和国护卫鼓的响声响起，全场肃静，议员们纷纷就座。

议会议长保罗·德沙内尔走进入半圆形会场，来到他的主席席位上，开始发言——他的声音饱含着情感，音调低沉，吐字缓慢，每个词都铿锵

1　此处"民事"对应"军事"。

有力，激起掌声阵阵，还常常引起长久的欢呼。

　　"法兰西共和国的代表们，让我们的灵魂与那些为她战斗的人平齐！5 个月以来，他们一步一步地奋斗，从法兰西的价值观出发，无私地贡献了他们的生命来拯救我们。法国从没有显得如此伟大过，人性从没有显得如此崇高过。这些不屈不挠的将士们，从他们无畏的天性中表现出了更加坚韧的勇气与耐力；那些审慎又果敢的将领们，以相互的友爱之情团结军队，依靠着他们的冷静、组织力及掌控力，将阿尔萨斯重新粉上法兰西的颜色，并在马恩河大败敌军、在法兰德斯坚守住了阵地；那些神圣的共和国女性，她们将柔情无私地浇注在士兵的伤口之上；还有那些坚韧的母亲、那些品性高尚的孩童、那些自我献身精神的牺牲者们……这些人民，面对风暴沉着镇定，心底却燃烧着同样的信仰——试问在什么时代、在哪个国家曾有过如此绚烂的美德之迸发呢……"

　　议员们站了起来，在接下来的几分钟里不停地欢呼，大喊着"说得好！""法国万岁！"。

　　保罗·德沙内尔举起手来，示意大家安静，继续他的演讲："啊！法兰西民族捍卫的不仅仅是她的土地、她的家庭、她先人的坟地、她神圣的国民记忆、她那些绝美艺术作品和信仰产物、以及她所有雅致、公正、美轮美奂的工程成就……她捍卫的还有对协约的遵守、欧洲的独立以及人性的自由。是的，这一切都关乎以下几个议题：人类的意识在经历过几个世纪的努力之后，是否

保罗·德沙内尔

187

将最终身陷囹圄？是否在我们'边境'[1]的另一侧，上千万自由人将被关押圈禁，听从于征服者的命令转而与曾经的祖国母亲为敌、与兄弟为敌？为否精神将臣服于物质，而世界将成为暴力的血腥附属品？"

对阿尔萨斯－洛林的影射赢得了议员们的掌声，其中还夹杂着对德意志帝国的声讨——这个在欧洲各处践踏主权原则的国家，让我们"阿尔萨斯－洛林的各个省均沦为其征战的牺牲品！"。

但德意志帝国将会被打败，因为"人们最终都需要生存，欧洲需要新鲜的空气！人类想要掌握自己的命运。明天！后天！我不知道！但可以确定的是，所有人将会坚持到最后一秒，只为实现我们的理想，同时也是我们的义务，即权利高于暴力！"

众议员们站起来鼓掌欢呼，甚至与规定相悖的——小隔间里的旁听群众也站了起来，为德沙内尔的结束语欢呼。

议员们接下来投票通过了这则发言的张贴发表。

德沙内尔接下来颂扬了三位在战争中牺牲的议员，并朗诵了关于阿尔贝·德·曼的颂词："他很久以前就发觉到了（欧洲）确切存在的、不可避免的双重矛盾。一方面出现在斯拉夫民族与日耳曼民族之间；另一方面则出现在日耳曼民族与盎格鲁－撒克逊民族之间。在他看来，法国最关键的任务，就是为这些矛盾可能衍生出的冲突做好精神和物质上的准备……千万别小看这一点，我们周围的这些种族冲突，将可能在未来几年甚至几个世纪里，成为我们联盟存在的原因，即使存在一些或有或无的，哲学、社会方面的异端。"

当然，还有社会主义议员们提及到饶勒斯这一关键人物——这位"在士兵之前（为共和国）倒下的第一人"以及他为了避免战争而做出的那些徒劳的努力。

两院一致通过了由政府总理勒内·维维亚尼宣读的政府关于团结致胜的宣言：

1　译注：若阿尔萨斯和洛林沦入敌军之手，两地将成为法国边境线以外的国土。

"这份宣言将见证议会、国家以及军队之间不朽的联盟。"

众人鼓掌，维维亚尼继续说道：

"我们反对的，是野蛮与专制，是德国以和平为借口建立起的带煽动威胁性质的、有计划的整个系统，是德国以战争为借口进行的集体谋杀与劫掠，是一个军国主义团体与其盟友播种的灾难之下、粗野无礼的霸权思想。法国作为一位解放者和复仇者，一鼓作气，站起来反对侵略者。这就是关键，它远高于生活之上。因此，让我们继续同仇敌忾，等到明天，和平、胜利到来的时候，我们会满怀骄傲地回想起这些悲惨的年月，因为它们让我们变得更加坚韧和完美。"

在 12 月 22 日、23 日这两天的会期之间，议会对政府所提交的提案——如该年前六月预算、4 位众议员任期的有效性、议会下次集会安排以及自 1 月 12 日起给予阿尔萨斯 – 洛林人民法国公民身份等——都持全体一致通过的态度。

政府通知，征调入伍的议员们可在 1 月 12 日开始的议期结束后三天之内返回自己所在的部队。

在圣诞与年关之时，这算是一个悠长而又令人惬意的"批假"了。

共和国对于其民众代表们还是很慷慨的。

但对于前线上的士兵来说，现在仍是战争时刻不是吗？

1914 年 8 月 4 日以来，究竟有多少人死于非命？——30 万人被杀之外，还有 60 万人受伤、或沦为囚犯或失踪。

此时，新上任的教皇本笃十五呼吁大家在圣诞节当天停战，然而却并没有得到任何响应。

战争仍在吞噬着生命。

1914年战壕里的圣诞一景

33

这是1914年最后一个周。

战争仍在肆虐，吞噬着生命。

《插画》周刊在12月26日周六这一期的封面上，描述了这样的一副场景：几个士兵脱掉了帽子，有些人跪着，环绕着一根蜡烛照亮的一个祭坛。其中一个士兵手里还拿着带刺刀的长枪。他们都一脸虔诚，配图文字写着："战壕里的圣诞节"——这是一场由一位牧师士兵主持的圣诞午夜弥撒。

平安夜的枪火声零零星星，人们还说这是一次"心照不宣"的停战。然而，就在这个救世主诞生的日子，仍旧有几个士兵丢了性命。

而《插画》周刊颂扬的正是"救世主"。

一副名叫"新东方三王"的插画描述了士兵们进贡的图景。

"这肯定是东方三王的儿子们——塞内加尔人、印度人以及阿拉伯人。在佛兰德斯，战争肆虐过后的农场里只剩下一处马厩，一个比利时的孩童在旁人的看护下接受着他们进贡的微薄礼金。士兵中的很多人也纷纷跑到这片土地上来——因为此处闪耀着更美丽的星。法国士兵带来了他的玩具——一个士兵！爱尔兰人吹奏着风笛……所有的盟军都在那儿，向那位比利时孩童表达自己的心意与衷心……这是对释放和解脱的祈求！"

"午夜战壕里弥撒"以及"东方三王的重现"都在试图说服读者：上帝会关照法国及其盟友；但其实在德国阵营，人们也在不断重复着他们腰带上的那句铭文："Gott mit uns"——"上帝与我们同在"。

这一期《插画》的其他图文都在歌颂法国人的勇气——他们是正义的捍卫者。必须强调法国是被侵略的那个——她是"野蛮行为"的受害者，同时也是权利斗士、是捍卫人性的英勇骑士。因此，必须同时描述平民所遭受的折磨，但前提必须永远是法国士兵及其将领将是最终的胜利者。

两幅并肩的照片描述的正是这样的场景：其中一幅叫"被炮弹碎片击中的士兵的军大衣"；另一幅则叫"被手榴弹击伤的士兵的军大衣"。这些衣服都已经被撕烂——想想那些被炽热金属击伤的身体。然而，图片的配字却如是写道："令人吃惊、充满光辉的破衣裳，衣服虽已无法补救，但受伤的士兵已经痊愈。"

战争因此仍要继续……

但直到什么时候？

一位匿名的上尉向周刊描述他从一处司令部去往另一处的经历，途经的那些村庄和乡镇几乎都只剩下废墟。

"可以感觉到这种发狂般的劫掠行为没有任何人性可言。他们曾经自以为是这里的主人，当被驱逐时，变得如禽兽一般地狂躁，在逃走前尽可能地破坏所有东西。"

上尉接着说："不久以后，当我们陈述这段历史，将会有多少大事件要讲述啊！我们把1870年的那次称之为'战争'，和这次相比，却仅仅是一场儿戏。当这些冲击过去以后，我们应该给这场数以万计的人互相残杀的乱象下一个什么注脚呢？无疑是，20个世纪的文明所结出的废果……"

这场战争和这些折磨会持续到何时呢？

人们低声地讨论着某某的遭遇，就好像稍微大声就会被打为敌人的走狗一般："一位年轻的 28 岁男人受了很严重的伤，他将来都不可能找到妻子更不可能生孩子了。他又一次奔赴战场，只希望可以葬身前线……"

一个巴黎人说："在我的街区，一位从北部大区被分配到这边的邮递员，最近刚刚找回自己的妻子以及两个女儿。她们三人都被德军强奸，还怀孕了……没有比这更糟糕、更可憎的入侵行为了。这三个女人的悲惨厄运如恐怖故事般流传开去。"

此时正是流言盛行的时期。

"此时的巴黎肯定到处都是间谍和最危险的人物。"拜恩威尔言之凿凿地陈述道，"人们每天都会到警察局举报一些事情。"

莫萨博雷侯爵前天早上和冯·施瓦茨科彭将军打了个照面，后者曾是德雷福斯事件时德国使馆的军事专员。侯爵试着尾随他，但在玛德莲教堂一带跟丢了。警察正在搜捕冯·施瓦茨科彭，但后者确实已经走远了。

真真假假，假假真真。

听着沙龙、编辑部、政治阶层以及指挥部里各色人物的言论，人们揣测着战争发展方向的不确定性，读着一些对事对人发表的、相互矛盾的评价。

"我们现在深受着看不清事态发展方向的折磨"拜恩威尔在其日记里写道。而当报刊们都在追捧保罗·德沙内尔 12 月 22 日在众议员发表的演讲时，他作出了如下的评价："议长发表了一则令人难以忍受的长篇大论。其中不乏呼吁将领们谦逊稳重的言辞，然而，那些历史上出身革命的大元帅们谦逊的案例，无一不是过度粉饰的结果，也正是这些人，在后来践踏了'共和'，直至将其占为己有！"

事实上，那些贵族、平民、将军、居民都想追问这一切将持续到什么时候？——他们身边都有亲人和朋友此时仍挣扎在前线的泥潭里。

在霞飞的司令部，人们流传说战争已经进入中段，到 1915 年 4 月应该可能结束。他们还向政府保证说："到 1915 年 1 月底，法国境内将不会有任何德国人。"

但在《日内瓦日报》上，人们表达了对法国的同情，说德国从未如此镇定和强大过。柏林的街道灯火通明，"那些大酒店都挤满了人，人们愉悦地吃着宵夜，大口地喝着来自波尔多的香槟美酒，到处是一幅繁荣景象"。

日报还写道："德国社会的任何阶层，从小资产阶级到高级官员，所有人都相信最终的胜利属于自己的国家……死亡和失踪的人员名单被张贴在多洛迪因斯塔斯大街上，几个路人偶尔路过，顿住看了看之后又平静地投入自己的工作，对于德国军队的巨大损失并不没有表现出太大的震动。"

这一幅德国日常生活的图景与法国人想象的完全不同。

在这个 1914 年 12 月的月末，法国人民被说服说德国不可能再进入他们的土地，但同时，德意志帝国也不能被打败。所以，"和平"并不能从根本上改变现状。

"未来的和平将来源于糟糕的责任分摊"拜恩威尔如是写道。这句话很快地传开了。

"但从这个假设来讲，在经历过一次人口的无果牺牲后，各方退守到己方阵地……之后几乎可以预见到一个新的冲突阶段：德国蒙了羞却仍旧很强大，并即刻想着养精蓄锐；英国势力依然盘踞在欧洲大陆；而各个不满足的民族又在蓄谋着改变世界的版图。"

这是一个值得期待的未来吗？

"当我写着这些字句。"拜恩威尔写道，"挂钟的时针已经划过了午夜。"

"此时此刻，人们心里肯定是怀抱希望的，在战场上，在每个残缺不全的家庭里，人们都在期待着一个解脱后的欧洲、一个长久和平安宁的1915 年。"

"但那只是一厢情愿的幻想，期待也许本身就是一种罪过。"

"然而，我们只能在纸上偷偷地表达类似的疑虑。"

上篇

结　语

C O N C L U S I O N

1914 年后——世界的命运

34

1915 年 1 月 3 日，巴黎《晨报》在其头版用大写字母写道："德国将在三个月内被迫投降。"

几天之后的 1 月 10 日，莫里斯·巴雷斯在《回声报》上的一篇文章里声称，法军已经进入德境，直抵莱茵河——法德两国的自然边境。

1 月 17 日和 21 日两天的《日内瓦日报》也让人大跌眼镜：1914 年圣诞节期间，法德两国士兵走出战壕，友好会面。

有人还报道了英国驻法大使弗兰西斯·伯蒂疑似说过的话："无论是盟军还是德国人，都不能承受在战壕里再度过一个冬天。"

人们对此感到怀疑，却仍相信战争会在 1915 年春天结束——因为它对于士兵们来说实在太残酷，显然已经达到了人类承受的极限，而战争本身就是荒唐至极的。

战争将是以法国的胜利收尾，因为德国已经弹尽粮绝，处在饥饿潦倒的边缘。人们还开玩笑说，要在法军防线上摆几片果酱面包片来吸引"鬼子"，我们要做的，就是把他们逮住然后直逼莱茵河、攻占德意志帝国。

依旧是一厢情愿的幻想。

雷通代停战

进攻与反攻仍在继续，双方友好化的迹象在哪儿呢？

在阿尔贡的埃纳河、佛兰德斯的苏瓦松、贵妇小径一带，双方发狂似地交火。

1月13日，日报《高卢人》写道："我们在撤退，但敌人的冲锋已经被打破了。"这不是一条字母全大写的标题，但没人不明白它要表达的意思。

一厢情愿的幻想就此破灭。

德国人仍驻留在法国的土地上，必须反抗到底，因为那是我们的土地。

战争将会持续很长一段时间，而死伤、失踪人口将不计其数。

然而在1915年初的这几天，没有人会料想到战争会持续到1918年11月11日。1914年8月，每个人都以为它几个月后就可以结束，人们现在还是愿意这样相信。然而，这场屠杀却持续了整整四年，将所有大陆的大部分国家都牵扯其中。

第一次世界大战期间，那几个最大的穷兵黩武的国家——法国、德国、英国和俄国——都是殖民国家。

在非洲中部以及其他几个大洋，他们的冲突都随处可见。

1915年、1917年，意大利与美国分别参战，除此以外，中美洲、南美洲国家、以及泰国和中国都被卷入到了这次大战中。

之后一次关键转折点发生在沙皇俄国，后者在1917年被布尔什维克革命推翻，于1918年退出了战争。部分德军得以从对俄前线调出以抗击法国，他们因此成功在1914年发动最后一次进攻，直逼巴黎但最后仍被击退。

1918年，在雷通代的贡比涅森林里签订的停战协议主要是源自兵力的枯竭以及对布尔什维克主义蔓延的恐慌。

德方舰队的船员们开始抗拒命令；步兵将领们也已管不住自己的士兵，后者在收到新的进攻命令时拒绝进行冲锋。

人们互相残杀已长达四年之久！这样的屠杀已经够了！

战争催生了共产主义革命——我们不再需要"神圣联盟"了！人们回忆起被谋杀的饶勒斯，凶手拉乌尔·维兰在交战的这几年一直在监狱里"避难"，最后竟然被宣告无罪。

人们在巴黎街上游行示威，人们想模仿苏维埃主义者。后者在俄国受着列宁的领导，成为了俄国的新主人，却还得应对法英美援助下的"白军"。

到处是新成立的共产党，他们反对现有体制，积极加入国际共产联盟，拒绝与社会主义领导者为伍。人们呐喊高歌着："苏维埃万岁！""现在是最后的（阶级）斗争！"

然而在那些老兵之中出现一些犹太－布尔什维克党人，他们以国家、以死去的同胞的名义批判共产主义者。

他们团结起来，以国家的名义反对国际主义。他们经历过战争的洗礼，多来自德国自由军团、意大利皇家军或德国冲锋部队。

自 1919 年起，他们成立了新的政党，也就是意大利的法西斯党和德国的纳粹党。

一些强硬的人物逐渐站稳了脚跟，他们颂扬冲锋队的精神，这些人物在意大利以贝尼托·墨索里尼为首，在德国则以阿道夫·希特勒为首。

墨索里尼领导下的法西斯主义者反对一战时"畸形的胜利"，认为凡尔赛协议是强国们定下的秩序。

希特勒领导下的纳粹则认为国家被出卖、被入侵了。

因此，从 20 世纪 20 年代起，第一次世界大战就好像整个世纪暴行的一个温床。从 1914 年开始，整个世界的命运将被几个大国掌控和把玩，虽然他们自己并没有完全意识到这一点。

35

首先必须清点死亡人数。

四年的厮杀究竟造成了多少的伤亡呢？

法国境内的每个村庄、每个机构（从高级师范学校到各个小学教员师范学校、从圣·西尔军事学校一直到巴黎律师工会等等）、每个家庭都会列出那些为法国献身的人的名单。

在学校的大堂里、广场上树立起的纪念碑上亦或是墓园的入口，人们把这些名字刻成了碑文。对于同属一家的兄弟，他们的名字都紧挨着——有时候甚至可以看到一家四兄弟的名字！

路易·阿拉贡在其作品《战争》里写下了如下的话：

"石碑已然成为你名字的栖身之所；

'你'从此仅是广场上几个镀金的文字；

你眷恋的回忆从此消逝；

从此你自己也只能是过去的回忆。"

统计人数显示，一战中的法国共有 132.2 万人丧生、426.6 万人受伤。还有几万人失踪——他们的躯体或被筑成了护墙、或被泥沙吞噬、或被老鼠啃食。

德军则有 180 万的死亡人数、俄国有 185 万、奥匈帝国 149.62 万。

总的来说，战争的血盆大口整整吞噬了近 1000 万名年轻士兵的生命，还造成了 2000 多万名伤员。

整个人类群体从没有造成且承受过如此巨大的创伤，如果要找到与之可以相提并论的事件，只能追溯到中世纪欧洲的鼠疫爆发时期（1347 年至 1352 年）。

为了战争这个屠宰机器可以发挥出它的最大功效，人类可以说是竭其所能地发明创造：高速连发的机关枪、重型大炮、飞机、潜水艇还有炸裂弹。另外，还有窒息毒气，它第一次被德国人应用在伊珀尔一役——惊悚与恐怖是不言而喻的，5000 名左右的法国人在一个小时之内丧命。

双方学着研究自我保护的方法，同时都开始应用这一种新型武器。毒气被装在炮弹里——最后共有几千万枚炮弹被射出，造成了十几万人的死亡。

即使是那些存活下来的人，剩下的只有灼烧般疼痛的眼睛和肺部。看看他们，像毛虫一样排成了一个长列，手搭在前一位战友肩上，双眼就像两块黑色的大肿块，跟跟跄跄地往医务处前进。

有时候，连救助站都成为了炮弹攻击的目标。猛烈地轰炸是有必要的，必须要摧毁进攻前的任何抵抗行为——1917 年的 8 月，在 8 天的时间，仅凡尔登一地，士兵们发射了共计 500 万颗弹药，约合每米边境线 6 吨的炸药量。

这，就是所谓世界"大"战。

随处可见丧葬用的黑纱，周遭弥漫着绝望、惊恐的气氛，还有一种反叛甚至自豪的情感混淆其中。

人们开始追忆那些逝去的同胞，"Ich hatte einen Kameraden"即"我曾有一位同志"，一首德文歌里如是唱道，歌词中誓要为死去的同胞复仇——他们不能就这样白白死掉。

许多人都希望这场战争是最终一战，和平必须到来。和平主义就是他们的宗旨，没有什么比屠杀再次开始更糟糕的事情了。

但一些前"火十字团"及"铁十字团"的前线斗士们，都会怀念那些肩并肩一道对抗死亡的日子。一部分人尝试探索这些屠杀、毁坏以及战争罪恶的本源，他们因此批判政客、军事将领，认为是他们的意愿或放任导致了这些灾难；另一部分人则组成了新的政党：共产党、法西斯党当然还有纳粹党，他们的追随者和活动分子们，穿起了制服如军队般列队操练——就好像可以就此避免生活的'军事化'、行为的'极端化'一般。

穿着红色、黑色还有棕色的制服衬衣，他们踏着一致的步伐，尝试着军事政变，梦想着革命，夺取政权。

1922 年 10 月，贝尼托·墨索里尼成为意大利议会议长。他的这次成功的"行军罗马"成了阿道夫·希特勒模仿的对象，即 1923 年 11 月在慕尼黑的啤酒馆政变，只是后者并没有成功罢了。

怀着满腔热情的希特勒在监狱里写下了《我的奋斗》——其中的思想

在随后毒害了整个德国和欧洲。

反犹主义也因此根植于战争之中："办公室里坐的都是犹太人"希特勒写道，"几乎所有的'书记'都是犹太人，所有的犹太人都是'书记'。这一'被选上的民族'总是在从事无任何战事风险的工作，我对此感到吃惊，忍不住要在数目上对比一下他们多产的'书记'和罕见的前线犹太士兵。"

"蜘蛛正在一点点榨干德意志民族的血液。"

在现实中，毒药不断地蔓延扩散。

第一次世界大战，和那成千上万具埋葬在土地里尸体一道，腐蚀着欧洲的躯体——从这场战争中又繁殖出其他战争。

包括厄恩斯特·冯·所罗门在内的那些年轻的德国'老兵'加入了"自由军团"，参与了巴尔干半岛沿海一带的战争，与斯拉夫人、犹太布尔什维克党人为敌。

包括戴高乐在内的法国军官被派往华沙，训练带领年轻的波兰军队。后者正处于与苏联红军的对抗中。对方俄军阵营里，从属于苏维埃政权的将领图哈切夫斯基曾经与戴高乐在同一处堡垒里并肩作战——法俄当时还是盟军。

在德国、波兰、匈牙利，到处都是被压制的革命浪潮，不断上升的压力分裂着欧洲大陆。

"凡尔赛体制"并没有被广泛接受。

法国人想要德国人赔偿损失金，因为后者被认为是战争的策源国。

"德国人付钱！"的声音在法国此起彼伏。1923 年，法军侵占了鲁尔区作为抵偿。

法国就这样因为这场战争被孤立、被重伤，她虽然是胜者，却耗尽的精气。美国得以利用美元让之屈服。

法郎的价值日益下跌。1929 年，世界经济被击了个粉碎。

战争的确结束了，但战争却又随处可见。

36

谁才是这场战争的罪魁祸首？

是那些 1914 年夏季引爆了战争的国家吗？但在他们的预期里，这场战争本该是短暂且小范围的，谁知最后却持续了 53 个月并逐渐发展成一个欧洲全境的战争，直至成为第一次世界大战。

更糟糕的是，1919 年在凡尔赛签订的和平条约并没有让对战的国家和解，也没有加强民主。

1933 年 1 月 30 日，前铁十字勋章团的首要代表——阿道夫·希特勒——成为德国总理。

第一次世界大战孕育着第二次。

1940 年 5、6 月"法国耐人寻味的失败"之原因，是 1914 年起开始实施并随后现代化的施里芬计划。

而正是在 1918 年 11 月 11 日签订停战协议的同一节车厢里，在雷通代的同一片林中空地上，1916 年凡尔登一地反抗运动的标志——贝当将军领导的政府投降。

当时的希特勒在走下车厢时，甚至不经意间地跳了几下舞步！

这是希特勒的复仇。1940 年 6 月 14 日，他和德国军队一道入驻巴黎。

一方复仇成功，另一方则蒙受屈辱——这就是循环。

1945 年 5 月 8 日二战结束的日子，德国人投降，为"30 年的战争（1914 年 ~1945 年）"画上句号。

但不能说这就是世界性冲突的终结。

1989 年柏林墙倒塌以及 1991 年苏联解体——巴尔干战争、南斯拉夫以及捷克斯洛伐克这些凡尔赛条款的产物之解体——才是真正意义上的第一次世界大战的终结。

塞尔维亚人围困萨拉热窝、贝尔格莱德遭受轰炸。

甚至就在 1914 年 6 月 28 日斐迪南大公遇刺的地方，第一次世界大战开启的战争怪圈就此被合上。

1914 年就是世界的命运转轮。

21 世纪初的欧洲似乎又回到了它 1914 年以前的样子。

的确，帝国们（俄罗斯帝国、奥匈帝国以及德意志帝国）都消失了。但当前，纵使经历了欧盟的成立，边境线也都保留了下来，各个国家们也都肯定了自身存在的意愿。

与此同时，在这一个长的轮回的尽头（1914 年—1989 年/1991 年），欧洲也失去了自己世界霸主的地位。

世界的中心从此不再在欧洲，而转到了美国和中国。

此时的联盟变成了新兴国家之间的联盟：巴西、俄国、印度以及中国等金砖国家。欧洲的外交不再主宰世界。

但还有一个冲突是与欧洲命运紧密相连的，即以色列与阿拉伯国家及伊朗的冲突。中东似乎成了 21 世纪的巴尔干。

但谁是这些冲突背后的罪魁祸首呢？

是那些在 20 世纪初堆砌起火药桶、擦亮火柴又看着导火线燃烧的人吗？我们可以就此列出奥匈帝国的皇帝以及他的部长们、以及德意志帝国的皇帝和他身边的顾问，亦或是俄国沙皇还有那些害怕被敌方迅速击败的将军们。

我们也可以责备法国的领导们让盟军俄国为所欲为。

但这些国家领导人和军队首脑并没有谁企图想发动一场全面战争。

他们只是从自己的阵营出发、考虑着惩罚或支持塞尔维亚人；有些人则想着复仇，夺回阿尔萨斯和洛林。

而他们都认为战争不会持续太久。

这时的爱国情感影射着一种渴望：给予这种日渐被机械文明牵绊的生活以新的意义。

但没有任何一个人料想到战争竟会发展到这种地步。

战争一旦打响，人们便开始按着自己的政治思维给这段历史上色。

希特勒也因此得以在《我的奋斗》里声称："1914年的这场战争，绝不能说是强加到大众身上的，正好相反，完全是人民渴望其出现，对此上帝可以作证。人们只想和这种全面的危机感来个了断。"

然而，迎来的却是全面的大屠杀。

在1914年—1918年期间的1000万死亡人数，还应该再加上二战期间被屠杀的人数——5000万，而其中至少有400万人是因为犹太身份遇害。

可以说，1914年是"饥肠辘辘"的一年。

第一次世界大战还将毒气搬上了战争舞台。同时出现的还有灭绝某个民族用的毒气室。

谁是幕后的罪魁祸首？

首先必须追究每个个人的责任。

1919年，凡尔赛条约的第28条点名指出了2000名战犯。

然而，德国拒绝引渡这些战犯：德国政府在莱比锡自己审判了其中的901个人，其中888名被宣判无罪，剩下的13个人虽然被判了刑但并没有受到相应的处罚。

1945年11月20日至来年的10月份，国际军事法庭在纽伦堡共传审了24个德国高层领导人和8个组织，其中12位被判处死刑，7位被判入狱。

但谁来审判那些在1940年对上千名波兰军官及社会精英背后插刀的苏维埃人？一位苏维埃的检察官甚至就坐在纽伦堡的法庭上。

谁又敢质疑在广岛和长崎向平民百姓投射原子弹的美国？

所以，在依照个人犯罪行为追究战争负责人的同时，我们难道不应该放远目光，想想是不是整个文明的走向出现了问题？文明与苦痛的关系是不是变了？

在第一次世界大战以后，德国哲学家、历史学家奥斯瓦尔德·斯宾格勒是这样分析西方的堕落的："但是，西方就像所有文明一样困禁在历史的转轮中。人作为一个独一无二的个体、道德的意义以及对他人生命的尊重——这些概念在这种构想中没有立足之地。"

和斯宾格勒一样，保罗·瓦乐希在1919年4、5月期间写下的文字里也参考了动植物生物学的观点，但他所表达的更多是道德和心智上的折磨："今天方才知道，在我们的这些文明里，'我们'自己也是致命的。"

"在那之前，我们听说过那些一下子消失的世界，那些沉没在历史长河中的帝国以及那些人和他们发明的器械……我们也知道所有土地表面上都是由灰烬构成的，这些灰烬的确意味着什么。在厚重的历史中，我们可以瞥见那些曾经满载着财富与希望的航船沉没后游荡着的灵魂，我们几乎数不清它们的数目。但归根到底来说，这些沉船在以前与我们并没有多大干系……直到现在，我们终于见识到了，历史的深渊对每个人来说都不可能视而不见。"

安德烈·纪德，在冲突开始后仅4个月的1914年11月，就颇有先见之明的写道：

"这一场战争不是一场普通的战争。它所牵扯到的，不只是一片需要保卫的领土、不是一个国家的遗产抑或是传统……不！那是一个渴望降生的未来，一片宏大的、踏着鲜血挣脱而出的图景。"

我们现在知道了这个世界的"未来"，他的命运在1914年8月已经被锁定，这个命运其实就是20世纪的历史：1914年到1989/1991年，同时也是一场巨大的屠杀。如同一处巨大的屠宰场，流出的鲜血蔓延到了世界各地。

纪德又写道：

"这些都牵扯到下面这些问题：你是否只想在灰烬之上啼哭；抑或是走向坟墓，这样的话除了躺下去你也没有任何退路；抑或是，在无知的状态下，你觉得自己太过年轻而止步不前。"

往前走，当然，但走向何方？

在这个 21 世纪的初叶，就像 1914 年一样，我们的回答将关乎到世界未来的命运。

下 篇

1918 残酷的胜利

▶　　"我为这巨大的、毫无意义的牺牲而感到愤慨。我很乐意牺牲自己，至少让这种生命和力量的浪费一天天为世人所熟知；因为渴望胜利，我希望威胁我们的灾祸被人们察觉并被驱散。"

莫里斯·热讷瓦
《法兰西人之生死，1914~1918》

▶　　作者援引军官让·维吉尔的话，后者于 1916 年 11 月殉职于凡尔登。他在巴黎高等师范学院 1909 年同届学生中独占鳌头，并在 1912 年的哲学教师资格会考中折桂。

　　"一切都终结了……

　　我想起了那数以千计的木十字架，沿着尘土飞扬的大道排列……有多少尚且矗立，我曾立下的十字架？

　　我那死去的战友、可怜的逝者，从今你们将遭受苦楚，没有守护你们的十字架，没有可供你们躲避的心灵。我确信看到你们在游荡摸索，在永久的黑夜里寻找着已经把你们忘却的负心人。"

罗朗·多热莱斯
《木十字架》，1919

▶ "对我来说，停战协议阅毕，我感到此时此刻，在这个骇人的、伟大的和恢弘的时刻，我已完成自己的使命……此外，荣耀属于我们伟大的烈士们，是他们为我们赢得了胜利……而对于幸存者来说，当他们行进在通往凯旋门的林荫大道上时，我们将迎接英雄们，愿他们提前得到致敬！我们恭候他们投入到社会重建的伟大事业当中去。

多亏了他们，法兰西，昨天还是上帝的士兵，今天已成为人道之师，并将永远是模范军。"

乔治·克列蒙梭[1]

政府总理[2]，于众议院

1918 年 11 月 11 日

▶ "和平与否，都为时晚矣，这是一场大溃败。我告诉你们，做什么都徒劳，覆水难收。对我们中的其他人来说，这也是一场大溃败。

苏里范特抬起头凝视着讲话人。

——在我看来，他反驳到，我声称且断言这是一场胜利。

1　乔治·克列孟梭（1841 年 9 月 28 日～1929 年 11 月 24 日），法国政治家、新闻记者、法兰西第三共和国总理，为第一次世界大战协约国的胜利和凡尔赛和约的签订作出重要贡献，被当时欧洲人称为"胜利之父"。

2　président du Conseil，"政府总理"，法兰西第三和第四共和国的政府首脑。

▶   这个酒鬼看着他，耸了耸肩。

——为什么这样，这是一场胜利？

苏里范特有些惊慌失措，他搜肠刮肚了一番，却未能及时找到用以表达他那坚定幸福感的言辞。然后，他直截了当地回答到——甚至都没有理解这一供认行为的非凡崇高意义：

——我认为这是一场胜利，因为我死里逃生……”

罗朗·多热莱斯

《木十字架》，1919

下篇

备 注

读者须参考由弗朗索瓦·古谢和雷米·波赫特主编、2008 年 Robert Laffont 出版社出版的古籍丛书（coll. Bouquins）系列——《一战词典，1914~1918》。

协议条件极其苛刻。

第一章枚举适用于西线的各点：（德军）立即从被侵略国比利时、法国、卢森堡以及阿尔萨斯 – 洛林撤出。不仅要交付各式各样的武器，此外还须在 31 天内交付 5 000 列火车机车和 150 000 辆运转良好的汽车。

莱茵河西岸领土须撤军并置于协约国与美国军队的管控之下，后者派遣卫戍部队驻守主要的莱茵河交通要道——美因茨[1]、科布伦茨[2]、科隆[3]······

占领军的供给由德国政府负责，德国须立即单方面遣返协约国和美国的战俘。

第二章涉及东线。现处于奥匈帝国、罗马尼亚、土耳其战前国界线内的所有德军须立即回撤至德国1914年8月1日之前的边境线内。德国须废除与罗马尼亚及布尔什维克俄国所缔结的和约——即《布加勒斯特和约》[4]与《布列斯特－立托夫斯克和约》[5]······协约国军队可自由出入德国撤出的领土。

第三和第四章特别要求中止在东非的敌对行为。

第五章着手处理金融条款和战争赔偿，以及立即归还被德军掳掠的比利时银行库存现金、俄国或罗马尼亚的黄金。

第六章是关于海军问题。德军战舰被解除武装并限制出航。列表扣押最先进的战舰。

第七章威胁德国对其进行食物"封锁"。《协约国和美国在公认的生活必需品领域考量对德国的供应······》

---

1 美因茨，德国莱茵兰－普法尔茨州的首府和最大城市，位于莱茵河左岸，正对美因河注入莱茵河的入口处。
2 科布伦茨，德国西部城市，在摩泽尔河与莱茵河交汇处。
3 科隆，德国西部莱茵河畔名城和重工业城市。横跨莱茵河两岸，位居欧洲东西和南北交通要冲。
4 指1918年5月7日罗马尼亚与同盟国签订的和平条约，但从未被批准。
5 即布列斯特和约，是第一次世界大战中苏维埃俄国同德国及其同盟国于1918年3月3日在布列斯特——立托夫斯克（今白俄罗斯共和国布列斯特）签订的条约。

下篇

序 言

"殊荣祭国殇"

　　此人面色苍白，脸庞僵硬，眉梢蓬乱，雪白的大胡子杂乱无章，几乎遮盖了整张嘴巴，他就是法国总理乔治·克列孟梭，时间是 1918 年 11 月 11 日星期一下午之初。

　　这位政府首脑蜷缩在汽车里，宪兵们试图开辟一条道路，好让汽车能抵达波旁宫[1]，尽管众议院前聚集了不计其数的民众，水泄不通。

1　波旁宫，法国众议院（即法国国民议会 Assemblée Nationale）所在地，在法国革命期间，波旁宫被收归国有，从 1798 年起 500 人会议在此开会。

克列孟梭需要正式呈递停战协议，该协议在贡比涅森林中的雷通德空地签订，并在这个星期一 11 点生效。

一声炮响，紧接着是巴黎城里所有教堂钟声齐鸣，这宣告了德国的投降。

1871 年由俾斯麦于凡尔赛宫镜厅宣告建立的第二帝国[1]屈从了。复仇的时刻已然到来——1870 年被德国人吞并的阿尔萨斯和洛林又重新回到了祖国母亲的怀抱。

协和广场[2]上，人们揭掉了附在斯特拉斯堡[3]雕塑上的黑色丧纱，使其重见天日。

民众已经挤占了香榭丽舍大道[4]、桥梁、广场、林荫道。人们载歌载舞，肩扛手抱凯旋的士兵。

"各国士兵亲吻所有的女人。"一个青年人在他的日记里写道。人们舞动着协约国国旗，有节奏地高呼"克列孟梭"。尽管有宪兵，民众还是聚集在总理的座驾旁。他们发现苍老的克列孟梭脸庞坚毅，疲倦地抬起戴着灰色手套的手，来回应大众的欢呼。

人们为这位年过古稀、看起来已精疲力竭的老人（77 岁高龄！）而倾倒。

正是此人被冠以"老虎""内阁角斗士"的绰号，也正是此人曾反对

---

1 德意志第二帝国，指从 1871 年 1 月 18 日普法战争后普鲁士王国统一日耳曼地区到 1918 年 11 月一战后霍亨索伦王朝末任皇帝威廉二世退位为止的德国。有别于德意志第一帝国（即公元 962~1806 年的神圣罗马帝国）与德意志第三帝国（即 1933~1945 年由阿道夫·希特勒和其所领导的纳粹党所统治的纳粹德国）。
2 位于巴黎市中心，在广场的四面八方分别矗立着八个代表 19 世纪法国最大的八个城市的雕像，西北是鲁昂、布雷斯特，东北是里尔、斯特拉斯堡，西南是波尔多、南特，东南是马赛、里昂。揭去黑色丧纱，意即收复阿尔萨斯。
3 斯特拉斯堡，法国东北部城市，阿尔萨斯大区的首府和下莱茵省的省会，也是法国第七大城市和最大的边境城市。
4 巴黎市中心一条著名的大街，风景绮丽，繁华异常，今法国历次国庆阅兵即在此举行。

过甘必大 [1]、茹费理 [2]、普恩加莱 [3]，1914 年时，他已是 73 岁高龄！

他的态度让人肃然起敬，尽管人们已远离他的座驾，但是他们还是继续欢呼喝彩。

这就是克列孟梭，一个激进分子，一个爱国者，他曾为德雷福斯 [4] 辩护，并在内务部长——法兰西头号条子——任上无情地镇压罢工。

这就是"胜利之父"！

11 月 6 日，当时停战协议的签订已仅仅是数小时或数天的问题，他当着议员们的面宣布：

"当今之时，需要争取和平，这可能要远比赢得战争困难。法兰西必须团结一心，但愿它能纪律严明，坚不可摧。"

11 月 11 日，3 点 50 分，当克列孟梭步入会议厅的时候，所有的议员以及坐在悬垂于波旁宫半圆会场厢房里的人一并肃立鼓掌。

克列孟梭已不再是之前人们所看到的那个精疲力竭、面庞坚毅、蜷缩在汽车里的老人。

他已脱胎换骨，走上专席讲坛，这位雄辩家善于煽动听众的热情，但

---

1 即莱昂·甘必大（Léon Gambetta，1838~1882），法兰西第二帝国末期和第三共和国初期著名的政治家，资产阶级共和党人。曾担任过国防政府成员（1870~1871 年），后又任内阁总理和外交部长 1881~1882 年。他激烈反对第二帝国。在普法战争第二阶段，他是抗击普鲁士的组织者。他为粉碎旧王朝复辟阴谋，建立和巩固第三共和国作出了贡献。

2 即 Jules François Camille Ferry（1832 年 4 月 5 日~1893 年 3 月 17 日），法国共和派政治家，曾两次出任法国总理，任内推动政教分离，殖民扩张。中法战争期间，法军突然撤离谅山，使得舆论一片哗然。茹费理因此遭到了乔治·克列孟梭等激进派猛烈批评，最终在 1885 年 3 月 30 日引咎辞职，史称东京事件（Affaire du Tonkin）。

3 即雷蒙·普恩加莱（Raymond Poincaré，1860 年 8 月 20 日~1934 年 10 月 15 日），法国政治家。1912 年~1913 年担任法国总理和外交部长；1913 年~1920 年担任法兰西第三共和国的总统；1922 年~1924 年与 1926 年~1929 年再次出任总理。1902 年 3 月 15 日，克列孟梭在他创办的周刊《Le Bloc》中创造"普恩加莱主义"一词，并在 1906 年，抨击普恩加莱太过软弱。后克列孟梭意欲加入普恩加莱政府，被后者拒绝。

4 1894 年法国陆军参谋部犹太籍的上尉军官德雷福斯被诬陷犯有叛国罪，被革职并处终身流放，法国右翼势力乘机掀起反犹浪潮。此后不久即真相大白，但法国政府却坚持不愿承认错误，直至 1906 年德雷福斯才被判无罪。

从不向其献媚。

这是一位国务人士，一位因训引国民、敢于真言的信念而激昂慷慨的爱国者。

听他说来，所谓政治，即为理念之载体。

"先生们，来自人民集会的无上崇敬之意是如此强烈，感知它的不二法门正在此刻，让我们所有人无一例外地向大众承诺，竭尽心力，努力工作……"

"现在，我将向诸位宣读今早五点，由福煦[1]

元帅、威姆斯[2]海军上将和德国的全权代表签订的停战官方文书。"

他有条不紊地宣读了施加于德国的基本条件。[3]接着，克列孟梭挺直腰板，紧握讲台，言辞转换，掷地有声：

"对我来说，停战协议阅毕，我感到此时此刻，在这个骇人时刻、盛大时刻、恢弘时刻，我的使命业已完成……"

"一言以蔽之，我以法国人民之名，以法兰西共和国政府之名，向光复回归、统一而不可分割的阿尔萨斯和洛林致以法兰西崇高的敬意。"

议员们起身鼓掌，掌声经久不息。

等到如浪掌声平息，他以更为斩钉截铁、更为洪亮的嗓音继续说道：

"此外，荣耀属于我们伟大的烈士们，是他们为我们赢得了胜利。正是倚仗他们，我们才能够声称，在一切停战协议签订之前，法兰西已经由武备力量解放。而对于幸存者来说，从今天起，我们将向他们张开双手；当他们行进在通往凯旋门的林荫大道上时，我们将迎接英雄们，愿他们提

1　斐迪南·福煦（Ferdinand Foch，1851年~1929年），法国元帅，第一次世界大战最后几个月协约国军总司令。一战爆发后参加了多场战斗。1918年被任命为协约国最高司令。1918年代表法国在贡比涅森林签订对德停战协定，后又在巴黎和会上发挥重要作用。

2　罗斯林·欧斯金·威姆斯（Rosslyn Erskine Wemyss，1864~1933年），英国海军上将，绰号"第一海上勋爵"，一战中曾担任指挥官职务，尤其是在地中海和埃及。1918年代表英国协同福煦元帅签订一战停战协议。

3　参考章末注解（作者注）。

前得到致敬！我们恭候他们投入到社会重建的伟大事业当中去。"

"多亏了他们，法兰西，昨天还是上帝的士兵，今天已成为人道之师，并将永远是模范军！"

议员们起立鼓掌。

"历尽磨难，赐福时刻终于降临，为了这一刻我们苦等 47 年……"时为众议院议长的保罗·德沙内尔[1]情绪激动，"明天，我们将出现在斯特拉斯堡和梅斯[2]！欢喜之情，难以言表。"

夜幕降临了，尽管冰雨砭人肌骨，但大街上依然人头攒动，欢快异常，人们像是被一种激昂的博爱狂热所操控。

在皇家街，马克西姆餐厅[3]或勒韦伯咖啡馆[4]前，人们已不再拿酒杯喝香槟，而是直接对着瓶嘴畅饮。

在法兰西剧院[5]里，一位女喜剧演员站在桌子上，裸肩，上身裹着一面形成褶子的三色旗[6]，一位诗人即兴写诗，然后把诗稿递给她，让她诵读出来。

"胜利女神啊，我们终于吻到了你的香唇……"

"是夜，法兰西有如山巅之床笫。"

1　保罗·欧仁·路易·德沙内尔（Paul Eugène Louis Deschanel，1855 年 2 月 13 日～1922 年 4 月 28 日），法国政治家，曾在 1920 年 2 月 18 日至 9 月 21 日出任法国总统。
2　梅斯，今洛林大区中心城市，摩泽尔省省会，位于罗马至兰斯的大道上，自古以来就是交通要道，征战不断。1871 年～1918 年与德国合并，城内有横跨塞勒河的 "德意志门"（Port des Allemands）。
3　马克西姆餐厅（le Maxim's）坐落在巴黎皇家街 3 号，创办于 1893 年 4 月，前身曾为红衣主教黎塞留之家产，是巴黎最著名的建筑之一。
4　勒韦伯咖啡馆（le Weber），坐落于巴黎皇家街。名画《勒韦伯咖啡馆前的女人》（Portrait de femme devant le café Weber）即以此为背景。
5　法兰西剧院（Théâtre-Français）即法兰西喜剧院（La Comédie-Française），法国最古老的国家剧院。1680 年 10 月 21 日奉路易十四之命创建，由原莫里哀演员剧团与马莱剧团、勃艮第府剧团合并而成。位于巴黎黎塞留街与圣·奥诺雷街拐角处。它实现了莫里哀生前的意愿，故法兰西喜剧院也习称莫里哀之家。
6　即法国国旗，由蓝白红三色组成。

"在那里，你赤裸玉体，委身于我们的火热之吻。"

　　歌剧院广场[1]上，一盏射灯的辉芒照亮了大公馆[2]的正面墙。

　　广场上的民众摩肩接踵，他们确信在一扇窗里认出了克列孟梭，因此突然鼓起了掌。然而，当女歌唱家玛蒂娜·施纳尔从剧院的高阶上起调唱起第一句《马赛曲》的时候，那侧影消失了。

　　"祖国的儿女，快前进，

　　光荣的日子已来临……"

　　民众立即唱和起来，她的音调掌控着这支即兴组建但却豪迈异常的合唱团。

　　歌声销匿，掌声沉寂，倏忽之间，长呼高起：

　　"英烈万岁！"

　　民众凝固在沉寂中，而后，犹如平地雷起，呼声重复，依旧高亢：

　　"英烈万岁！"

　　有人在广场另一隅，引声长啸：

　　"法兰西万岁！"

　　在经历了激动振颤之后，民众又开始引吭高歌。

1　歌剧院广场（Place de l'Opéra）是巴黎第九区的一个广场，广场以同时修建的巴黎歌剧院而得名。广场周边建筑都是拿破仑三世时期奥斯曼男爵改造巴黎宏伟计划的一部分。
2　大公馆（Le Grand Hôtel），即今日之巴黎洲际大酒店（InterContinental Paris Le Grand），世界顶级奢侈酒店，坐落于巴黎歌剧院之侧。

下篇

卷 一

PART ONE

1914 年 ~1917 年

第一章

F I R S T   C H A P T E R

伏尸百万，流血漂橹

1918 年 11 月 11 日，在这个普天同庆、期望满满、荣光无限的日子里，克列孟梭依然待在歌剧院大公馆里，任凭广场上"英烈万岁！"、"法兰西万岁"的无名呼声遥相呼应，他充耳不闻。

克列孟梭深知自 1914 年 4 月以来，一场血腥屠杀、一场京观牲祭已将成千上万年轻人的躯体撕为碎片、醢为肉羹。

正是此人于 11 月 11 日下午，以庄严、平静的嗓音向议员们演讲道："荣耀属于我们伟大的烈士们。"

在由医院"重症室"改造成的"候死厅"里，他曾目睹战士们那垂死的躯体。

1　原文如此。

克列孟梭作为参议员、外交委员会及参议院军队委员会[1]主席，经常视察前线。

1914年9月，法国军队赢得马恩河战役[2]之后，德国人后撤，军队溃败，佛日山脉[3]至佛兰德斯[4]一线，已变成了前沿阵地，而克列孟梭则经常穿行于堑壕迷宫中。

阵亡的士兵就被掩盖在篷布之下，当行走在这些堑壕里的时候，正是踩在他们的遗骸上，对此人们心知肚明。

但有时，一只枯手会从斜坡或胸墙里露出，士兵就把背包挂在那只手上。

当克列孟梭站在哨兵岗位上时，放眼望去，尸横遍野，德国人的尸骸和法国人的混在一起，挂在带刺铁丝网圈上，这些就是进攻与反攻的残余物。带刺铁丝网构成了一张无法逾越的蛛网，面对敌人的机枪，士兵们英勇舍身。

而从这些被抛弃的死尸里，经常会窜出来像猫一样大的硕鼠，它们正是以人的内脏和肌肉为食。

"荣耀属于我们伟大的烈士们。"克列孟梭又说道。

自1915年10月起，士兵们在最前沿阵地与他相遇时，他还是个参议员，然后在战争期间，直至1917年11月，他已成为政府总理。

脚蹬一双长统靴，风雪帽紧勒着布满皱纹的脸颊，克列孟梭头戴一顶怪异的便帽，在一根拐杖的帮助下攀爬斜坡。军官们围在他身边，劝说他不要露面，但他挥动拐杖，推开军官，固执地嘀咕、叫喊甚至爆粗口，以此来挑战敌人。

1　参议院军队委员会（Commission de l'Armée du Sénat），一战初期由克列孟梭组建，主要负责国防事务，与国民议会的武装力量及国防委员会（Commission de la défense nationale et des forces armées）相对应。
2　马恩河战役又名马恩河奇迹（1914年9月5日至12日），是第一次世界大战西部战线的一次战役。在这场战役中，英法联军合力打败了德意志帝国军。
3　法国东部山脉。绵延于上莱茵省、下莱茵省和佛日省境内莱茵河谷的西部。
4　欧洲历史地名。位于中欧低地西部、北海沿岸，包括今比利时的东佛兰德省和西佛兰德省、法国的加来海峡省和北方省、荷兰的泽兰省。

1918 年，乔治·克列孟梭于香槟
省[1]前线，古罗将军[2]随行。

1　香槟（Champagne）为前法国
行省之一，现属香槟－阿登大区。
2　亨利·约瑟夫·欧仁·古罗
（Henri Joseph Eugène Gouraud,
1867~1946），法国将军，于非洲
法属殖民地和一战中享有盛名。
1919 至 1923 年曾任法国驻黎凡
特（今地中海东岸）高级专员，
1923~1937 出任巴黎军区司令。

"我想嗅察德国鬼子。"他说道。

而且，在出任政府首脑期间，他每天都会在其创办的报纸《囿人报》（L'Homme enchaîné）上发表社论，从不间断。他之所以选择《囿人报》作为报纸的名字，是为了表明他处于审查之中，且欲警醒众人世间已无《自由人》——这正是该报先前的名字。

这位爱国者、激进分子、共和党人奋桴振铎，慨然写道：血战到底，直至胜利。

在 1916 年 2 月的一次前线巡视之后，他为自己的一篇文章题词《笃信，笃信！》

"不管是俯身于作战地图前的封疆大吏，还是委身于监视哨、泥浆棚里的无名小卒——有时甚至距敌仅几步之遥，都应恪尽职守。我们能感知到的只有令人惊叹的同心协力、众志成城，而决不应是畏缩屈从。"

1918 年 11 月 11 日，星期一，他所目睹的一切萦绕在脑海之中。他明白法兰西为了此次停战、这场胜利付出了多大的牺牲。

1914 年的五个月里——即自八月宣战至岁末，统计显示有 300 000 人死亡或失踪，600 000 人重伤！

1918 年 11 月 11 日，星期一，光荣之日、法兰多拉舞[1]之日、热情相拥之日，克列孟梭责令战争部长向其报告截止到 11 月 11 日的最终伤亡情况，统计显示有 1 322 000 法国人死亡或失踪，至少 4 266 000 人重伤，而这也只不过是一组大

1　法国南部普洛旺地区的一种民间舞蹈。

致数据。

德国方面损失 1 800 000 男性，俄国将近 2 000 000 人，奥匈帝国 1 400 000 人！

在法国的每座村落城市，哀鸿遍野，随处可见披麻戴孝、绾绕臂章的妇女、儿童、老人，遗孀们头戴黑纱，裹着被岁月摧残的脸庞。人们甚至已经对难以计数的伤残军人麻木了。

是的，荣耀属于我们伟大的烈士们。

尽管词藻变化，但这也是 1914 年 12 月 22 日，时任参议院议长保罗·德沙内尔的演讲主题。

1914 年 8 月，因德军向马恩省发动攻势，共和国政府撤退至波尔多。而此时，政府和国会议员们刚刚又迁回巴黎。

保罗·德沙内尔站在讲坛上，时常被掌声喝彩打断。他向数以万计倒下的英烈们表达了感激之情，并以"法兰西的代表们，这些英雄让我们肃然起敬，他们在为法兰西而战"开场。

"五个月来，他们步步为营，满怀热忱，抛头颅，洒热血，为法兰西而战，为拯救众生而战。"

"满怀热忱？"

在 1914 年 12 月的时候，我们还可以这么说，因为那时我们还没有意识到这场大屠杀的规模和恐怖。

但德沙内尔任由自己被激昂之情所左右。

他继续讲道："法兰西从未如此伟大过，人道也从未达到过如此之高度！"

"无畏的战士们将天生的勇敢、空前的勇气和持久的耐心融于一身；有勇有谋的将领们，在袍泽之义的揉合下与麾下部属团结在一起。……在任何时代、任何国度，我们难道还经历过比这更为宏大的道德大爆发吗？"

"是的，法兰西不仅仅是在为她的国土、她的人民、先人的冢茔、圣迹、信仰与艺术的完美作品……对条约的尊重、欧洲独立以及人类自由而战……

明天，后天，我不得而知。但可以肯定的是——我请英烈们为证——到最后，我们将担负起自己的一切责任，以实现法兰西民族的理念——权利胜于暴力。"

时值 1914 年 12 月的最后几天。

在 8 月时，人们还幻想这只是一场两三个月就能结束的战争。

然而五个月过去了，任何一位观察家都不敢预言 1915 将发生什么。

我们所知道的仅仅是医院里伤员人满为患，丧葬的黑色每天都在渗入千百万家庭的心脏。

荣耀属于我们伟大的烈士们！

但当新教皇本笃十五世[1]于 9 月 3 日登上教皇之位时，他建议在所有参战军队的督察下进行休战，却没有得到任何响应。

前线依然流血不止。

尽管有各种审查制度，但没有人能想象的到这场旷世野蛮、使世界千孔百疮的战争直到 1918 年 11 月 11 日星期一上午 11 点才会终结。

荣耀属于我们伟大的烈士们！

1　本笃十五世（1854 年 11 月 21 日~1922 年 1 月 22 日，在位期间：1914 年 9 月 3 日~1922 年 1 月 22 日），意大利人，于 1914 年至 1922 年在位为罗马教宗，一战前后致力于和平事业。

第二章

S E C O N D   C H A P T E R

死士何其多！

对于前线的战士来说，没有什么"慷慨捐躯"。步兵躲避在堑壕里，蜷缩于挖掘的掩体中。

在 1915 年冬天冰封的大地里，有的只是行伍之士的遗体。

近几天里，人们会回想起他们的名字和音容笑貌。然后，将他们遗忘。其他人中有的倒在一阵扫射的机枪前，有的丧命于"德国鬼子"的冷枪下——德国鬼子潜伏在夜幕里，悄悄瞄准香烟的红点，然后抽烟的人就用生命为自己的疏忽买了单。成千上万的人被重炮部队发射的炮弹弹片割倒在地，炮击可以昼夜不停，从不止息。从此，人们开始生产并利用数以百万计的炮弹。

参谋部以及赢得马恩河战役胜利的霞飞[1]将军幻想自敌方前线、于阿图

1　约瑟夫·雅克·塞泽尔·霞飞（Joseph Jacques Cé saire Joffre，1852 年~1931 年），法国元帅和军事家。第一次世界大战初期的法军总指挥，领导法军在马恩河战役中阻止了德军的进攻，使西线战争从机动作战转入持久的阵地战阶段，保卫了巴黎。之后在 1916 年的凡尔登战役和索姆河战役中取得胜利，名声大振。

靠近苏瓦松[1]的最前沿堑壕，1914
年8月

瓦地区[1]和香槟省发起一场"突防"。但是炮兵部队规模庞大的准备工作改变了进攻的态势。这场战争于1915年冬天逐步演化为一场"军备战争"。所有生活在最前沿堑壕里的人时刻承受着死亡的威胁。

然而，直到1915年春天，被戏称为"毛茸兵"[2]的法国士兵像鼹鼠一样生活于地下，紧贴地面，他们竟然没有佩戴钢盔！甚至也没有穿军装！

他们不再穿绛红色的裤子[3]，这种颜色会把他们变成活靶子。他们尽其所能来穿戴，甚至是配发的灯芯绒裁剪的制服。

终于，在1915年有了钢盔和灰蓝色制服[4]。

为了抵御严寒，所有人都用从村庄废墟中找来的破旧衣服，尽力裹在自己身上。

打蜡的麻布也足以保护生灵。战士们不再刮胡须，因此变成了"毛茸兵"。

一旦被派遣执行的杂役结束，大家——哨兵、卫兵、巡逻兵——都溜下来，一头扎进破烂不堪的壕洞里。壕洞里老鼠成群结队地出动，啃食大

1　原法国北部一省，在皮卡迪和佛兰德间的英吉利海峡附近，是一历史地区。在不同时期分别由佛兰德尔，勃艮第，奥地利和西班牙统治。

2　即法语中的poilu，该词原意为"多毛的，毛茸茸的"，在俗语中有"勇敢"的意思。该词的军事含义在一战前一个世纪即已存在，只是简单的"人"的转称。一种说法称一战中法军士兵生活条件极差，胡须毛发无暇剪剃，故而得之。

3　一战初期法军士兵身着绛红色长裤，头戴红色平顶军帽（képi），因容易暴露而备受诟病。

4　1915年至1921年法国本土部队军服颜色，常特指一战中法军军服。

1　苏瓦松（Soissons）位于法国东北部埃纳河畔，是皮卡第大区埃纳省的一个城镇。苏瓦松是法国最古老的镇之一。又译作"索松"。西罗马帝国覆灭后的中世纪大多处于法兰克王国控制中。

家力图保护的储备食物。战士们经常从睡梦中惊跳而起，因为老鼠在窸窸窣窣地啃噬衣物、背带和皮质武装带。

刚打完老鼠，又得和虱子作斗争，它们躲藏在法兰绒针织衫的褶子里，麇集攒动。

只有当另外一个人来换岗时，最前沿阵地里的战士才能在休息间隙抓虱子。

向死士致敬！

1914 年 12 月，那时前线还是一条横亘于孚日山脉与北海之间的连贯的堑壕，总司令部[1]在一份训令中要求军官们"行动起来对抗蔓延在战壕里的低落沮丧行为"。

总司令部命令说："必须维持部队的进攻士气"。因此，"组织进攻"以期占领尺寸之阵地、村庄废墟、壕沟斜坡，甚或仅仅是为了试探敌人的抵抗力，尝试给他们猛然一击，迫使他们待在自己的阵位上。

成千上万的士兵，全线出击，赤裸上身向铁丝网和机枪巢冲去。紧接着，迫于敌方的炮击和反攻，他们又必须中止进攻而后撤，返回己方战壕，清点死亡、失踪人数，疏散伤员。

但是总司令部却不愿放弃进攻，霞飞将军还坚持声称这些进攻"会蚕食德军阵地"。

此外，法国政府以进攻来表明其对俄国盟友的支持，此时的俄军已被兴登堡[2]和鲁登道夫[3]所率领的德军击溃。

1　总司令部（Grand Quartier général），1914 年至 1919 年法军的最高指挥机构，对所有部队进行节制。

2　保罗·冯·兴登堡（1847~1934 年），德国陆军元帅，政治家。曾参加普奥战争和普法战争，1903 年晋升上将。一战爆发后，在东线坦能堡会战中击败俄国军队后晋升为陆军元帅。一战中和鲁登道夫形成完美的战争组合。1925 年起担任德国魏玛共和国总统，后被迫任命希特勒为总理，致使纳粹掌权。

3　埃里希·冯·鲁登道夫（1865~1937 年），德国陆军将领。1908 年任陆军总参谋部处长，参与修改施里芬计划。1913 年调任步兵团团长。1914 年第一次世界大战爆发后，调往东线任第八集团军参谋长，成为兴登堡将军的得力副手。战后参与纳粹党的多次暴动，包括 1923 年的"啤酒馆暴动"。创立有"总体战"理论。

227 ·

但是发生在阿图瓦地区、香槟省、默兹山脉[1]和孚日山脉的春秋季攻势是何其伤亡惨重啊！

破坏力是多么的强大：洛赫特圣母院[2]仅剩下残垣断壁，村落人家变成古丘。

因为战线正好位于法国境内，法兰西因此饱受蹂躏。

生灵涂炭，民不聊生。

而英国则尚未宣布实行义务兵役制，也从未有炮弹打破英格兰乡村和城市的宁静。

一位刚入伍的年轻德国人沃纳·波麦堡[3]将其于警戒哨里的见闻写了下来："弹坑密布，堑壕纵横。洛赫特山丘顶上，树木灌丛都已不再吐绿绽翠。战壕之间，死去的战士暴尸荒野，不得入土。巡逻队只在夜间出动，而黄色的照明弹则拖曳着尾部的硝烟，时不时地在掩体中引起十数分钟阴森恐怖的嘶叫声……夜间，前线阵地连队里干苦力的人早已就位，等候战地餐车的到来。他们蹲守在地窖口，抽着闷烟……热气腾腾的汤被分发下去，然后这些脚夫们就像鬼影一样消失在通向斜坡的羊肠小道里。"[4]

"毛茸兵"们以同样的方式生存、苟活、做事、活动。

堑壕战有它自己的法律。"军备"——火炮、地雷、机枪、第一波空中轰炸——火力则由参谋部掌控。然而参谋部仍然在继续策划发动进攻，哪怕赢得的阵地微不足道，且很快就会被德军或法军的反攻重新夺回。

一个全新的界限终于还是在 1915 年 4 月 22 日被跨越。在佛兰德斯，

1　默兹山脉（côtes de Meuse），位于今法国东部洛林大区的西部。

2　洛赫特圣母院（Notre-Dame-de-Lorette），位于今天法国北部加莱海峡省，1925 年兴建有纪念一战阵亡将士的大型军事公墓。

3　沃纳·波麦堡（Werner Beumelburg，1899~1963 年），德国作家，一战中曾以军官身份参加凡尔登会战，并荣膺一级铁十字勋章一枚。战后于科隆研习历史和政治。1933 年，他是88 位向希特勒联名效忠的作家之一，并为纳粹德国吞并奥地利和干涉西班牙内战作辩护。二战中与纳粹政权保持距离，直至 1945 年被美军逮捕。

4　沃纳·波麦堡，《一个德国人讲述的 1914 至 1918 年战争》，巴黎，Bartillat 出版社，L. Koeltz 译本，1998。（作者注）

德军为了抗击英国人，首次使用毒气。可怖啊！简直就是地狱！士兵们喘不过气来，双目失明，丢盔卸甲，落荒而逃。

不久便会看到伤残的军人步履蹒跚，鱼贯而行，形成一条长长的纵队。他们互相抵着肩膀，像失明的毛虫，由一位军士引导。这位军士并未暴露在毒气中，并亲眼目睹自己的战友脸部被灼烧得面目全非，匍倒在弹坑里，自溺而亡。

英法联军在香槟省和阿图瓦地区发起的春季攻势中铩羽败绩。

法军有 215 000 人阵亡、失踪或被俘，另有 480 000 人重伤！

不久之后的 1915 年夏季，在莱塞帕尔热[1]、默兹山脉和孚日山脉防区发起的攻势同样血腥而无用。

在凄凉的 1915 年岁末，据统计，法军方面共有 375 000 人阵亡或失踪，960 000 人重伤！

福煦将军在他的记事本里写道："自新式军备出现之后，严格按照命令的方向进行突破貌似已经不可能了。"

但是，所有的将官们，尤其是霞飞，尚未接受这一战争的转变。

然而，荣耀属于我们伟大的烈士们！

1　莱塞帕尔热（les Éparges），法国默兹省的一个市镇，属于凡尔登区，1915 年 5 月 5 日发生于此的莱塞帕尔热战役成为一战中最为血腥的战役之一。

第三章

疑虑开始蠹蚀信心

凄惨多难的 1915 年目睹了太多的牺牲。

虽然付出了如此惨痛的牺牲，但日耳曼人——德国鬼子——依然推进到距巴黎不足一百千米的地方。法军没能击退敌军，也没能突破其防线。兰斯大教堂[1]沦于敌手，这座神圣的皇城、法兰西王室的心脏，笼罩在德军的重炮火力之下。

疑虑开始蠹蚀信心，尽管报纸上宣称俄国人已对柏林构成威胁，哥萨克骑兵将砍下日耳曼枪骑兵的首级。

这些不利的酵母持续发酵必然会刺激公众舆论，共和国总统、洛林人

1　兰斯大教堂（la cathédrale de Reims），位于法国东北部城市、香槟－阿登大区马恩省的副省会兰斯。在法国历史上的地位举足轻重，法国第一位国王克洛维曾在此接受洗礼。从1027 年开始一直到法国大革命，这里也是几乎每个法国国王举行他们加冕仪式的地方。其中最有名的一次莫过于 1429 年圣女贞德护送查理七世来这里加冕。

雷蒙·普恩加莱[1]对此忧心忡忡。

前后相继的两位政府总理——维维亚尼[2]和白里安[3]，尽力重申"议会、民族和军队不休的团结"是胜利的先决条件。

然而议员们自己都是满腹狐疑。

220 位议员被动员征调，其中有三名已于战场上成仁。

克列孟梭在《囚人报》上刊文重申公民权力凌驾于军权之上的必要性。然而，将领们则希望自行决策。

他们很反感在司令部接见民选代表，正相反，后者则决定众议院将常驻于此，以期设立秘密委员会来审查军事问题和战争领导。

众议院议长保罗·德沙内尔确信有必要建立"更为强力、更为有效的管控！"并补充说，"要是当初议会有胆量，更加博识，那么今日法兰西的处境应该更好！"

尽管小心谨慎，但这可是对将领们的抉择做出的第一次明确批评。

然而，在波旁宫的廊道里，一位激进社会党代表勒费夫尔却反对设立众议院常务会议的提议。

"有些同僚之所以漠视一切理智想要常驻于此，是因为他们不想去前线。他们提议一整个夏天召开各种毫无意义、喋喋不休的会议，这只是他们畏缩胆怯的不光彩说辞。这是一个与其他借口无异的陷阱。"

第一波不和谐之音！

1　雷蒙·普恩加莱（Raymond Poincaré，1860 年 8 月 20 日~1934 年 10 月 15 日），法国政治家。1912~1913 年担任法国总理和外交部长；1913~1920 年担任法兰西第三共和国的总统；1922~1924 年与 1926~1929 年再次出任总理。

2　勒内·维维亚尼（René Viviani，1863~1925 年），法国第三共和社会党政治家。1914 年 6 月 13 日~1915 年 10 月 29 日出任政府总理。

3　阿里斯蒂德·白里安（Aristide Briand，1862~1932 年），法国政治家。1901 年担任法国社会党总书记。1902 ~ 1932 年为众议员。1909 ~ 1929 年当过十一次法国总理，1906 ~ 1932 年担任内阁职务 26 次。1926 年与斯特来斯曼共获诺贝尔和平奖。1927 年，白里安在担任外交部长期间，和美国国务卿凯洛格一起发起订立巴黎非战公约，又被称为"白里安—凯洛格公约"。

神圣联盟[1]内部并没有出现嫌隙，但是反议会主义却重新抬头；此外，在军队及其将领的致敬典礼上，对将军们挥霍战士鲜血的批评也渐渐显露。

议员们设立了一枚"以干练、明晰和自豪之名"的"战争十字"勋章来挽回形象。

一位议员总结道："上校作为团部之父，将战争十字授予他孩子般的裨官和战士，这是一种激励竞争强有力的方式。"

这一决策大受欢迎。

这意味着爱国主义依然是公众舆论的黏合剂。

致力于支持国防而发起的举借公债和黄金兑纸币自愿兑换运动是衡量爱国主义力量、抵抗与决胜意志的一次巨大成功。

克列孟梭在《围人报》中刊文写道：

> "民众有必要毁家纾难，这样我们的勇士才有权挥洒他们的鲜血！"

然而，法国社会刚刚从战争引起的晕厥中恢复，米勒兰部长即宣称："不再有工人权利，不

亚历山大·米勒兰[1]

---

1 亚历山大·米勒兰（Alexandre Millerand，1859~1943 年），法国政治家。1920 年当选法国总理。后来以温和派联盟领袖的资格当选共和国总统（1920~1924 年），帝国主义时代社会主义者参加资产阶级政府的第一个代表人物。后迫于左翼联盟的压力而辞职。

1 参阅马克思·加罗著作《一战史》上卷：《1914：世界命运》，XO 出版社，2013。1914 年 8 月 4 日，总理勒内·维维亚尼在众议院宣读共和国总统雷蒙·普恩加莱的信札："在这场法国参与的战争中，法兰西的子民们将会英勇保卫祖国，在敌人面前，谁都无法打破神圣联盟。"社会党人也参加了于 1914 年 8 月末组建的神圣联盟政府。1917 年 9 月和 11 月，因社会党人拒绝参加潘勒韦和克列孟梭政府，联盟随之解散。但是法国人中的大多数在整个一战期间都是支持神圣联盟的。参考《一战词典，1914~1918 年》，引用作品。（作者注）

再有社会法律，只剩下了战争"。在1915年共发生了98场罢工，而1914年却一次也没有，对此，他了然于心。

在冶金工会联盟，有一位坚毅的男子阿尔丰斯·梅尔黑姆[1]，在他的周围集聚了一小部分人，他们与追随托洛茨基[2]和列宁的俄国革命者取得了联系，想要停止敌对行为，实现无产阶级大团结，以期发动社会主义革命，扫荡资产阶级政权。

这些革命者——即布尔什维克——在伯尔尼近郊的齐美尔瓦尔德[3]召开了一次国际会议，梅尔黑姆参加了此次会议，并会见了列宁和德国的社会主义人士。会议宣布："这不是一场我们的战争。"但是这一决定并未在法国引起反响。

梅尔黑姆坦言："即使我在从齐美尔瓦尔德返回法国的途中被捕枪决，人民大众也不会揭竿而起；他们在林林总总的报刊谎言和对战争的普遍忧虑重担下，被压得喘不过气来。"

事实上，尽管尸积如山，人民依然是坚定的爱国者，甘愿牺牲。

1915年9月23日，在香槟省发起的另一场攻势前夕，读到霞飞的号召书，人们兴奋异常：

"共和国的战士们，经过数月的等待，我们已经补充了兵员，充实了辎重，而敌方却已消耗殆尽，发起进攻战胜敌人的时刻已然来临……为了光复祖国领土，为了自由和权利的胜利，满怀热忱，向前冲啊！"

1 阿尔丰斯·梅尔黑姆（Alphonse Merrheim，1871~1925年），法国工人，工会革命者，曾任法国总工会冶金联盟书记，是1915年反战运动首批工会成员之一。
2 列夫·达维多维奇·托洛茨基（1879~1940年），俄国与世界历史上最重要的无产阶级革命家之一，列宁最亲密的战友，20世纪国际共产主义运动的左翼领袖，工农红军、第三国际和第四国际的主要缔造者。1905年俄国革命领导者（此次革命为十月革命之预演），后在与斯大林的权力斗争中失势，流亡海外，最终被刺于墨西哥。以对古典马克思主义"不断革命"和"世界革命"的独创性发展闻名于世。
3 齐美尔瓦尔德会议，是第二国际1915年9月5日到9月8日于瑞士齐美尔瓦尔德村举办的会议。这是一场全世界社会主义者的会议，一般将这次会议视为左翼社会主义（共产主义）与右翼社会主义（社会民主主义）不和的开端。

又一次惨败，又一次"伤亡惨重"！

然而，炮兵部队向敌军战壕倾射 1 400 000 枚 75 毫米加农炮炮弹和 300 000 重炮炮弹，以此来压制德军阵地！

但是敌人已经牢牢嵌在我们的领土上。考虑到正面突防已经不可能，巴黎和伦敦决定依靠塞尔维亚人和希腊人，在欧洲侧翼——达达尼尔海峡的加里波利[1]——组织一场登陆战，想藉此削弱德意志帝国、奥匈帝国和奥斯曼帝国的同盟。

在那里同样是停滞不前。

然后协约国将目光转向意大利，它虽然与维也纳和柏林结盟，但时至 1914 年依然保持中立。在伦敦，双方正在为意大利参战对抗奥匈帝国而讨价还价。意大利将通过兼并领土（即的里雅斯特[2]）而得到补偿，这正好满足了意大利民族主义者的愿望。

法国的社会主义者造访米兰和罗马。他们得到了一个社会主义党派的支持，该党派团结在一位记者——墨索里尼——的周围，且愿意站在伦敦、巴黎和彼得格勒一方参战。墨索里尼在由法国人资助的报纸《意大利人民报》（*Popolo d' Italia*）中鼓吹意大利的民族主义。1915 年 5 月 24 日，意大利正式参战。

"手握锋刃，坐享山珍。"在参加意大利突击部队阿尔迪蒂（Arditi）之前，墨索里尼如是写道。这支部队将试图在亚平宁半岛的北部山区、多洛米蒂山脉诸区[3]战胜奥匈帝国军队。

1　加里波利之战，又称达达尼尔战役，由时任英国海军大臣的丘吉尔提议、于土耳其加里波利半岛发起的一场登陆战，为一战中规模最大的一次海上登陆作战。但协约国军队遭遇惨败，伤亡惨重。澳大利亚和新西兰因此还设澳新军团节纪念 4 月 25 日登陆。

2　的里雅斯特，意大利东北部边境港口城市。位于亚得里亚海东北岸、伊斯特拉半岛的西北侧、的里雅斯特湾的顶端，历史上是日尔曼、拉丁和斯拉夫文化的交汇点。原属奥匈帝国。1947 年签订对意和约时曾规定建立的里雅斯特自由区，并把该区分为甲乙两区，甲区（包括城市和港口）由英美管辖，乙区（市外大部分地区）由南斯拉夫管辖。1954 年签订伦敦备忘录，将甲区划归意大利管辖，仍为自由港；乙区划归南斯拉夫管辖。

3　多洛米蒂山脉位于意大利东北部，横跨三大地区：弗留利－威尼斯－朱利亚区、特伦蒂诺－上阿迪杰区和威尼托区。

又有新的死伤，这次是溺水身亡。1915 年 5 月 7 日，一艘德国潜艇在爱尔兰外海用鱼雷击沉横渡大西洋的卢西塔尼亚号（Lusitania）[1]。2 150 名乘客中，只有 700 名生还。而在失踪人员中，有超过 100 名美国人。

"德国理应受到世界各国的不齿。"美国前总统西奥多·罗斯福[2]宣称，"美国政府要求德国停止一切违法的和不人道的行动。"

与此同时，威廉二世在海军上将们和参谋部的压力下，打算宣布进行无限制潜艇战[3]以期封锁欧洲。这一决策的后果是致命的。面对本国的舰船受到德国潜艇的鱼雷攻击，中立的列强（首先是美国）不能坐视不理。

因此，1915 年，战争再次从根本上发生了变化。它没有了界限。在军备领域，毒气的使用得到推广。在外交领域，这已变成一场世界战争。

人事也在变动。身心俱疲的总理维维亚尼让

1　卢西塔尼亚号是一艘英国巨型远洋邮轮，它的沉没在大西洋两岸引起了极度的震惊。德国迫于舆论压力，宣布取消对客船和中立国船只的无限制潜艇战。直到 1917 年，由于西线战局的不利，才告恢复（德国恢复无限制潜艇战，直接导致美国向其宣战）。1917 年威尔逊政府向德国宣战的决议，得到了美国人民的支持。从这个角度说卢西塔尼亚号可以说是改变第一次世界大战历史的邮船。
2　西奥多·罗斯福（1858~1919 年，又称老罗斯福，与其后的富兰克林·罗斯福相区别），美国军事家、政治家，第 26 任总统。美国总统山四位总统雕像人物之一。
3　无限制潜艇战是德国海军部于 1917 年 2 月宣布的一种潜艇作战方法，即德国潜艇可以事先不发警告，而任意击沉任何开往英国水域的商船，其目的是要对英国进行封锁，迫使英国退出战争。但却阻断了美国发战争财之路，促成美国提前宣战。

卢西塔尼亚号上的乘客奋力逃生，
试图在这场海难中躲过一劫

235 ·

雷蒙·普恩加莱画像

位于阿里斯蒂德·白里安。加利埃尼[1]将军出任战争部长。

他坦言："我是一名战士，从未参与政治权术。此次接受战争部长之职，仅仅是出于对我们所捍卫的公共事业的忠诚。但是我确信，如果不能依靠议会的倾力支持，我的使命从现在起便会归于失败。"

1915 年 12 月 31 日，共和国总统雷蒙·普恩加莱发表全国讲话。

"暂时的萎靡不振与放任自流，这对我们死去的英烈来说，就是忘恩负义。对我们的后代来说，就是背叛。"他说道。这也从侧面证实了舆论思潮的混乱已开始被察觉。

另一方面，新任总理白里安也向众议院发表演讲：

"无论是部署在堑壕里还是部署在战场上，官兵之间以相互信任为基础的团结与献身祖国的勇气以及忘我精神同等重要，他们是最高贵的法兰西人。"

1　约瑟夫·西蒙·加利埃尼（Joseph Simon Gallieni, 1849 –1916 年），年轻时曾参与普法战争，其后在法国各地殖民地，包括法属西非、马提尼克岛、法属苏丹等地担任军事将领。1914 年退役，第一次世界大战爆发后再度被征召入役，参与马恩河战役。1915 年 10 月，担任战争部长。1916 年 5 月 27 日，病逝于巴黎。1921 年，法国政府向其追授元帅军衔。

对于霞飞来说，他向全军下达了一项总军令：

"不念过去，除非是为了从中汲取信心。不念逝者，除非是为了发誓报仇雪恨。"

第四章

F O U R T H   C H A P T E R

居留幽冥

"诸念皆忘，唯思复仇！"

战争越是持久，就越野蛮而残酷，而霞飞将军用以表达其战争目标的言论也就越多。我们不会忘记阿尔萨斯和洛林，这两个省份就像是两个"被从祖国母亲身边掳掠而去的孩童"，它们需要被解放。然而挥洒的鲜血如海浪汹涌，萦绕在心头，这才是我们首先需要"洗雪"的仇恨。

这正是战士们所渴望做的，他们每天目睹战友倒下，或是开膛破肚，或是首身异处，或是被炸成一团血色浆糊。

死去的战士们被裹掩在战壕里，炮弹齐射，像硕大的铲子一样掀起泥土。牺牲的战友就静守在那里，哪怕他们的名字和音容笑貌已随记忆而去。

战士们同仇敌忾，他们由衷地认为成千上万牺牲的战友死得其所！

"诸念皆忘，唯思复仇！"

这成为别无异议的主旋律。

而这一主旋律则为战争的继续辩护。

战争部长加利埃尼将军呈递了一份法律方案，藉以使先前对 17 岁适役青年的征召合法化——1916 年，这些新招募的士兵已经 19 岁。他在众议院发言道：

"18 个月前，法国渴望为她自己和其他国家争取和平。现在，她渴望战争。……伟大的抗争不会终结，直至法国与她的盟国达成协议说：'我已得到充分的满足，现在停止敌对，重拾和平事业！'"

议员们起立，为加利埃尼鼓掌。

"很有必要剔除使民众意志消沉的悲观主义。"维维亚尼斩钉截铁地说道——阿里斯蒂德·白里安已接替他担任总理一职。掌声愈加振聋发聩，仿佛是要驱散不安、绝望和维维亚尼所敢于提及的"消沉"。

虽说这些议员中的大部分都因年事已高而免于上前线，但他们与全体公民共担忧虑。他们的家庭成员正头顶炮火，而那些为自己的近亲披麻戴孝的法国人绝不能接受他们白白牺牲。

因此，只能继续进行战争。

在掌声沉寂下去的间隙，人们听到了克列孟梭的嗓音凌驾于喝彩声之上，他怒吼道：

"血战到底！"

议员们围着克列孟梭，向其祝贺、发问，他们认为只有他有能力领导一个处于战争中的国家。然而，公众舆论却已开始动摇。

政府一再声明："我们会虔诚地捍卫对烈士们姓名的尊崇。"但这远远不够。

众议院议长保罗·德沙内尔甚至还坚持要点出那些失去一位亲人——

不论是近亲还是远亲——的议员的名字，但却徒劳无益。

克列孟梭嘟嘟哝哝地说道：

"仅仅成为英雄还远远不够，我们应该渴望成为决胜者。在 1914 年 7 月 15 日的《自由人》报里，我早就这样写了！"

议员们同意他的说法，并认为他应当被任命为总理。

克列孟梭离开了，他拨开人群，长呼道：

"那么去问问共和国总统先生是怎么想的吧。"

没有人意识到普恩加莱和克列孟梭是一对不可调和的政敌，而普恩加莱将尽一切努力阻止任命克列孟梭担任总理一职。

然而批评越来越多。战事僵持，每天都有数以千计的战士被战争吞食生命，结果又如何呢？

1916 年 1 月初，各家报纸都以"德国人依然在努瓦永[1]，距巴黎仅 80 公里"作为标题。

人们向内政部长、克列孟梭的对手马尔维兴师问罪，罪名是他没有抓捕间谍和开小差的逃兵。

又有谁知道战争部长加利埃尼将军每天都会收到 300 封推荐信！在他的继任者——罗克斯将军[2]担任战争部长的 8 个月里，他收到议员们发来的共计 90 000 封推荐信！人们窃谈巷议，说政府首脑应当是一位有经验的铁腕人物，就像克列孟梭那样。他们还想起了 1906 年，时任内政部长的克列孟梭冷酷地动用军队对抗罢工者。这才是法国需要的首脑，此种论调比比皆是。

更何况 1916 年初，德国人好像在准备一场大规模的进攻。

---

1 努瓦永，位于法国东北部皮卡第大区瓦兹省的一个历史悠久的市镇。
2 皮埃尔·奥古斯特·罗克斯（1856~1920 年），是组织法国军事航空行动的首创者之一。

战争部长埃里希·冯·法金汉将军被威廉二世钦定为冯·毛奇[1]的继任者，出任总参谋部总参谋长之职。

与之有过接触的德国人都证实说，他是冷酷而细心的算计者的化身。"在异想天开的作战台上施展那些富有艺术性的手腕，这对他来说是陌生的。他是一位能力出众的人物，他的认真、忍耐和沉着是令人心生敬佩的。……若是遇到突发状况，也从未有人见到过他惊慌失措。在他身上有所有普鲁士将官共有的特点：决胜的意志[2]。"

如何取胜，法金汉和威廉二世的观点不谋而合——须击溃法国人的抵抗意志。为此，就必须冲击法国的舆论思潮。

1916年1月29日，接近23点，一架齐柏林飞艇[3]首次轰炸巴黎。21点20分左右，它就已被发现，但它还是抵达了巴黎上空，投下了一连串的炸弹。

埃里希·冯·法金汉[1]

---

1 赫尔穆特·约翰内斯·路德维希·冯·毛奇（Helmuth Johannes Ludwig von Moltke）（1848~1916年），即小毛奇。德意志帝国陆军大将，曾主持一战初期的施里芬计划，计划失败后被解除职务，默默无闻的死去。
2 沃纳·波麦堡，《一个德国人讲述的1914至1918年战争》，同前。（作者注）
3 齐柏林飞艇（Zeppelin）是一种或一系列硬式飞艇的总称，是著名的德国飞艇设计家斐迪南·冯·齐柏林伯爵在20世纪初期以大卫·舒瓦兹所设计的飞艇为蓝本，进一步发展而来。因为能力较同时期飞机优秀，可装载大型货物在航空事业早期具有辉煌成绩。"齐柏林飞艇"是硬式飞艇所用的代名词。

1埃里希·冯·法金汉（Erich von Falkenhayn，1861~1922年），德国军事家、步兵上将，1914年至1916年间任德军总参谋长。

1916 年 1 月 30 日，齐柏林飞艇空袭后的巴黎梅尼蒙当街 86 号。

第 20 区 [1] 的损失最为惨重，尤其是在梅尼蒙当（Ménilmontant）街区。有数人伤亡，但民众还是保持了镇静。

众议员们惊慌失措。法国航空部队在哪里？

一些议员将其归咎于政府、参谋部以及战争部。

加利埃尼的申辩有些蹩脚："我刚刚履新，你们就迫使我承担一份并不属于我的工作。"

一位年轻的众议员艾贝尔·法瑞（Abel Ferry）呈递了一份提案，表明了众议员们对监督前线将领们的忧虑。

他写道："众议院希望政府尊重其对动员的所有国家力量的节制权。"

政府总理阿里斯蒂德·白里安否决了该提案（320 票对 153 票），但是众议员们试图控制军队的意愿与参谋部拒绝屈从所产生的问题依然存在。

1914 年 9 月，事实上已大权在握的霞飞——马恩河的胜利者——正准备发起巨大的攻势，而不用担心需要预先告知政府。

他打算通过重炮部队发射不计其数的炮弹将德军置于连续不断的炮火之下，然后一举击溃。他还寄希望于俄国人和意大利人的进攻能把德军各师牵制在各自的国土上。霞飞在索姆地区 [2] 得到了英国人军事行动的配合。他任凭别人说战争可能会在三个月内结束。但是，在等待此次决定性

1　位于巴黎东部，塞纳河右岸，为巴黎 20 个区中的最后一个。
2　索姆省，属于法国皮卡第大区，西临拉芒什海峡，地处索姆河流域。境内的索姆河为法国北部拱卫首都巴黎的重要屏障，在军事上极具战略意义。

猛攻的同时，他又频频发动"蚕食"行动。正是在这些行动中成千上万的战士白白牺牲。众议员们批评这一造成重大伤亡的战略，然而霞飞却拒绝对此进行辩论。

他与加利埃尼将军的关系同样艰难。

凡尔登地区作为法军前线的锁钥却防守薄弱，这位战争部长对此忧心忡忡。充当战略支撑点的防御工事极易遭受攻击，而且航空巡逻机队搜集到的情报表明，德国人正在集结军队，看起来已经准备好要发起进攻。

加利埃尼向霞飞提交了一份汇集他的批评与观点的报告。

而作为总司令的霞飞回复道：

"我认为没有任何东西可以证实你所表达的忧虑……我需要政府的绝对信任。如果它给予我这种信任，那么它就既不会鼓励也不会容忍削弱我道义权威的行为，因为这一权威对我实施指挥权来说是必不可少的；要是没有了它，我就不能继续担当自己的使命。"

霞飞以辞职为筹码进行了一次真真切切的敲诈。

政府不会兴师问罪，与总司令之间引发"危机"，对此霞飞心知肚明。因此，也就只能任由他独断专行。

加利埃尼的警告自然也被他束之高阁。

故而在 2 月 21 日，法军在凡尔登被德军的攻击打了个措手不及。

法金汉想要重创法军，便用一张"炮弹地毯"将其窒息。

2 月 25 日，杜奥蒙堡垒[1]落入敌手，而它却是凡尔登防御的中枢。

1　杜奥蒙是法国默兹省的一个市镇，属于凡尔登区默斯河畔沙尔尼县。自 19 世纪 90 年代起，就是拱卫凡尔登的 19 个堡垒中规模最大、位置最高的堡垒。

26 日，菲利普·贝当[1]将军被征召授予凡尔登防区的指挥权。

溃散的军队被置于不知晓战役进程而各自盲目作战的境地，而贝当则将组织军队进行抵抗。此时，步兵部队还在坚守阵地，在弹坑遍布的沙场上，前赴后继，御敌厮杀。

贝当打通了巴勒迪克[2]至凡尔登的道路，正是假道这条"神圣之路"[3]，法军部队才被投射到鏖战正酣的疆场。数以千计的卡车载着弹药、辎重和补给，紧随其后。

贝当强制让久经战争洗礼的部队换防。凭借"戽斗水车"[4]运输系统，士兵们成功抵达前线。但他们又该置身何地呢？

每一个步兵战士都各自感觉自己应对这场战役负责，这片土地属于他，他要捍卫属地决不后退。凡尔登使法国的爱国主义精神得到了充分的展示。

1916 年 4 月 10 日，贝当可以下发次日的命令了：

第 94 号总命令

"4 月 9 日是全军的光荣日。

---

1 亨利·菲利浦·贝当（Henri Philippe Pétain，1856~1951 年），法国元帅、维希法国国家元首、总理。1876 年加入法国陆军。1878 年毕业于圣西尔军校。第一次世界大战期间因领导1916 年凡尔登战役而出名；在法军索姆河惨败后，他在最黑暗的时候重振了法军的士气。二战法国战败后，出任维希政府总理，1940 年 6 月 22 日与德国签订《贡比涅森林停战协定》。1940 年 7 月~1944 年 8 月任维希政府元首，成为纳粹德国的傀儡。1945 年 4 月被捕，同年 8月因叛国罪被最高法院判处死刑，后改判终身监禁。1951 年 7 月 22 日，贝当死于囚禁地约岛。
2 巴勒迪克（Bar-le-Duc），法国北部城市，洛林大区默兹省的省会。市区位于奥尔南河河谷和马恩河 – 莱茵河运河之滨。
3 神圣之路（Voie sacrée），连接巴勒迪克和凡尔登的一条具有历史性的公路，编号RD1916，是凡尔登战役时法军的战略大动脉，战后被法国作家莫里斯·巴雷斯命名为"神圣之路"。
4 戽斗水车（noria），是源自西班牙的一种汲水工具，类似于中国的翻车，可以将低处水引至高处。该词还指代一种运输系统，即将整条路线分隔为许多中转点，以避免易受攻击的长途运输。

德国皇太子[1]麾下部队发起的猖狂突击已经被击溃。第二军的步兵、炮兵、工兵、飞行员在英雄主义的感召下展开了激烈竞争。

光荣属于你们每一个人！

毫无疑问，德国人必将卷土重来！

为了使昨日的辉煌胜利重现，希望每个人都能恪尽职守，提高警惕！

勉之！……我们必将成功！……”

菲利普·贝当

即将于索姆地区发起的进攻将迫使德军放松对凡尔登的围困。

毫无疑问，他们重创了法军，但是他们自己也是损失惨重！

在仅仅数小时之内，凡尔登防区这块弹丸之地就遭受了200万发炮弹的轰击。

医疗救助机构"绿十字会"[2]的一个分部指出：60万人在这场激战中倒下（阵亡和受伤），法国士兵被毒气弹窒息而亡，被含磷燃烧弹活活烧死，但他们决不后退。

难道诸神皆已衰微？拥有历史教师职衔的

担架上的伤员
凡尔登，1916 年

1　德国皇太子（Kronprinz），此处指德意志帝国和普鲁士王国的末代王储、威廉二世之子普鲁士的威廉（Wilhelm von Preußen 1882~1951 年），他于1916 年跟随埃里希·冯·法金汉参与了凡尔登战役。
2　"绿十字会"（croix verte），由红十字会创始人亨利·杜南（Henri Dunant）设想成立，宗旨是救助妇女，一战中为参战士兵提供了许多医疗慈善服务。在欧洲多个国家，绿十字本身是药店的标志，其中包括法国、比利时。

戴勒维尔（Delvert）上尉自问到，他在《步卒实录》（*Les Carnets d'un fantassin*）里记述了他所经历和所看到的点滴。

"战壕里的环境是残酷的。随地散落的石块上点缀着殷红的血滴；有些地方血液汇聚，形成池坑。羊肠小道上，僵硬的尸体用帐篷帆布虚掩着；其中一具尸体的大腿上，一道伤口被撕裂开来。皮肤在烈日的暴晒下已经肿胀，撑破衣服，暴露在外；一大群丽蝇争先恐后，麇集于此。"

"环视左右，残骸遍地，一片狼藉。空罐头瓶、扯烂的背包、被子弹击穿的头盔、摔碎的步枪，都被鲜血沾染。一股难闻的气味充斥在空气里。雪上加霜的是，德国鬼子又向我方发射了几枚催泪弹，害得战士们无法呼吸。此外，炮弹还像闷锤一样不停地落在我们身边……"

"我已经差不多 72 小时没合眼了。凌晨 2 点 30 分德国鬼子又发起了攻势——又是一轮榴弹轰炸！"

"昨天，有 20 箱食物见底，现在需要更加节制。冷静，孩子们！要让它们得到最大限度的利用！我们需要珍惜存货。向前 25 步！狠揍他们的嘴脸！为了司令官。"

"开火！"

"前进！"

"我们看到德国人的小分队扭曲旋转，倒在了地上。一两个人跪了起来，匍匐着逃之夭夭；而另一个人则立即滚进了壕沟里。"

"一些人朝我们逼近，与此同时，他们留在战壕里的战友则用机枪不停地向我们扫射。"

"有一次，一个德国鬼子竟匍匐爬行到我的卷烟铁丝网[1]旁，邦布拉在他的正头顶上扔了一颗手雷[2]。"[3]

1　卷烟铁丝网（réseau Brun），一种由卷筒状铁丝网展开形成的障碍工事，因形似卷烟而得名。
2　一种通过保险销固定件进行击发的手雷。（作者注）
3　引自不可替代的《法兰西人之生死，1914~1918》，莫里斯·热讷瓦、迈耶及佩勒（Ducasse, Meyer et Perreux）合著，莫里斯·热讷瓦作序，巴黎，阿歇特出版公司（Hachette）出版，1959 年。（作者注）

居留幽冥，德国人亦是如此。

有时为了躲避炮击，步兵们跳进弹坑里。

而里面早就蜷缩着持同样目的的敌方士兵。两队人就那样面面相觑，交换眼神。他们不会在这样一个狭小的坑洞里厮杀，也不说话，但是却会交换香烟和小饼干。

紧接着就是沉默。

炮兵部队——鬼知道是法军的还是德军的——停止了对这一防区的猛烈炮击。

然后，一言不发，这些幸存者从弹坑里爬出来，弓着身子，头也不回地各自离开。他们去和战壕里幸免于难的战友会合——但更多情况下战壕已经消失不见了。

战友们也早已被掩埋。

沃纳·波麦堡描述了这一景象："弹坑是能量之巢，铁丝网则是令敌沮丧的庇护所。"

"身披破烂不堪、布满泥土斗篷的士兵们带着机枪、手雷、迫击炮、步枪、帐篷和安营扎寨的工具藏身于其中。"

凡尔登地狱，法国人开始能想象得到了。

自 1916 年 2 月 21 日战役打响以来，不安的情绪席卷法国。

消息灵通阶层的人士——议员、军官、记者和所有围着权力机构转的人——他们都知道了最高指挥官霞飞并非是个有远见的人。

3 月 7 日，加利埃尼将军在部长会议上宣读了一份秘密备忘录，里面有一份他给霞飞的报告。最高司令部拒不考虑凡尔登防御不足的警告，拒不接受政府的指示，加利埃尼挺身反对它的不配合态度。

加利埃尼要求霞飞辞职，但是政府却并不打算这么做；反倒是加利埃尼自己被政府以健康为由，解除了职务，并于 1916 年 5 月 27 日含恨而终。为霞飞和白里安所赏识的霍克将军接替了他的职务。

面对众议员们，霍克为军官们的品格大唱赞歌："当一位法国人荣膺星章、勋绶加身之时，法兰西民族天生所具有的品质就不会消失……"

"正是这些军官使得我们可敬的战士作战更加高效。"

"指导训练军队，这正是各级军官的职责所在，他们也出色地完成了使命。"

众议员们热烈鼓掌。

在听了这番溢赞之辞后，他们又怎会接受霞飞的辞呈，批评最高指挥部呢？

然而，克列孟梭曾大声疾呼"处死总司令"、指责霞飞缺乏远见、贝当奉行失败主义的消息却在悄悄流传。

凡尔登英勇的抵抗最终使对最高指挥部里将军们的批评销声匿迹。战争仍在继续。

但是，在德国、法国、意大利、奥匈帝国以及沙皇俄国，情况都一样——曾经使人民团结在政府周围的"神圣联盟"出现了裂缝。

伯尔尼高地[1]的昆塔尔[2]，一场社会主义者 – 革命者会议在此召开，来自各个交战国的社会主义少数派也参加了此次会议，此次会议号召和平与革命。

1914 年，齐美尔瓦尔德会议团结了社会主义少数派；而昆塔尔会议则延长并壮大了这一运动。

在昆塔尔，会议通过了一份宣言，里面包含以下内容：

"尽管各个战线都在上演大屠杀，却没有取得决定性的战果。仅仅是为了让战线推进一寸，各国政府就会牺牲成千上万的生命。没有胜利者，也没有失败者，或者不如说大家都是失败者，一个个精疲力竭，这就是这场愚蠢的战争的结果。"

---

1 伯尔尼高地（Oberland bernois,），瑞士首都伯尔尼附近的一处行政区划，风景秀丽。
2 昆塔尔村位于瑞士伯尔尼附近，1916 年 4 月于此召开了国际社会主义者第 2 次代表会议，又称第 2 次齐美尔瓦尔德会议。出席会议的有来自俄、意、英、波、罗、保、葡和瑞士等国社会主义组织的代表 44 人，包括列宁。会议主要议题是讨论为结束战争而斗争以及无产阶级对和平的态度问题。

作为总结，与会者号召"立即的、没有兼并的、没有赔款的"和平。

事实上，不管是西线还是东线，战事正酣。

在意大利战线，奥匈帝国的军队击退了意大利人。

俄国方面，在经历了几次胜利之后，由布鲁西洛夫[1]将军发起的攻势停滞不前，并最终遭遇失败。

在凡尔登，德国人发起的新一轮进攻成功包围并攻克了法军的要塞。

接替贝当出任中央军司令员的尼维尔[2]将军向他的部队宣读了一份公告：

"德国人在我方前线发起了猛烈进攻，他们幻想着打到凡尔登城门之下……你们决不会让他们的阴谋得逞，战友们！"

1916年9月15日，英国人的第一批秘密武器装甲车——即坦克——出现在索姆河前线。法国人也参与了此次战役，共计14 000阵亡，210 000受伤！

然而此次进攻的成果却可以忽略不计！又一次，流血漂橹，毫无意义。

因此，众议员们质询总理白里安。

左派民主派人士皮埃尔·弗尔热[3]坦言：

"战时就应以结果为标准进行判定。总理先生曾受考验；但是现今的结果判决他有罪，铁证如山。"

---

1 布鲁西洛夫（Алексе́й Алексе́евич Бруси́лов），俄国军事家，骑兵上将。生于第比利斯，以推崇攻势战略著称。1912年晋升骑兵上将，第一次世界大战爆发后，调任第八集团军司令。1916年任西南方面军司令，同年夏指挥部队实施大规模进攻战役，突破德奥军阵地，创造以一点为主、多点同时突破，使敌军预备队难以向主要方向机动的新战法。1917年任俄军最高统帅。十月革命后转为苏维埃政权服务。1923年调任工农红军骑兵监。1926年在莫斯科去世。
2 罗贝尔·乔治·尼维勒（Robert Georges Nivelle，1856~1924年），曾在镇压中国义和团运动中担任法国炮兵军官。第一次世界大战爆发后，被任命为西线法军总司令。由于其在凡尔登战役中的出色表现，1916年12月12日接替霞飞出任陆军总司令。
3 皮埃尔·弗尔热（Pierre Forgeot, 1888~1956年），1914~1924和1928~1936年任马恩省议员代表。1928~1929年分别在普恩加莱和白里安政府任公建部部长。

● 1916 年索姆河战役期间英国坦克行进在战地之上

他总结道：

"位居政府之首正如居于军队之首，都需要有首领。但是我们没有！那么找出一位首领来！

德国方面，看到凡尔登突袭战的结果——杜奥蒙堡垒于 1916 年 10 月 24 日被法军重新夺回，威廉二世解除了法金汉的总参谋长职务，以兴登堡代之；鲁登道夫则出任御前第一军需总监[1]。

巴黎的人们却开始嘀咕：霞飞将作如何处置？他已经递交了辞呈。

新任战争部长利奥泰[2]建议授予其法兰西元帅荣誉军衔，并委以公务，派驻美国。

1　第一军需总监（Quartier maître général），参谋部里负责全军军需给养和运输的军官。
2　利奥泰（Louis-Hubert-Gonzalve Lyautey，1854~1934 年），法国政治家、军事家，元帅。1873 年入圣西尔军校。曾被派往阿尔及利亚、印度支那等地，后征服马达加斯加。1912 年被任命为法国驻摩洛哥总驻扎官。1916 ~ 1917 年任法国战争部长。1912 年当选为法兰西学院院士。1921 年晋升为法国元帅。

● 兴登堡、威廉二世和埃里希·鲁登道夫在分析 1916 年战事处境

霞飞的失宠因此被掩盖。1916 年 12 月 26 日，鉴于"霞飞曾在马恩河和伊瑟河[1]两次成功阻击敌人的闪电行军"，利奥泰向这位元帅致敬。

战争的一个时期结束了。

11 月，奥地利皇帝－匈牙利国王弗朗茨－约瑟夫一世[2]驾崩于维也纳，享年 84 岁。

他的侄孙卡尔大公继位，虽然皇冠不稳，但后者还是渴望和平。

1916 年 12 月 12 日，由各中立列强、美国、西班牙和瑞士转达的一份德意志－奥地利照会建议在巴黎、伦敦和彼得格勒召开和平谈判。

白里安在众议院的讲坛上当众否决了这一提议，正如英国人和俄国人

1　伊瑟河，欧洲河流，流经比利时西部和法国北部，于尼乌波尔特注入北海。1914 年 10 月因德军进攻防守伊瑟运河的比利时军队，企图进军法国本土而引发伊瑟河战役。

2　弗朗茨·约瑟夫一世（Franz Josef I，1830 年～1916 年 11 月 21 日），奥地利皇帝兼匈牙利国王（1848 年～1916 年），奥匈帝国缔造者和第一位皇帝（1867 年～1916 年在位），德意志邦联总统（1850 年～1864 年），此外还兼领诸多地区的国王称号。

3　卡尔一世（Karl I，1887~1922 年），哈布斯堡王朝与奥匈帝国的末代皇帝（1916 年～1918 年）。作为奥地利皇帝，称卡尔一世；作为匈牙利国王，称卡洛伊四世；作为波希米亚国王，称卡莱尔五世。

所做的那样。

白里安宣称："这些建议企图蛊惑人心。……德国人，你们是侵略者。不管你们说什么，事实就摆在那里，并向你们叫喊，说你们是侵略者。"

"血债要算在你们头上，而不是我们头上。"

"在相似的境况下，共和国将要做的决不会比之前国民公会所做的少！"[1]

1916 年 12 月 3 日，《明镜报》刊登的弗朗茨－约瑟夫一世最后一张照片和新皇帝卡尔一世的近照

1　意指法国大革命后成立的国民公会（Convention nationale）面对奥普联军组成的第一次反法联盟，决定组织革命军进行抵抗。普奥联军曾攻克凡尔登，巴黎告急，但法军于 1792 年 9 月 20 日瓦尔密战役中一举击溃联军，拯救共和国。1795 年，第一次反法联盟瓦解，但英奥等国与法国依然处于交战状态。（译者注）

第五章

F I F T H C H A P T E R

俄国、美国：革命，战争

总理白里安当然可以引用国民公会（Convention nationale）和共和历[1]二年的法兰西共和国，因为在 1917 年初，在对待公民流血牺牲方面，法兰西第三共和国并没有比救国委员会（Comité de salut public）更加节俭，后者将数百万"无套裤汉"[2]扔进鏖战的火炉里。

战争部长利奥泰将军在众议院宣布：

"但有勇力，皆上前线。"

---

1 法国共和历（calendrier républicain，或称法国大革命历法），是法兰西第一共和国时期的革命历法，在法国大革命时期采用，以法兰西第一共和国建立之日（1792 年 9 月 22 日）为历元。共和历二年对应公历 1793 和 1794 年。

2 法国大革命时期对城市平民的称呼。原是贵族对平民的讥称，但不久成为革命者的同义语。

这不禁让人想起了大革命时代的"普遍义务兵役制"[1]。

国民议会投票决定赋予退役委员会以新的审查权力，使其对 1914 年 8 月 2 日之前免除兵役或退役的人员进行审核。这些人员现今已年过半百。

有些议员递呈修正案，提议免除对有四个孩子的父亲和有三个孩子的鳏夫的审查。其他一些修正案建议让 147 000 名 47 岁及以上的农民复员。

政府却拒绝了。

与之相关免除兵役和退役的人员有 300 000 至 400 000 人！正好是一场大进攻的伤亡代价！

利奥泰再次站在了讲坛上：

"总司令、我以及政府无法承担同样的责任。先生们，你们的眼睛虽然也紧盯着同样的目标和同样的希望，但是却不愿担当这些责任。"

338 票对 60 票，退役委员会法案通过了。

每个人都催促他：未来在于加紧战争，而不是处决于和平。当美国总统威尔逊发布一项照会，要求交战各国认清当前局势，停止敌对行为时，却没有一个政府对此进行明确答复。

战争只有一个出路——不是你死，就是我亡！因此，双方都须孤注一掷，拼死一战。

1917 年 1 月 9 日，在一次将官及海军上将联席会议之后，威廉二世签署了以下照会：

"我命令，自 1917 年 2 月 1 日起，竭尽全力，开始进行无限制潜艇战。"

---

1 普遍义务兵役制（levée en masse），即全体适龄男性公民都要服役一定的年限，呈现全民皆兵的色彩，而且带有一定的强制性。1789～1794 年的资产阶级大革命时期，为抗击反法同盟，普遍义务兵役制首先在法国得以实行。

1月31日，这一秘密被公之于众，德国政府宣布对英国全境海域、北海的西半部以及从法罗群岛[1]直至西班牙的大西洋进行封锁。

德国人知道自己这样做是冒着迫使美国参战的风险，但是据他们推测，美国军队介入战争至少需要18个月的时间；而在此期间，封锁将迫使被断绝资源的英国投降。

威廉二世断言："八月，我们将赢得和平。"

与此同时，兴登堡和鲁登道夫正准备在西线纵深15千米至40千米内组织一场陆军大撤退。他们在维米[2]和兰斯之间摧毁村庄，焚毁森林，坚壁清野。

如果法国人此时发起进攻，那他们只能扑空，在他们面前的是一条条坚不可摧的德军阵地。法军最高司令部收到了航空侦察情报，但他们不明白德军为什么要撤退。尼维尔将军曾谋划在此防区进行一场旷世进攻，现在，他依然坚持此项计划。

但直至1917年春天，战争态势依然没有改变，这项计划注定要失败。

俄国正在经历革命。

彼得格勒大街上游行的民众呼喊道，"面包与和平"。

"苏维埃"——即工人和士兵大会——势头愈大，建立了一个事实上的权力机构，解除了士

尼维尔将军

1　法罗群岛位于北大西洋，挪威以西约602公里，苏格兰西北方约310公里处，今为丹麦王国的一个海外自治领地。
2　维米（Vimy）是法国北部－加来海峡大区加来海峡省的一个市镇，属于阿拉斯区维米县。

兵对长官的服从。

俄罗斯帝国分崩离析。

一个社会主义者克伦斯基[1]出任政府首脑，并宣布俄国继续忠于其盟国。但当俄国军队溃败，士兵离队紧跟在苏维埃身后的时候，谁还会相信这个承诺？而苏维埃则号召立即停止一切敌对行动，召开与德国的谈判。

此项号召正合威廉二世之意。

如果苏维埃俄国结束战争，那么德国军队就可以被派往法国战线，并在几天内突破其防线。

柏林于是决定协助流亡于瑞士的"布尔什维克党人"返回俄国。

列宁和他的同志们坐上"铅皮列车"，离开在瑞士的流亡地，穿越德国。

4月16日，列宁和他的同志们达到彼得格勒，紧接着，他便起草了"四月提纲"：布尔什维克党人应当夺取政权，并和德国缔结和平条约。

这不啻于晴天霹雳，此时此刻，法国政府需要应对激烈的批评。

众议院开始审视航空状况。一名议员指责飞机的质量太差，说道："如果你是飞行员去驾驶这些飞机，那只能是死路一条。"

战争部长利奥泰将军持有异议，他拒绝回答议员的质询，并补充说：

"即使是在秘密委员会我也没这么做，我很负责地认为，这将使国防安全暴露在危险之中。"

议会半圆会场内一片喧嚣。

一名议员长呼："我们依然否决议会的行动。"

议长德沙内尔试图平息会场：

"我恳求你们，先生们，以法兰西的名义（热烈的掌声从左边、中间和右边响起）；我恳求你们，以浴血奋战的人们的名义，以挥洒鲜血的人们的名义，

1　克伦斯基(1881~1970年，Керенский)，俄罗斯社会革命党人。1917年俄国二月革命以后，任利沃夫临时政府司法和军事部长。利沃夫垮台后出任总理。拒绝让俄国退出第一次世界大战，国内经济又陷入困境。十月革命中布尔什维克推翻了他的政府。后流亡巴黎。1940年移居美国，直到去世。

此时此刻，请保持安静……"

众议员们有节奏地喊道："共和国万岁！"。其中一人叫喊着："'军刀政权'已经过时。"

利奥泰将军旋即递交了辞呈，这也引发了政府的倒台。亚历山大·里博[1]接任政府总理，众议员——同时也是一位伟大的科学家——保罗·潘勒韦[2]任战争部长。

新政府的成立得到了 440 票的一致批准——有一百多张弃权票，我们还远远没有达到神圣联盟！新政府宣布将继续进行战争，直至胜利，"与我们的敌人统治和征服的欲望不同，我们意志坚决要收回原本属于我们的省份，得到赔偿和我们应得的保证，以及在尊重权利和人民自由基础上建议取得永久和平。"

这次讲话并没有引起舆论的热忱，因为战争就像是一个老巫婆，三年以来，她夺取了成千上万人的生命，而且仍然在持续。

宿命论似乎已取胜。

但是，峰回路转，美国的参战使局势得以重新洗牌。

威尔逊梦想和平，然而 3 月 19 日德国潜艇却用鱼雷击沉了维吉兰特号货船。

此外，威尔逊还发现德国驻墨西哥大使竟唆使墨西哥进攻美国。

4 月 6 日，国会投票决定对德宣战。

巴黎，激情澎湃的演说一时涌现。

1917 年 2 月 1 日，在《囚人报》上，克列孟梭抨击威尔逊的犹豫不决；

1　亚历山大·里博（Alexandre Ribot，1842~1923 年），法国第三共和国的政治家，曾 4 度出任法国总理。

2　保罗·潘勒韦（Paul Painlevé，1863~1933 年），法国政治家、数学家，曾在巴黎高等师范学校和巴黎大学学习，1887 年获数学博士学位，是 1908 年第一个同莱特一起飞行的法国人。1906 年他当选众议员，在白里安的内阁中任教育部长和发明部长，1917 年 3 月~9 月任战争部长，1917 年出任两个月总理。1925 年再次任总理，1930~1932 年任航空部长。1933 年逝世，安葬于先贤祠。

作为对无限制潜艇战开战的评论，他写道：

"当他试图以和平主义的模具重塑欧洲时，却并没有考虑到欧洲数个世纪的历史。而正当威尔逊先生为理想主义进行铺天盖地的说教时，德国鬼子却在他的眉宇之间迎面来了一记重拳。"

第六章

S I X T H   C H A P T E R

"我静候美国人驾坦克而来"

"我们的德国鬼子"在威尔逊"眉宇之间"来的那一记"重拳"却成功地使美国倒向了战争。克列孟梭因此成为美国总统的铁杆盟友。

然而在1917年年初,克列孟梭担心法国政客们并非真正愿意聆听波旁 – 帕尔马的西科斯特王子[1]的和平建议。因为其比利时军官的身份,这位王子也可以算作是一位盟友;但他同时也是奥地利皇后、匈牙利女王、卡尔一世的妻子齐塔[2]的兄弟,洞烛奥匈帝国的弱点。

波旁 – 帕尔马的西科斯特王子甚至向法国总统转交了一份皇帝卡尔一世的亲笔信,信中写有这样一句至关重要的话:

"我会用尽一切方法支持法国在阿尔萨斯 – 洛林地区的正当要求。"

1　波旁 – 帕尔马的西科斯特王子（le prince Sixte de Bourbon-Parme，1886~1934 年），意大利帕尔马公爵后裔，波旁王室成员，一战时以比利时军官的身份参战。

2　齐塔（Zita de Bourbon-Parme，1892-1989 年），帕尔马公主，1911 年嫁于不久之后登基的卡尔一世。

消息灵通的英国首相劳合·乔治写道：

"此乃和平是也！"

然而还有必要继续让千千万万的年轻人去送死吗？

这项和平尝试并没有取得成功，但是克列孟梭忧虑万分。

"我8点就寝，半夜时分醒来。整整一个小时，我在床上辗转反侧，无法入眠。"

他向秘书倾诉：

"在阿拉斯地区[1]有一个将领是个傻子！十足的傻子！他把自己的士兵抛向敌人，却没有准备炮兵掩护！有人问他：您为什么要这样做？回答是：这有助于保持军队精神！……我宁愿去死！我们需要多么良好的状态才能在毫无价值的虚无中幸存！不要米勒兰[2]！不要维维亚尼！"

在他视察前线的时候，军官们告诉克列孟梭，根据一项默认约定，法国战壕和德国战壕——有时两者相隔甚至不到三十米——里面的士兵们遵

---

1 阿拉斯（Arras），法国北部－加来海峡大区加来海峡省的市镇，也是加来海峡省的省会，是历史上阿图瓦地区的中心。

2 米勒兰（Alexandre Millerand，1859~1943年），法国左派政治家。1912年在普恩加莱内阁中任战争部长。在维维亚尼内阁中仍担任此职，直至1915年10月辞职。1918年当选为伦理和政治科学院院士。1920年1月乔治·克列孟梭辞职，他组成内阁，任总理兼外交部长。

守一种停战：双方都不会朝毫无遮掩运送"清汤寡水"的脚夫射击。

克列孟梭火冒三丈，爬上斜坡，朝着德国鬼子破口大骂。近侍们不得不紧紧拽住他，迫使他下来。

走在香槟省的土地上，他的身体下沉到了膝盖处，这是因为白垩土变成了一种黏稠而微白的粥状物，使得任何行动都变得步履维艰。

但战斗和征服还是要继续，克列孟梭对参谋部和政治界人士猛烈鞭挞，说尽管他们发表了各自的决战申明，然而却被有法子终止这场屠杀的想法所引诱。因此，他与 1914 年希望与德国和解的约瑟夫·卡约[1]、内政部长马尔维以及被他怀疑"为受德国鬼子资助的报刊供稿"的记者们长期不和。

克列孟梭和大部分决意继续战争的政客们聚精会神地聆听接替霞飞的尼维尔将军的讲话，他断言：

"通过突袭，我们能够在我们希望的时候冲破德军防线。"

尽管得知德军已后退 15 至 40 公里，如此以来，突袭将很难奏效，但尼维尔依然按照原计划行事。

路易·马尔维

1　约瑟夫·卡约（Joseph Caillaux，1863~1944 年），法兰西第三共和国政治家，国家征收所得税的早期支持者，后因反对第一次世界大战，试图与德国和解，1920 年以叛国罪入狱。

"通过全体预备役部队的急行军，迅速攻克敌军生死攸关的补给点，我方即可将其彻底打垮。"

尼维尔对自己太过自信，甚至夸口在进攻之夜，他将酣眠于拉昂[1]。

法国集团军的四位指挥官却没有尼维尔那么乐观，他们打算将实情告知战争部长潘勒韦；然而在他面前，这些将军们却变得支支吾吾——除了贝当。

部长们让步了，他们赋予了大元帅自由行动的权力。主攻发动日期被锁定在了1917年4月16日。

进攻地点位于瓦兹、兰斯山和贵妇小径[2]之间。

突袭完全无效！

在贵妇小径的脊线上，法军并未突破德军的第一条阵地。在克拉奥讷[3]防区，法军虽然到达了德军的第二条战线，但却损失惨重。当毫无意义的大屠杀持续了三天之后，4月19日，停止行动的命令被下达。

单是法军方面就有六万人战死。

尼维尔冥顽不化，于4月30日至5月5日期间，又在贵妇小径和兰斯两侧发动了一系列进攻。

又是亡者无数！

5月15日，应保罗·潘勒韦的请求，部长会议解除了尼维尔的职务，代之以贝当。福煦则接替贝当，出任总参谋长和政府军事顾问。

贝当将军用一句话道出了他所想要实施的战略：

"我静候美国人驾坦克而来。"

1　拉昂（Laon），位于法国北部，是皮卡第大区埃纳省省会，靠近德法边境。
2　贵妇小径（Le Chemin des Dames）位于法国埃纳省，是建造在山脊上的一条休闲步行道，原由法国国王路易十五设计给他的女儿们作娱乐之用。在第一次世界大战期间，它重要的战略位置导致对其控制权的反复争夺。这些战斗发生在1916~1918年，是西线战场的著名战役。
3　克拉奥讷（Craonne），位于法国东北部，皮卡第大区埃纳省的一个市镇，属于拉昂区克拉奥讷县。

第七章

SEVENTH CHAPTER

"我们正经历悲情时刻"

1917 年新任总司令贝当将军所说的这一句"我静候"是国家精神状态的反映。

大队的士兵拒绝上前线。兵工厂里的男女工人举行罢工，大喊着"打倒战争！"。士兵们希望通过这些血腥的进攻结束战争，最终却还是退回到了先前发起进攻的战壕里，如惊弓之鸟，知道自己可能会被德军的机枪撂倒。

部队成编制地发生哗变。

反叛的时刻已然来临。士兵们朝军官喊道："休假和勋章"，因为他们想在法兰绒上衣上别着展示其英雄气概的装饰物，荣归故里。

在后方，人们抗议高物价和物资短缺。

200 000 名冶金联盟工会成员举行了大罢工，梦想着工人们和革命者的国际大联盟。他们说道：

"我们知道，如有需要，我们会站起来，和俄国以及德国的同志们团结在一起，投入一场国际反战反征服运动。"

女工们也加入了罢工人群，高喊着："我们想要和平，打倒战争！"

然而对于政府和高级指挥部来说，最令人担忧的事莫过于反叛。

士兵们把军官的汽车炸为齑粉，成千上万的战士挤占了火车站，要求休假，并指责前来阻拦的宪兵。

抗命行为也越来越多。

一位社会党议员皮埃尔·赖伐尔[1]站在众议院的讲坛上，宣读一份来自前线的书信。

此封书信写于 1917 年 5 月 29 日。

"皮埃尔·赖伐尔——我斗胆向诸位展示一些我的通讯人所写的事实，它们虽然细小，但却极其严重。自昨天上午以来，组成第五师、第 36、74 以及 129 步兵部队的三个团部中，有一半的战斗人员公开叛乱。第六师似乎也在滑向暴动，第三军团炮兵部队的情况也是如此，所有的工事都中断了……"

"战争部长——蹩脚的宣读！"

"皮埃尔·赖伐尔——军团拒绝冲出战壕，不管第三军团的上校和指挥官勒布伦将军是苦口婆心还是声泪俱下，都无法促使法国士兵遵守任何命令。自 2 月 15 日起，军团就没有再占领第一条战线的战壕。然而，因为指挥失误，申请休假的士兵等待了五个月、五个半月。食品短缺，指挥部就在最近展开了一次相关调查，后勤部门掺杂使假，从中渔利。

我的通讯人对我说："我个人也掌握着证据，供你使用。我们的军团

1　皮埃尔·赖伐尔（Pierre Laval, 1883~1945 年），法国政治家，社会党人，1914~1919 年和 1924~1926 年，两度任职于国民议会。20 世纪 30 年代，担任过多个内阁职位，并于 1931~1932 年和 1935~1936 年两度担任法国总理。第二次世界大战期间，支持菲利普·贝当上台。法国沦亡后，在希特勒支持下，1942 年 4 月出任总理，此后一直左右贝当政府。法国光复后，1945 年 10 月 9 日被巴黎高等法院以叛国罪判处死刑。

指挥部通过一场头戴平顶帽[1]、脖系领结、身披雨衣的愚蠢战争和休息期间难以置信、泛滥过度的演习，来使战士们精疲力竭。"

"法国士兵们早已厌倦了被无能之辈驱使着进攻，在后者身上，毫无责任可言。（社会党所在的长椅以及左侧的其他长椅上响起了掌声。[2]）"

"军队处于机枪手的密切监视之下，一筹莫展。我听到暂时指挥我们团部的营长说：'在那里我经历了军事生涯中最糟糕的一天，然而，那里的士兵却言之有理。'又将突然发生什么呢？指挥部软弱无能，我们的军官缄默不言，愤怒的情绪在膨胀。为了制止一场灾难，我们能否进行干涉？那本将会是个伟大的时刻。部长先生肯定知情。我向你保证，上述事实绝对确凿无误。"

轮到战争部长保罗·潘勒韦登上讲坛了，他并不否认赖伐尔所讲述的事实。

他嗓音深沉，充满激情，掷地有声：

"此时，我们正经历悲情时刻，和1914年4月4日我们所经历的时刻一样严重。1914年4月4日，众议院在一场团结一致的猛冲中站起来，对抗脱缰放纵的帝国主义。我们的国防从这一团结中摄取了无与伦比的冲力。此时我们经历的时刻和那时同样严重；但是尽管时局如此严重，也不管我们将要经受的考验是什么，我们都将凯旋，取得法兰西式的和平，这是一种无愧于法兰西、无愧于她的英雄气概、无愧于她所做出的牺牲的和平。然而前提是，国家精神和军队士气都不能抱恙染疾。"（左中右都响起了掌声，却被社会党所在的长椅上传来的嘈杂声打断。）

潘勒韦搞错了，国家精神和军队士气早已染疾。

罢工的工人，哗变的士兵，虽然他们并不占多数，但却反映出一场危

1　平顶帽（képi），法军标准军帽，圆筒平顶。
2　议会席位布局中，左派政党居左，右派居右。

机扰动了公众舆论。

神圣联盟遭到怀疑，尽管它依然使整个国家凝聚在一起。

而少数坚定的社会党议员们坚持要求"没有兼并的和平"。

内政部长马尔维拒绝镇压示威游行。对于像《赤冠报》（*Le Bonnet rouge*）[1]那样、鼓动所谓的名流阿尔梅利达[2]散布和平宣传的报纸，马尔维也并不对其实施查禁。

约瑟夫·卡约，甚至白里安都与德国或奥匈帝国的密使保持联系。

此外，还有一位狡猾的信息搜集者（或者说间谍？），她收受的资金来源不朗。

玛塔·哈丽，一位舞女，以间谍罪被捕入狱，她被判处死刑，并立即处决。

克列孟梭不断发出正式警告：

"罪恶在上演，这些罪恶要求得到迅速惩戒。你们竟相信自己和德国人进行了三年战争，而他们却不会试图在你们家里搞间谍活动！……现如今，这张密网的一角已被撕破……"

● 玛塔·哈丽[1]

1　玛塔·哈丽（Mata Hari，1876~1917 年），荷兰人，20 世纪初知名交际花，一战期间与欧洲多国军政要人、社会名流都有关联，最终在巴黎以德国间谍罪名被法军枪毙。

1　又称弗里吉亚无边便帽或自由之帽，法国大革命中成为自由的象征。

2　即让·维果（Jean Vigo，1905~1934 年），法国著名导演，阿尔梅利达（Almereyda）为其笔名，意为"一堆废物"。他短暂的一生只留下四部短片作品，对后世却影响深远。1913 年，他创办《赤冠报》，一战后期改变原先的立场，转而成为一位和平主义者。

然而事实上，几周后，情况发生了变化。

通过一套老练的政治手腕——强硬而适度的镇压、士兵休假制度、改善军队生活条件，贝当将军队紧握于手。六月底，叛变中止了。

在政治家和记者中间，克列孟梭发起的攻击迫使马尔维辞职，不久，总理里博紧随其后，被潘勒韦代替。

但这却是一个被削弱的政府，而克列孟梭则看起来越来越像是发号施令的首脑。

他树立起一个雷厉风行的国务人员形象。

他抑扬顿挫地说道："是的，和平，但却是建立在对权利的自豪感上，建立在野蛮凶残的进攻不会卷土重来的安全保证上……除了埋头行动，别无他法。"

尽管共和国总统对其充满敌意，克列孟梭却依然向外界展示他将竞选总理一职。

他写道："我们是需要一个政府还是不需要？这个问题就是一场危机，一场实实在在的危机，一场性格危机、意志危机。三年来，我们始终在等待一条出路……议员阁下们，请速速把握好军队和影响力之间的配合！"

局势不容乐观。

意大利人刚在卡波雷托[1]遭遇惨败。四个法国师和四个英国师前去援助他们以堵住突破口，阻止奥匈帝国军队占领威尼斯，入侵意大利的经济中心威内托[2]和伦巴第[3]。

在俄国，列宁领导的布尔什维克党人已经在彼得格勒夺取政权。

10 月 23 日，法国军队发起的攻势取得了胜利，经过三天的战斗，法国军队成功夺取了"贵妇小径"的制高点。虽然此次胜利抹去了 4 月 16 日

1　指卡波雷托战役（1917 年 10 月 24 日 ~11 月 9 日），在第一次世界大战期间，奥德联军在卡波雷托（Caporetto，意大利北部伊松佐河畔一居民点）地域和意大利第二和第三集团军进行的一次交战，意军败北。此次战役是一战中规模最大的一次山地交战。

2　威内托大区（意大利语：Veneto），位于意大利东北部，座落于阿尔卑斯山和亚得里亚海之间，大区首府为威尼斯，毗邻伦巴第大区，北邻奥地利共和国。

3　伦巴第（Lombardie），意大利北部大区，北与瑞士相邻，是意大利最重要的经济区。

尼维尔攻势的惨败，但却依然没能扭转乾坤。

问题在于政治——克列孟梭会得到普恩加莱的任命，领导政府吗？

随着社会党人的逼近，这一设想化为泡影。

他们宣称："选择克列孟梭是对工人阶级的挑战，同时也是'国家防务'的威胁。"

然而社会各界却请求任命克列孟梭。

1917年11月15日，克列孟梭在自己创办的报纸上发表了一篇名为"我们呼唤一个政府"的社论。

他写道："终于，在法国，一种社会舆论突破了新闻审查和秘密委员会，驾驭'光荣之日'的时刻已然到来，这是共和制度的第一前提。"

"我们坚韧不拔的人民已不能接受欺骗宣传。"

"政府将会是一个由兢兢业业的人组成的实干团队。'生死时刻，光明磊落'这句格言正源于此。"

下篇

卷 二

P A R T　　T W O

1918 年 ~1920 年

第八章

E I G H T   C H A P T E R

"生死时刻，光明磊落"

1917 年 11 月 13 日。

保罗·潘勒韦政府变成了少数派。

这是自 1914 年 8 月以来，第一个被倒阁的政府。

社会党议员们支持潘勒韦，他们喊道："打倒克列孟梭！共和国万岁！"

众议员富兰克林·布庸[1] 受到共和国总统的接见，并与其共忆布尔什维克在彼得格勒和莫斯科的胜利，以及列宁不惜一切代价和德国和解的决心。

他总结道：

> "克列孟梭出任部长，这无异于是一场内战。"

1　富兰克林·布庸（Franklin Bouillon，1870~1937 年），法国政治家，激进社会党中的右翼成员，敌视共产主义和社会主义，与土耳其国父凯末尔为挚友。

普恩加莱却反驳说："在我看来，克列孟梭是众望所归，因为他愿意在战争和司法事务上坚持到底；在此情况下，我无权仅仅是因为他对我个人的态度而将其排除在外。此外，我们是要在卡约和克列孟梭之间做出选择，那么，我意已决。"

11 月 14 日，普恩加莱接见了克列孟梭。现在只剩下"咨询"一下参议院的两个委员会主席、军队首脑和外长。

而克列孟梭知道，普恩加莱是在试探他，他吐露：

"我想要拥有多数，我也一定会拥有多数；如果不是左派，那就是右派……总而言之，我是一个老牌雅各宾派[1]！"

普恩加莱在他的《日记》里写道："他羽翼已丰，一意孤行的冲动在增长，他的才智完好无损。然而他的健康？他的意志？我越来越感到冒险的危险。可爱国者的舆论却站在这个讨厌的家伙一边，如果我不任命他，那么他传奇般的力量必将削弱另一个政府。不管怎样，会谈是热情洋溢的——他认为应当以等待美国人到来的方式进行战争，在他们到来之前，则要养精蓄锐，避免消耗……我并未向他提出任何条件，但我告诉他，将来还会和他重新会谈……"

翌日，11 月 15 日，一位共和国总统府军事专

乔治·克列孟梭

---

1 1789 年法国大革命时期的雅各宾派以激进著称。

员告知克列孟梭，普恩加莱总统于 15 点等待与其会面。克列孟梭"有些喘息，感冒得很严重，但却活力四射，精神焕发"，在约定的时间走进了普恩加莱的办公室。

普恩加莱向其宣布任命他为部长会议主席，并明确到："我会对你知无不言，畅所欲言，并直率地给出我的观点。然后，你将根据自己的职责做出决定。"

对此，克列孟梭回答说：

"若是没有前来拜会您，我是不会做出任何决定的。"

克列孟梭在数小时内便组建了他的政府：十四位部长和九位次长。其中有九位激进 – 社会党部长，一位共和 – 社会党部长和两位左派共和党部长。

社会党人决定投票反对政府，温和的或右派报刊——如《巴黎回声报》《高卢人报》《费加罗报》——却支持政府。每个人都明白，这个政府归于一个名字：克列孟梭。

1917 年 11 月 20 日，"老虎"登上了众议院的讲坛，他将以坚毅果敢的嗓音宣读部长就职宣言。

人们都知道，克列孟梭不是一个喜欢隐藏其意图的人。

对他以及对法兰西来说，"生死时刻，光明磊落"的时刻已然到来。

"先生们，

我们决定入阁，并将加倍努力，以期收获最大的能量，来领导这场战争。

怀揣着全面战争的共同信念，今天我们展现在你们面前。我们希望，你们展现出来的对我们的信任，同样也是对你们自己的信任。这是一个对美德的号召，而这一美德曾在历史上将我们塑造成为法国人。法国从未像今天这样清晰地感到，她想要活下去的愿望是如此强烈，践行人类良知的理想与日俱增，在诸公民和全体有能力自我解放的民族之间订立更多权利的决心是那么坚定。为公正而战，这是自开战以来各届政府的共同口号，而我们将坚决维护这一昭知天下的计划。

我们拥有战绩辉煌的虎贲之士，他们在久经磨难淬炼的军官领导下、在无上忠诚的激励下，斩获威名，光宗耀祖……

那些被我们强制投入战斗的法国人，他们同样也有权自由支配我们。他们不希望我们的想法与他们的背道而驰，不希望我们的行动对他们来说异常陌生。不容置疑，我们欠他们的太多。太多，为了在荣耀中滴血的法兰西；太多，为了最为精彩的凯旋权力。唯一一个简单的义务——与战友生死相伴，同甘共苦，并肩作战。放弃一切与祖国无关的东西。仅仅作为一个法国人而存在的时刻已经到来，并且我们满怀自豪地告诉自己，如此足矣。前线的权利和后方的义务，如今已混为一体。全国已成为一个大军区。（……）

作为诸多理想的决斗场，我们亲爱的法兰西已为人类所有的一切受尽了磨难。……法兰西的灵魂力量屹立不倒，正是这一力量驱使我们的民众辛勤工作，就像舍身战斗一样。（……）

我们也曾有过失误，但是既往不咎，我们所能做的，仅剩弥补失误。

唉！遗憾的是竟也存在针对法国的罪恶，这要求我们立即采取惩治措施。在你们面前，在所有要求公正的国家面前，我们许下诺言，我们会依照法律的威严，匡扶正义。不管是个人的言论还是政治热情的煽动，都不能使我们偏离义务，或使我们超越它。在战斗前线，太多的侵权行为最终以法国士兵白白流更多的鲜血而终结。懦弱也逃脱不了干系。我们将勇往直前，也会避免暴虎冯河。所有因此而被指控的人都会被送至军事委员会。而在法庭上的战士与正在厮杀的士兵依然团结一心。和平宣传越多，德国人的阴谋也就越多。我们决不接受叛变和心怀异志，只能将战争进行到底，除此之外，别无他法。我们的军队也绝不能腹背受敌。正义来临之时，我们的国家将得到保卫。"

克列孟梭停顿了一下，以便喘口气。

"会有那么一天，从巴黎直至最不知名的乡村，狂风般的喝彩声会迎接凯旋的旗纛，它在血泪中扭动，被弹片扯碎，而这则是毅魄归来最为壮丽的显圣。到那时，就该我们踵武前贤，去展现法兰西民族最为卓越的一面。为了义无反顾的决心，我要求诸位先生们拿出自己的毅力。"

克列孟梭紧抓着议会讲台，此刻，富有节律、经久不息的掌声在议会半圆大厅里鸣响。

走廊里，众议员们正在答记者问。克列孟梭的支持者重拾"老虎"之牙慧。

他明确了决胜的意志，"为公正而战……""那些被我们强制投入战斗的法国人，他们同样有权自由支配我们……"

民众为演讲结尾对未来胜利的展望而感到兴奋不已。"而这则是毅魄归来最为壮丽的显圣。到那时，就该我们踵武前贤，去展现法兰西民族最为卓越的一面……"

社会党议员们却拒绝被这种抒情诗般的激情所左右。

他们已准备好向克列孟梭投反对票。

而在随后召开的、克列孟梭也参与其中的辩论中，他们将对此进行解释。

然后，就是投票。

第九章　　　　　　　　　　1917

N I N T H C H A P T E R

"为正义而战"

半圆会场的第一排，克列孟梭坐在给总理预留的席位上，洗耳恭听。

他半眯着眼，蓬乱的睫毛掩盖了眼睑。

社会党发言人追忆 1906~1909 年，并攻击到，那时作为政府首脑、绰号 "法兰西头号条子" 的克列孟梭[1]镇压了罢工。

最为温和的社会党发言人重申：

"关于信任，只有在你们知道如何应对的前提下，我们才会给予你们信任。"

克列孟梭俯身探向自己的邻座，参议员儒勒·让尼[2]，后者已经接受主

1　1906 年 3 月，克列孟梭在萨里昂内阁中任内政部长，同年 10 月萨里昂内阁垮台后，他出任总理兼内政部长。

2　儒勒·让尼（Jules Jeanneney，1896~1957 年），法国激进－社会党人，1917 年 11 月 6 日至 1920 年 1 月 20 日任法兰西第三共和国部长会议主席副国务秘书。

管战争事务的副国务秘书之职，因此也就成为总理的助理。克列孟梭向他窃窃私语：

"生活就是一场战斗。我曾不遗余力地攻击其他人，他们很自然也会攻击我。"

他知道，在军事事态很有可能演变得像1914年8、9月那样危险的时刻，人们还指望着让他指挥战争。

此外，人们还希望他能参与反对马尔维部长和约瑟夫·卡约的斗争，这两个人被指控犯有叛国罪。

上述两个人代表了另一种政策，这倒也不假。马尔维的不镇压政策，而卡约则对与敌和谈的想法持开放态度。

克列孟梭有意让司法部门进行干预，以这位前部长犯有叛国罪的名义将其移交给特别最高法院[1]。至于卡约，也可以用同样的理由进行起诉。

在各位发言者提起两位卓越政治人物责任的同时，克列孟梭唧哝低语：

"你们将会知道真相的！"

至于政治总路线，他知道如何去界定它：

"目标只有一个——维持法国人民的士气，度过这个前所未有的危机时刻……我的对外政策和对内政策合二为一。对内政策：我要进行战争。对外政策：我要进行战争，我始终都要进行战争。"

然而他却不愿屈尊审判马尔维或是卡约。

应马尔维的请求，议会委员会召开会议，想知道是否应该决定将这位前内政部长移交给特别最高法院。他们得出两个"骇人听闻"的动机：一方面，马尔维可能曾向敌人提供有关贵妇小径进攻的情报；另一方面，他有可能

1　特别最高法院，Haute Cour（ de justice ），由法国议会推选组成，受理总统及部长等的渎职案。

挑起了军人叛变!

这两项指控是如此离谱，以致于马尔维的支持者认为他们不得不为其辩解；而对这位前内政部长的政敌来说，他们却希望这两项指控能给他带来无法磨灭的污点。

克列孟梭嘟哝着：

"难道说我还要担负起对这个人或那个人的指控吗？这不关我的事。如果我这样做了，那我就不配站在这个讲坛上，不管以何种身份。"

克列孟梭登上议会讲坛的那一刻，他并没有犹豫，因为他已经准备好直击主题要害的回答。

他说道："我并没有寻求权力，也没有阿谀列强。我就站在这里，为什么？因为即使事态极其糟糕，但那些久经磨难的人们发现在自己的内心深处，依然对祖国满怀挚爱；他们可能都没有对自己产生过怀疑，而只感到一种义务，即无论如何都要向国家畅言，向其说明可能会犯的错误，并亲冒风险，把它们指出来。

我不会许下空洞的诺言。

最近显露的问题是，我们是否应当让被动员的老龄士兵复员还家。

我认为此时此刻，还不可能使他们撤离岗位。

你们大可对我横加指责，但是有一点，你们却绝不会指责我误导欺骗了你们。"

当一位众议员诘问他的战争目标时，克列孟梭胳臂高擎，双拳紧握。他难道没有陈述出自己的战争目标吗？

"当你们质问我的战争目标时，我只能以'成为得胜者'作答。"

掌声经久不息。

信任议事日程投票结果显示：483 票中立，418 票赞同，65 票反对，25 名社会党人弃权。

第十章

T E N T H   C H A P T E R

"依我所见，行动至上"

此次信任投票结果宣布之后，克列孟梭的夹鼻眼镜依然嵌在眼眶里，上半身向前倾斜，离开了半圆会场。

他因此给人一种奋力攀爬陡坡而毫不喘息的印象。

看到这位 76 岁高龄的老人跳过战壕，将陪伴他的军官们甩在后面的法国士兵们都能感受到从这个"嗜血老鬼"身上散发出一股非凡的能量，就连他的敌人以及保罗·毛杭[1]都这么说。

对自己所要应对的庞大使命，克列孟梭心知肚明，而且他非常注重时间的利用。

他每天都会回家和家人共进午餐。

1　保罗·毛杭（Paul Morand，1888~1976 年），法国著名作家，法兰西学院院士，外交官，被誉为现代文体开创者之一。与法兰西学院文学大奖齐名的保罗·毛杭文学大奖即是以他的名字命名。

23 点左右睡觉。在这之前，他会与自己最忠实的幕僚中的几位见面，而这些幕僚则构成了围绕在他身边的小圈子。

克列孟梭起得很早，并且会利用一个小时，在一位教练的指导下练习一场体操。

然后开始一天的生活。

他会接见议员、部长（每周一次的部长会议使他们聚在一起），始终与福煦或贝当保持联系，与莫达克将军[1]、乔治·曼德尔[2]让尼以及他最亲近的幕僚斟酌时局。

他经常造访爱丽舍宫。

普恩加莱写道："他来向我作报告，和我待上大约半个多小时，滔滔不绝、语无伦次地认真研究所有的问题。有好几次他都丢掉了思路……他语速很快，涉及面很广，从不就某项事务询问我的意见，也不容我插嘴。总之，如果认为属于自己的官方义务，他便会尽量友好地完成它……仅仅是为了告知我一些情况，而绝非向我征询意见。"

普恩加莱没有搞错。

贝当和福煦将军 ●

---

1 亨利·莫达克（Jean Jules Henri Mordacq，1868~1943 年），法国少将，曾任法国驻阿尔及利亚及东京湾殖民军团指挥官，后成为克列孟梭的高级参谋，并于 1917~1920 年任战争部长。
2 乔治·曼德尔（Georges Mandel，真实姓名为 Louis Georges Rothschild，1885~1944 年），是一个名为 Rothschild 的女孩的私生子，是克列孟梭《自由人》报的合作记者，1908 年成为其内阁专员，是两次世界大战之间著名的政治家，第二次世界大战法国抵抗运动成员，1944 年 7 月 7 日被民兵刺杀于枫丹白露森林里。

对于克列孟梭来说，共和国总统就像前列腺一样无用。在他的机构观念中，他认为完全可以将其切除！

他支持"议会政体"。这就意味着每一次重大决策，总理都必须获得多数投票。1917年12月，克列孟梭已经可以依靠众议员们的支持。

他说："我对名望不屑一顾，只是偶然间才发现自己是民心所向。既然如此，那就应当立即行动。"

然而朝哪个方向呢？

他说："依我所见，行动至上。"

一旦行动建立起来，"就应当像呼吸一样自然而然地行动"。而对克列孟梭来说，不管是何种困难——罗马尼亚盟友的投降，抑或是俄国盟友的变节，"我都会继续进行战争，战斗至最后一刻！"

他解释道："我的精神状态非常简明，接受过自我意识形态教育，并且对此绝无后悔之意。我需要纠正在勤勉的经验主义中所做出的许多判决，这一出色的理论在四十年的时间里经过事实检验，而我则从中收获了怀疑的经验，同时又不会过多丢失对理念的热情。"

他的个性由检验塑造，扎根在坚毅的性格和完美的意志当中，使人肃然起敬。

克列孟梭毫不犹豫就批准了对约瑟夫·卡约的逮捕，后者被认为是终结战争、与柏林和维也纳展开谈判政策的鼓手。

尽管拥有很高的名气和巨大的影响力，卡约还是被收押在"拉桑德监狱"[1]，后来又被转移到讷伊[2]的一所疗养院。

卡约并非"叛徒"，只是他鼓吹另类的政策，但这足以将他踢出局。

而作为"真正的叛徒"的象征，玛塔·哈莉被拘捕，判处并被执行死刑。

1906年，时为内政部长的克列孟梭对公共秩序和社会运动时刻保持警

1　La maison d'arrêt de la Santé，简称 prison de la Santé 或者 la Santé，直译为"健康监狱"，位于巴黎第14区蒙帕纳斯街区，拉桑德大道上。

2　此处当指塞纳河畔（Neuilly-sur-Seine），是法国巴黎西北郊的市镇，属于巴黎以西的上塞纳省。

惕。他采取预防措施来预知和遏制工人骚动，因为他认为这些骚动是紧盯着列宁领导的俄国和苏维埃权力的。

工人骚动希望实现共产主义革命所宣布的立即和平。

在布列斯特－立托夫斯克，布尔什维克党人向德国人的苛求屈服了，以此为代价，和平条约得以签订……如此，德军部队则可以舍弃东部战线，调转枪口，直指法国前线。

在巴黎、奥尔良[1]、图尔[2]、鲁昂[3]和圣艾蒂安[4]的工业区，克列孟梭命令四个骑兵师驻守于此，监视工人的集会行动。

克列孟梭因此把"反对势力"打压下去，将感染"和平主义"以及"革命运动"的危险扼杀在摇篮里。

面对社会党人，他大喊道：

"先生们，工人阶级并不是你们的专属财产……"

至于德军如决堤之水涌向法国战线的问题，他义正言辞地说道绝不会采取任何退伍措施，使大部分出身农民、最早征召的军人复员。

他重申："我曾说过！若是前线对后方有需求，那么后方人员会立即重新开赴前线——他们也必将是首先提出如此要求的人。"

在克列孟梭面前，所有人都沉默了，人们在他的权威面前屈服。"平民们一定要挺住！"

1917 年 12 月 21 日，克列孟梭履新的第一个月开始了。

他说："我不畏惧我的责任。你们将来会接受我之前没有向普恩加莱申请部长职位的决定。在他向我发出号召的那天，如果我拒绝接受权力，

1　奥尔良（Orléans），法国中部城市，中央大区的大区首府和卢瓦雷省的省会。

2　图尔（Tours），法国中西部城市，中央大区安德尔－卢瓦尔省的省会。

3　鲁昂（Rouen），位于法国西北部，是上诺曼底大区的首府。

4　圣艾蒂安（Saint-Étienne），法国东南部城市，罗讷－阿尔卑斯大区卢瓦尔省的省会，煤炭工业发达。

那么我必然会为世人所不齿……我试着引导战争……当隐约听闻但却清晰感知的法国士兵在前线奋力厮杀的时候，他们却认为在后方有一些人背叛了自己，你们难道认为这是一种良好的精神状态吗？绝非如此！（……）

首要的责任就是将所有的公民、参议员和众议员置于正义和法律之下……"

第十一章 1918

ELEVENTH CHAPTER

勇士献花

所有人依靠的公民正是法国士兵，这些来自全国各地的农民们自 1914 年 8 月便一直忍受着烈火地狱的折磨。

也正是对他们，克列孟梭寄予厚望；正是根据他们，克列孟梭才能判定这样或那样的创举。

1918 年 1 月 8 日，美国总统威尔逊向美国国会递呈十四点方案，即一份和平条约的草拟文本——但什么时候签订！这份和平条约的拱心石是国际联盟 [1]，而克列孟梭对此则表示怀疑。

他声明："我并不认为国际联盟就是现在这场战争的自然终结，我会告诉你们我的理由，即假如明天你们向我建议把德国也接纳进国际联盟，我是不会同意的，因为你们能给我何种保障？一个签约的保障？那么去问

1　（la Société des Nations，即国联——译者注）

问比利时人他们对德国签约是怎么看的 [1]……这也就是为什么你们总是被迫以惊呼'德国将会自己打破普鲁士的军国主义！'开头。"

克列孟梭还担心法国士兵们的反应。

他说："在勇士们厮杀的时候，这个或那个国家、这个或那个党派的代表们已经就达成和平协议而会面，某些交易正在酝酿，凡此种种的谣言在战壕里广为传播。然而，在我们也不确定的数月里，他们还必须在泥浆和血泊中摸爬滚打。"

克列孟梭臂膊高擎，双拳紧握，疾声高呼：

"这是一条使一个民族解除武装的伎俩！"

而克列孟梭和总司令们——福煦、贝当——知道俄国的变节使得德国人能够将其武装力量的主力布置到西线去。

德国列置了 192 个步兵师，协约国则为 172 个（西线法军有 2 800 000 名战斗人员）。

在此情况下，贝当将军认为在 1919 年之前不能尝试任何大规模行动，因为 1919 年将会有二百万美国大兵出现在法国的国土上！

福煦将军则正相反，他认为从 1918 年就应该发起"决胜之战"。

克列孟梭踌躇不决，徘徊于进攻性格和谨慎理性之间，亦即福煦和贝当之间。

尽管如此，他还是希望"像呼吸一样自然而然地行动"，他巡视前线，为的是了解战争实况，以及和法国士兵们取得联系。

他的第一次巡视发生在 1918 年 1 月 18 日。

一位见证人讲述道："这是法国士兵第一次在战壕里见到作为政府首脑的克列孟梭先生，他们的欢迎是如此热烈，以至于在这些勇敢的人的喜悦之情面前，克列孟梭答应在他空闲的时候，便会来慰问他们。"

1　指 1914 年 8 月，德国破坏比利时自 1839 年签订《伦敦条约》以来的中立国地位，假道比利时攻击法国。

他在靠近瑞士边境、距德军阵线不足 200 米的地方巡视。他径直走到哨兵面前，哨兵们看到他感到异常兴奋——他竟然敢于亲冒矢石，躬历危险。

而在另一次巡视中，他站在一个山头上，声音激昂地朝德军喊道：

"喂！小伙子们！请稍候！我们必将占上风！是的，是的，我们很快就会占上风！"

在那里，来自阿尔及利亚的狙击手给了他一杯茶，一张煎饼。

在香槟地区，他亲自攀爬白垩土陡坡。

他讲述道："士兵们囚首蓬头，头发因香槟地区的土地而像是扑了一层白霜。缄默不言，一些人面无表情，一些人笑容深沉……士兵们正要立正看齐，行军礼，而军官则出列向前，嗓音颤抖：'第三团第二营第一连向您报到。'就这样！一只粗糙的大手献上一小束白色鲜花，因困难而庄重，因意志而火热。"

正是这束早已枯萎的花，克列孟梭希望未来某一天能把它放进自己的棺椁里。

1918 年乔治·克列孟梭视察最前线。此张照片于 1918 年 5 月 26 日刊登在《明镜》报上。

第十二章

TWELFTH CHAPTER

"挺住，挺住；忍耐，忍耐"

1918 年头几个星期里，克列孟梭对前线士兵的慰问，有关他的奇闻异事，他站在法军战壕里冲着德国人的咒骂——"下流胚，蠢猪，我们最终还是占了上风！"所有这一切在这位总理身边编织成了一个传奇。而克列孟梭每天都要召见的"知名"报刊巨头无疑起到了推广的作用。

报纸上写道："克列孟梭是人们甘愿为其抛头颅洒热血的人物之一。"

然而，法国并非普天同心。

人们当然承认这位总理的勇气，决胜的意志——也正是如此才应当坚持到"最后一刻"。然而却是以多少伤亡、多少牺牲为代价呢？

人们反复吟诵着这首四行诗：

"黑纱蒙丧裹尸布，
克氏死战鸣鼙鼓。

仁人长叹泪潸然，

一将成名万骨枯。"

战争不仅在前线继续造成伤亡，就连后方的巴黎也未能幸免。

当齐柏林飞艇和"鸽式"飞机[1]飞临巴黎进行轰炸时，人们并没有退缩。轰炸并没有带来任何伤亡，只造成些许损失。

● 德国"哥达"战斗轰炸机

三月，"哥达"轰炸机出现在天空中。这种三翼窄翼飞机以十数架、编成空军中队的方式飞行，它们投弹时并不企求命中目标甚至是巴黎民众，只求取得威慑效果。"哥达"飞机不断骚扰法国首都，防空警报一次次接连不断，伤亡众多，损失惨重。

巴黎市民惊慌失措，一些人开始逃离这座城市。

1 L'avion Taube，自1912年在奥地利军队中列装的一种军用单翼飞机，因形似飞鸽，故得名。

● 道格拉斯·黑格和保罗·普恩加莱[1]

人们认为这些空袭是德军大规模进攻的序曲，但却没有任何一个人能想到会是在 1914 年 8 月！马恩河战役。从此绵绵无绝期！

1918 年 3 月 21 日，人们所担忧的德军大规模进攻开始了。

得益于三周前与布尔什维克党人在布列斯特-立托夫斯克签订的和平条约，德军得以从俄国的威胁中抽身，将 65 个步兵师调往自斯卡尔普河[1]至瓦兹 60 000 千米的战线上，对英军阵地进行猛烈攻击。

黑格将军指挥的英国军队在这次汹涌攻势中被打得措手不及。

德国步兵已经经历了三年战斗的磨砺。前线、突击、反攻构成了这些"安静、肮脏、戒除享乐"的人的世界。

他们向前推进，越过受到炮火压制的英军战壕，一些炮弹还是毒气弹。英国人不得不撤退，并向贝当请求增援。虽然许诺增援二十个师，然而贝当实际上却拒绝增派超过 6 个师的兵力。

因为贝当希望保卫巴黎，这座城市像在 1914 年那样正遭受威胁。

3 月 24 日上午，克列孟梭告知普恩加莱说，政府可能不得不撤离首都。

1　道格拉斯·黑格（Douglas Haig，1861~1928 年）第一代黑格爵士，生于苏格兰爱丁堡，1884 年进入桑赫斯特皇家军事学院。1905 年，晋升为少将，1909~1912 年，担任印度军队的总参谋长，于 1910 年晋升中将。曾镇压马赫迪起义，参加第二次英布战争，一战中的马恩河战役，"奔向大海"之战，索姆河等战役。

1　斯卡尔普河（la Scarpe），法国河流，属于斯海尔德河的左支流，发源自贝尔勒蒙谢尔，河口处在北莫尔塔涅。

帝国总参谋长亨利·威尔逊[1]爵士以焦虑不安的嗓音重申："我们处于溃败的前夜。"然而贝当却绝不屈服。

克列孟梭对贝当倍加赏识。3 月 26 日，在杜朗市[2]召开的一次会议上，外面炮声轰隆，克列孟梭向英国人建议任命表现沉着冷静的福煦担任联军武装力量总司令。

福煦说："不能后退，这是一条需要树立、得到认可、并不惜一切代价实行的原则。"

黑格将军同意对福煦的任命，克列孟梭坐在桌子的一角，起草了一份关于建立联合指挥部的公告：

"福煦将军被英国和法国政府赋予在西线协调协约国军队行动的权力。为此，他将与所有的总司令融洽相处，并为他提供一些必需的情报。"

福煦一个接一个地接见所有的将军们，并精神满满地命令他们："尺土必争……拒敌于原地……决不后退，没有换防……挺住，挺住，忍耐，忍耐。"

德国人从未如此接近巴黎。这座城市正遭受着一种加农炮的轰击——"大贝尔塔巨炮"[3]……人们相信，这种巨炮是以埃森[4]的军火商克虏伯[5]女儿的名字来命名的。

1　亨利·休斯·威尔逊（Henry Hughes Wilson，1864~1922 年），英国陆军元帅，一战末期的帝国总参谋长。后因反对爱尔兰独立而被刺杀。
2　杜朗（Doullens）是法国皮卡第大区索姆省的一个市镇，属于亚眠区杜朗县。
3　大贝尔塔巨炮（Grosse Bertha），一战中德军所用的一种巨型加农炮，而在法国则常特指1918 年炮击巴黎的传奇巨炮。
4　埃森（Essen），位于德国西部北莱茵威斯特法伦州，城市位于鲁尔工业区，是克虏伯公司所在地。
5　指阿尔弗雷德·克虏伯（Alfied Krupp，1812~1887 年）德国实业家，闻名天下的火炮大王，以发展和全世界销售铸钢火炮和其他武器而著称。他从1847 年开始领导克虏伯制造厂生产军械，逐渐发展成为世界第一的军工联合体。1902~1943 年，克虏伯军工厂在其女贝尔塔·克虏伯的名义下运作。

● "大贝尔塔"巨炮

这种射程为 120 千米的加农炮隐藏在圣戈班森林[1]里，上面覆盖有数米厚的混凝土掩体。

对巴黎的第一次炮击发生在 3 月 23 日。

3 月 28 日，耶稣受难日（vendredi saint），圣热尔韦教堂（l'église Saint-Gervais）遭到猛烈轰击，共计 90 人死亡。

普恩加莱和克列孟梭一起去圣韦尔热教堂吊唁遇难者。

他们的露面和决心安抚了民众，仅仅是一小部分市民逃离巴黎。尽管遭遇炮击，巴黎依然安定。

前线，法英联军的抵抗成功阻止了德军的推进。

德军在纵深 60 千米的范围内推进，90000 人沦为战俘，但已是强弩之末。4 月 8 日发起的第二次进攻并未造成协约国军队的大溃败，前线得以稳定。

福煦表现出了他所具有的一切品格。至于贝当，克列孟梭也能在心中

1　圣戈班森林（la forêt de Saint-Gobain），位于巴黎东北部。

勾勒出一幅肖像而无需刻意去取悦他。

克列孟梭总理从此更坚信自己当初做出了一个正确的选择。

克列孟梭评价到："贝当乏于见解，了无城府，遇事消沉，对待同袍属下严苛寡恩，他的军事价值观远称不上卓越。行动时有些胆怯，缺乏勇气。但是他却知道考虑部队的命运，懂得士兵的精神状态；对我忠心耿耿，在与其盟友的关系中恰当得体；风度翩翩，更像是一位儒士而非将军。他耻于心机，忠心服从；谨小慎微，注重细节。

他更像是个文吏，而非军事首脑。

奇思妙想，激情狂热。

情况紧急时，如果在他之上有人负责决断，这就他所处的职位来说是大有裨益的。"

1918 年 5 月 16 日，福煦将军荣膺"联军总司令"之职。

1918 年 8 月 7 日，他又被授勋为法兰西元帅。

T H I R T E E N T H　　C H A P T E R

"前线需要后方"

1918 年春末，德国人的进攻停止了……然而却是在距巴黎仅有 60 千米的地方！

虽然协约国军队的指挥权得以统一，福煦元帅却缺兵少将。

政府和最高指挥部里的人都认为德国人还会发起新一轮的进攻。

威廉二世和兴登堡、鲁登道夫将军并没有放弃击垮法军抵抗的努力。

以及击溃法国民众的抵抗意志。

因此需要在民众中散布恐慌情绪，为此，"大贝尔塔"巨炮正在巴黎进行尝试。

这给从格拉维列街学校出来的学生造成重大伤亡，炮火日夜相继，地铁站里人满为患，熊熊燃烧的仓库和商店像是绽开的伤口。

4 月的第一周，共计有 150 人死亡。

德国报纸《德意志报》和《柏林日报》（*Deutsche Tages*

Zeitung, Berliner Tageblatt）写道：

"从上午 7 点开始，炮弹倾泻在巴黎的诸多街区。大部分的居民都已逃离，因挤不上火车而留下来的少数巴黎人惶惶不可终日，战战兢兢地等待着德国得胜之师的到来……"

"巴黎人像穴居动物一样，只有在大白天太勉强敢出来……不计其数的逃兵在巴黎街头闲逛，他们中的大部分都是人渣流氓。"

一派胡言。

《洛桑日报》（*La Gazette de Lausanne*）援引侨居巴黎的 30000 名瑞士人的见证，写道：

"戏剧表演仍在继续上演，电车、卡车、汽车像往常一样正常运行；时至今日，即 1918 年 5 月 7 日，大街上的交通和一个月前无异。没有任何惊恐，没有任何混乱……"

● "大贝尔塔"巨炮的轰炸使大军团大街[1]一片狼藉。

1　大军团大街（avenue de la Grande-Arm é e），位于十六区和十七区的边界，起于戴高乐广场，香榭丽舍大街的向西延续，为纪念拿破仑的一支主力部队而得名。

克列孟梭并不担心德国的舆论宣传，它只能欺骗"德国鬼子"。

然而克列孟梭却对巴黎各大报刊主编的精神状态保持警惕。

他向主编们解释道："俄国的变节使列宁和托洛茨基得到德国人支付的3000万卢布酬劳。今年春天，得以抽身出来的奥德联军发起进攻，向前推进。虽然我们成功阻止了他们的推进，但是1918年最后几个月里，在我国领土上驻守的美军数量会日益增多，足以有效干预战争，在这之前，德国人肯定还会发起新一轮的攻势来迫使我们请求和平。因此，1918年仍将是难捱的一年，我们缺少人员，不得不强制实行食品配给制度。

面对反对动员老龄群体的众议员们，克列孟梭坚持同样的事实论调。

他讲道："我实事求是，并没有什么高深理论要阐释。你们要求我等待协约国自己提供援助吗？我没时间等待！俄国和俄国人民已经丢弃了他们对协约国的义务！对此，我没有任何责任，我需要去应对俄国变节的后果；当德军部队从俄国前线抵达法国前线时，你们却还在纠结我所需要的几百号人？"

"前线需要后方！"他总结道。

然而"俄国问题"还有其他后果，而不仅仅是兵员问题。

发生在俄国的一系列事件，列宁和托洛茨基领导的苏维埃成功夺权，使得工人们情绪激昂。

1918年春天，巴黎、里昂和圣艾蒂安地区的兵工厂发生了罢工。

这不禁让人们联想到可能出现的革命前景——"无产阶级专政"。

克列孟梭对一些罢工保持警惕，担心罢工会蔓延传染。他希望最近在符拉迪沃斯托克登陆的日本人与西伯利亚的"白俄军"会合，加强力量，对抗红军。丘吉尔表示同意，而威尔逊总统却犹豫不决。

一支力量有限的法英联军在摩尔曼斯克[1]站稳了脚跟。

克列孟梭对这支部队搜集传达的情报非常关注。

---

1 摩尔曼斯克（Мурманск，Mourmansk），俄罗斯摩尔曼斯克州首府，北冰洋沿岸最大港市，位于科拉半岛东北，临巴伦支海的科拉湾。为世界著名的不冻港，

德国人为条顿骑士[1]找到了目标。他们努力试图控制波罗的海的所有海岸线以及波罗的海国家。

中央和南方，德国人野心勃勃地想要占领乌克兰，并怂恿维也纳安排一位哈布斯堡家族成员，登上刚从俄国人手里解放出来的波兰御座。

维也纳和柏林之间的协议是全面的。

从那时起，得到英国人和美国人支持的克列孟梭就试图肢解奥匈帝国，他号召波兰人、捷克人、斯洛伐克人和克罗地亚人摆脱哈布斯堡家族的控制。

捷克和波兰"军团"[2]相继组建。

克列孟梭始终认为作为一个教权国家的奥匈帝国自古便是法国的对手，他声称，协约国的胜利必将导致哈布斯堡帝国的解体。

法兰西共和国将解放被压迫的民族！

所剩者，唯计日程功耳！

1　条顿人（teuton）是古代日耳曼人中的一个分支，公元前4世纪时大致分布在易北河下游的沿海地带，后来逐步和日耳曼其他民族融合，后世常以条顿人泛指日耳曼人及其后裔。
2　捷克斯洛伐克军团，通称"捷克军团"，是第一次世界大战期间与协约国协同作战的捷克族裔和斯洛伐克族裔志愿军人。

F O U R T E E N T H　　C H A P T E R

"胜利取决于我们"

决胜！

这也是兴登堡和鲁登道夫将军的夙愿。

他们向威廉二世呈递了一份报告：德意志已筋疲力尽，她并没有从在乌克兰征服的土地上获得回馈。民众忍受着严苛的食物配给制度，士兵们也食物匮乏。

被征召的 18 岁青年士兵们没有接受过军事训练。许多部队举行示威，表达不满。驻泊在基尔[1] 的舰队水兵发动起义，很明显，他们是在响应布尔什维克的革命宣传。

因此迫切需要决胜，但一定要迅猛，赶在 1918 年仲夏、美国军队到来

1　基尔（Kiel），德国北部港口城市，最北部石勒苏益格－荷尔斯泰因州首府。位于基尔运河东口，随着基尔运河（或称：北海－波罗的海运河）的开凿，经济迅速发展，逐渐成为国内的铁路枢纽、渔业基地。基尔运河的开凿也使得德国舰队可以避开狭窄的丹麦海峡，直接驶入北海作战，基尔港成为重要的军港。

增援法国人和英国人之前。

1918年5月26日，一些刚刚被俘的德国士兵向审讯的法国军官透露：第二夜凌晨1点，在一场短促的炮火轰击准备过后，新一轮攻势便会朝贵妇小径方向发起。

几个月以来，这个由八个法国师和三个英国师驻守的防区一直平静无事，僵持不动。

贝当也向福煦通告了此事，且预测如果德军的进攻取得成功，那将导致政府撤出巴黎，全体后退。

福煦却拒绝此项假设。

然而，1918年5月27日，和预测的一样，隶属于德国皇太子军团的30个德军师于凌晨3点40分发起了进攻。

法军后撤，丢弃了贵妇小径。德军抵达了埃纳和韦勒河[1]。

当人们告知克列孟梭德军已进入苏瓦松，涌入维莱尔—科特雷森林[2]，占领蒂耶里堡[3]，并继续攻城略地时，他低声发着牢骚："这帮德国鬼子，这帮德国鬼子！"

德军的先头部队距巴黎不足60千米。五万法国人被俘，600门火炮被缴。

然而德军的这一辉煌胜利最终也没能导致法军战线的溃决。1918年6月4日，德军停止了进攻。6月9日，德军转而向贡比涅方向发起进攻，却遭遇一场反攻而止步不前。6月11日，兴登堡终止了行动。

德军向前推进了60千米，然而他们面对的，始终都是组织严密、能征善战的法国部队。

巴黎并没有被恐慌淹没，即使此时局势像1914年8月时那样危急，国家总账簿，法兰西银行、信贷机构的证券以及国立博物馆的艺术珍品都

---

1 埃纳河（l'Aisne），位于法国东北部，发源于马恩省圣梅内乌尔德附近的森林，向北然后向西流向，最后在贡比涅注入瓦兹河。埃纳省因此而得名。韦勒河（la Vesles）属于其左支流。

2 维莱尔—科特雷（Villers-Cotterêts）是法国皮卡第大区埃纳省的一个市镇，属于苏瓦松区维莱尔—科特雷县。

3 蒂耶里堡（Château-Thierry），位于巴黎东北部，是法国皮卡第大区埃纳省的一个市镇。

被疏散转移到南法各省。

1915 年以来，巴黎第一次处于交战区之内。

然而既没有恐慌也没有逃亡。美国士兵以密集队形列队而至，成功地巩固了民众的士气，尽管直至 1918 年秋天起，他们才能真正左右战争局势。从 1918 年 5 月开始，美国士兵在潘兴[1] 将军的领导下在欧洲登陆——每月280 000 名士兵。

在众议院，辩论却热火朝天。

克列孟梭需要应对社会党人的批评，后者要求就军事行动展开大讨论，其中的一些人还要求福煦和贝当离职。

克列孟梭咄咄逼人，质问社会党人。

他叫喊着："德军从东线转移到西线，除了当下正在对我方战线发起的炮击、袭击和猛攻，你们难道还有其他什么期望？绝对不能有！

当谈及要挺过的残酷时刻，这也正是我心中之所想！"

他请求大家给予他必要的时间来解释军事态势。

"我们的战士们参与了一场鏖战。" 他继续说道，"他们以一当十，三四天里从未合眼。"

好马配好鞍，勇士无怯将！

"不全是这样，不全是这样。" 一个社会党众议员喊道。

克列孟梭勃然大怒，嗓音生硬，尖酸刻薄，坚定无情。他决不能接受别人苛求他批判某位军事统帅。

"如果你们这样要求我，那就把我从讲坛上赶下去吧，因为我永远都不会那样做。"

他提高嗓门，紧抓讲桌，斩钉截铁地继续讲道：

1　潘兴（John Joseph Pershing），美国著名军事家、陆军特级上将，又称"铁锤将军""黑桃杰克"，1886 年在西点军校毕业后，曾到美陆军骑兵部队任职。1890~1891 年在新墨西哥州和南达科他州参加征剿印第安人的作战时表现出色，得到美国陆军的嘉奖。1897~1898 年在西点军校任战术教官。1898 年美西战争期间，参加古巴战场作战。1917 年美国参加一战后，担任美国驻欧洲远征军司令。

"我断言，且应当说这是我的最后一个诺言，即胜利取决于我们，而前提则是公民权利上升到与其义务相称的高度，因为我们没有必要向士兵们叮嘱这些，（而他们却做到了这一点）。

倒下的人不会枉然牺牲，因为他们在法国历史上写下了浓墨重彩的一笔。

对于幸存下来的人来说，剩下要做的就是把逝者的旷世功业做得尽善尽美。"

FIFTEENTH　CHAPTER

"进攻的时刻到了"

克列孟梭所提及的"逝者的旷世功业"即法国士兵们的功业。从 1914 年开始，他们便奉献出自己的生命，"在法国历史上写下了浓墨重彩的一笔"。

他们粉碎了德军一次又一次的进攻，在马恩河，在凡尔登，在索姆河，在香槟省，在所有敌人窥伺垂涎的地方。

1918 年春天，他们阻击了德军，3 月 21 日和 5 月 27 日，德军一再发起突击。法国士兵没有退缩。

德国人也没有放弃，对此，克列孟梭和福煦深信不疑。德国鬼子将卷土重来。

巴黎遭到轰炸，人们每天——尤其是晚上——都能听到加农炮的声响，好像是在强调德国人的野心——击溃法国人的抵抗，征服巴黎。

然而不管是普恩加莱、福煦还是克列孟梭都没有打算撤离首都，或是缴械投降。

1918 年 6 月，克列孟梭在议院宣布：

"我将在巴黎前方作战，我将在巴黎城内作战，我将在巴黎后方作战。"

　　这一毅力，这一意志传遍全国。

　　法军损失严重，1918 年年初几个月内便有近200000 人倒下，阵亡或重伤；而德军又一次兵临马恩河城下，且继续轰炸兰斯和巴黎。

　　法国士兵的士气令其军官也啧啧称奇。

　　当一位连长——皮埃尔弗——读到最高司令部取消一切休假的公告时，他预想肯定会怨声载道。然而他又说道："'不管怎么说，这个老头子（指克列孟梭——译者注）还是有道理的……他和我们一样，也不知道未来到底会怎样……所以最好还是什么都不承诺……这取决于德国鬼子和我们，而不取决于他……'[1] 当听到诸如此类的思考时，我都震惊了。"

　　这也取决于美国人。

　　他们已经登场。人们在通往库洛米耶[2] 和莫城[3]的公路上会遇到美国人长长的卡车纵队。人们确信他们的人数已经超过一百万，并且美国人还在继续登陆。

1　让·皮埃尔弗，于《法兰西人之生死，1914~1918 年》中引用，见前引用。（作者注）
2　库洛米耶（Coulommiers）是法国的城镇，位于该国中北部，由塞纳－马恩省负责管辖。
3　莫城（Meaux），位于法国法兰西岛大区，依马恩河而建，历史久远，第一次世界大战时第一次马恩河战役莫城即为主战场之一。

福煦元帅，摄于其司令部

皮埃尔弗讲述到，这些美国大兵没戴帽子，一路高歌。

"这些远赴海外的 20 出头的小伙子们个个朝气蓬勃，胡子剃得精光，孔武有力，健康壮实，着一身崭新的军装。这一宏伟的景象产生了令人惊奇的效果。我们的士兵因为连年征战，遍体衣衫褴褛，形容枯槁，眼窝深陷，眼神黯淡无光。他们和美国大兵混为一体，后者看到这一判若云泥的对比，被一种英雄气概和献身精神所带动，一个个跃跃欲试，按捺不住。每个人都有这样一个印象，即我们将参与一场不可思议的输血手术。"[1]

这些美国人的出现使法国人坚信自己不会输掉战争，并且让德国人倍感困扰。

在国会[2]前，外交国务秘书库尔曼[3]建议进行和平谈判，此和平谈判将会承认德国在东欧所征服的土地，西部回归战前局势。他并没有提及阿尔萨斯和洛林的命运，然而这对德军最高参谋部来说依然太过苛刻，因为它不愿意放弃对比利时的庇护权。

库尔曼被威廉二世扫地出门，他的职位由一位来自最高参谋部的人接任。

兴登堡和鲁登道夫希望在被迫接受失败或平局和平（une paix blanche）[4]之前，尝试一次"旨在取得得胜和平的军事大奔袭"，即"和平塔"行动[5]。这项行动试图在兰斯地区发起攻击，击溃英国军队，抵达马恩河，并牵制法军，使其不能机动作战。

1918 年 7 月 14 日，晚上 8 点，法军在一场突袭中俘虏了 27 名德国士兵，经过拷问，他们供出德军将在 7 月 14 日和 15 日之间的夜晚发起一场袭击。

1　同上。（作者注）

2　原文为"Reichstag"，即德国国会大厦，此处意指国会。

3　库尔曼（Richard von Kühlmann，1873~1948 年），德国外交家，出生于君士坦丁堡，1917 年 8 月至 1918 年 7 月任德意志第二帝国外交国务秘书，1918 年 3 月曾以德国代表团团长的身份与苏俄签订《布列斯特和约》，之后成为一位工业家。

4　平局和平（une paix blanche），直译为"白色和平"，指既没有胜利者也没有失败者，既不兼并也不赔款的和平。

5　"和平塔"行动（Friedensturm），即第二次马恩河战役（或称兰斯战役），是第一次世界大战西方战线发生于 1918 年 7 月 15 日至 8 月 6 日的战役，是西方战线中德军最后一次发动大规模攻击的战役。

炮火准备将在午夜开始。

威廉二世登上一个瞭望台，这是一座用木头建成的高塔，以此观看这场决定其帝国命运的战役。

福煦立刻决定赶在德军炮兵之前，发起一场反炮火准备。

敌人已得到警告，因此奇袭效果已经失去了它的价值。

然而兴登堡依然坚持自己的命令。

从凌晨 4 点 15 分到 5 点 30 分，德军在蒂耶里堡至梅西日（Messiges）长达 90 千米的战线上发起进攻。

德军如潮水般涌向马恩河，行进在香槟省的崇山峻岭中。

然而法军转入反攻，在三天的浴血奋战之后，1918 年 7 月 17 日，兴登堡和鲁登道夫判定自己已输掉了战局。

已经渡过马恩河的部队被命令后撤。

福煦察觉："在其国土上精力充沛的德军现已是强弩之末。"

7 月 18 日，最高司令部统计了第一批法军反攻战果：30 000 俘虏，缴获 600 门火炮，3 000 挺机枪和 200 门迫击炮。

福煦在一份提交给克列孟梭的《陈情书》中写道：

"之前我们苦于数量上的劣势，而现在是时候抛弃整体防御的姿态而转入进攻了。"

乔治·克列孟梭和贝当将军

马尚将军（右）和他的副官巴巴（左）

他接着写道："在军队的后方，联军方面，强大的美国后备部队每个月向法国倾注 250 000 名军人。"

他强调了协约国军队在飞机、突击坦克以及即将到来的美军火炮方面所占有的优势，而美军的火炮则使协约国在此关键领域优势凸显。

贝当在三月时曾表达过自己的消极态度。

克列孟梭向普恩加莱讲述道："试想，贝当对我说出这样的话：'德国人在旷野上追击英国人，在此之后，就轮到我们了……'"

克列孟梭感到非常气愤。

然而，七月的胜利过后，贝当找到了恰当的语气，他说："法国军队已打破神话，从此之后，它重回现实。"

在数百辆小型雷诺突击坦克[1]支援下，从维莱尔—科特雷森林指挥一场胜利大反攻的马尚将军[2]在一份下达给第十军的日常训令中宣布：

"你们使巴黎远离了一场狂妄自大的威胁，同时让法兰西感受到了胜利的滋味。你们为祖国建立了丰功伟绩。"

---

1 指雷诺"FT-17 轻型坦克，它世界上第一种装有可 360 度旋转炮塔的坦克，而且动力舱后置、车体前设驾驶席，如今我们所看到的绝大部分现代坦克都沿用了这一设计。
2 夏尔·马尚（Charles Mangin，1866~1925 年），一战中法国著名的殖民地式将军，他曾受到一支塞内加尔军队战斗力的冲击，极力倡导征用更为强悍的法属非洲殖民地黑人。

第十六章 1918

S I X T E E N T H   C H A P T E R

"任何人都无权再让战士们多流一滴血"

福煦再次读了 1918 年 7 月末诸将领分发给各部队的日常训令。

自 1914 年 8 月以来，他和他的将领及部队们从未感到如此充满活力，对胜利胸有成竹。

福煦却不是一个沾沾自喜之人。

福煦想起了尼维尔将军，想起了因为他的冒险进攻而导致成千上万的士兵牺牲。

福煦不愿轻易许诺，不敢保证协约国军队能在 1918 年末之前取胜。

他宁愿相信更有可能在 1919 年取胜。出于天性谨慎，悲观主义者贝当则加了一句："1919 年末。"

福煦在其司令部召见了贝当、英国陆军元帅黑格以及美国将军潘兴——不久之后就会成为一百万"美国大兵"的统帅——给他们打气说不管是在军备方面还是兵员方面，协约国军队都要胜过德军。

法、英、美总司令齐聚于联军总司令福煦元帅的司令部。自左至右，贝当元帅（法国），爵士道格拉斯·黑格元帅（英国），福煦元帅和潘兴将军（美国）。

日益攀升的战俘数量也表明德国士兵发生了变化，一场又一场没有取得决定性战果的进攻已经使他们精疲力竭。

与之相反，自 1918 年一系列战役开始起，由于得到了"友军"的支援，联军方面士气日益高涨，局势一片大好。

虽然做出了史无前例的努力，敌军还是没能实现对他们来说必不可少的目标。而联军方面，日益高涨的士气鼓舞人心，并在不断加强。

"转入进攻的时刻已然来临。"福煦再次强调，并发给三位总司令一份《陈情书》。《陈情书》由福煦亲自指导监督，由其副官魏刚[1]执笔写就。

8 月 8 日，英国第四军和法国第一军发起进攻，敌军只进行了有限抵抗。

敌军后撤十多公里，25000 人被俘。成编制的部队缴械投降！

朝着对手阵地结队而行的德国士兵无视试图阻拦他们的军官，他们中的一些人已经战斗了 4 年。而对于更年轻的新兵来说，他们没有时间去锻炼磨砺。

他们会在失败中得到训练。

此日晚上，鲁登道夫将军写道：

"8 月 8 日是德军的衰悼日。考虑到后备部队的

1　马克西姆·魏刚（Maxime Weygand，1867~1965 年），法国陆军上将。一战时以参谋长身份追随福煦，二战初期时任法军总司令，后担任过一段时间的维希法国的国防部长。

现状以及寻求原本能够巩固我方优势的战略方法，它标志着我方军事力量的衰落，并浇灭了我的希望。"

1918 年 8 月 13 日，就荷兰女王试图调停战争的努力，鲁登道夫向外交国务秘书、参谋部成员的辛慈[1]建议立即采取行动，挽救德军仅剩的力量。

福煦觉察到德军士气低落，于是下令扩大作战区域。

8 月 20 日，联军开始行动。在不到一个月的时间里，敌军便丢失了它在前四个月内所攻占的所有土地。

德国人抛弃了"兴登堡防线"[2]，这是一条集堡垒、据点、混凝土战壕为一体的防线，旨在阻止联军的进攻。

在大后方建立一条"赫尔曼防线"（ligne Hermann）的企图化为泡影。

摆在德国人面前的选择只有两条：签订停战协议——亦即被征服的和平，抑或眼睁睁看着联军自 1914 年来第一次攻入帝国境内而回天乏术。

在看过 8 月 8 日——"德军哀悼日"——报告之后，威廉二世重复着鲁登道夫所写的"德军哀悼日"几个字，怅然若失之情表露无遗："我看需要你提交一份战果总结。我们的力量已达到极限，需要结束战争。"

然而在 8 月 13 日和 14 日于斯帕[3]帝国最高司令部（Grand Quartier impérial）召开的会议上，却没有做出任何决定。

德国人依然期望着联军的进攻被阻止，甚至溃败瘫痪，到那时再开始进行谈判。

福煦再次断言："敌军已完全失去战争控制权和军队士气。"

1　辛慈（Paul von Hintze，1864~1941 年），德国外交官，曾任德国驻华公使（1914 年~1917 年）和德国外交部部长（1918 年 7~10 月）。

2　兴登堡防线（la ligne Hindenburg），亦称齐格菲防线，是德国在一战中于法国东北部边境修建的庞大防御系统。工程的建设期为 1916 年至 1917 年，德国人动用了俄罗斯俘虏作为劳工。防线从朗斯延展至凡尔登。

3　斯帕（Spa），位于比利时列日省东部阿登地区，因水疗而闻名世界。

他将攻占位于默兹山谷的圣米勒耶城[1]的重任交给美军。

潘兴率领的部队在两天内便实现了作战目标，俘虏 13 250 名德军，缴获 460 门火炮！

很明显，联军得胜的时间看起来要比福煦预测的早。

有可能在 1918 年末之前就会发生。

8 月 23 日，普恩加莱和乔治·克列孟梭分别巡访了福煦和贝当的司令部。

他们将法兰西元帅权杖交到福煦手中，并授予贝当军功奖章。

谁会怀疑这一仪式所预示的胜利？

对下一场胜利充满信心，这在众议院和参议院营造了一种源自于热忱、激情和炽热爱国主义的氛围。

众议院议长保罗·德沙内尔于 9 月 5 日向"战胜德军、使法兰西超越自我并拯救人类大家庭的光荣的军队"表达了"脉脉柔情、崇高敬意和无尽感激"之意。

在向凯旋之士致敬的时候，克列孟梭博得了阵阵掌声。"我们的战士们、我们伟大的战士们、人类文明的战士们……正在驱除鞑虏。这一使命将一直持续到我们伟大事业的完全胜利；为了这一伟大事业，高尚的法国人抛头颅，洒热血……

以法兰西和协约国人民的意愿为名，我们所有人都希望这是一场人类的胜利。这一使命崇高光荣。

向即将归来、劳苦功高的人们致敬。"

9 月 17 日，参议院，乔治·克列孟梭发表了一次振奋参议员人心的讲话。

克列孟梭嗓音微微颤抖。

他提及："日耳曼人对虚假胜利甚嚣尘上的宣传正反映出其内心的恐惧……自古至今劫掠成性的侵略者蜂拥麇集于我国领土上，重操旧业……荒蛮时代的暴行重现，只是为了满足酒气熏天的野蛮人那肮脏的快感；男人、

1　圣米勒耶（Saint-Mihiel）是法国默兹省的一个市镇，此处指 1918 年 9 月美军和法军在此实施的对德进攻战，即著名的圣米勒耶突出部战役。

孩子被迫为奴，这就是世人所目睹的，这暴行他们永世难忘……我们只求
和平，只求公正的和平……前进，祖国的孩子们，去解救邪恶力量终极暴
怒之下受压迫的民族，完成旷世大业。向洁白无瑕的胜利前进。

　　法兰西全国以及整个有思想的人类与我们同在！"

　　自 1918 年 10 月 25 日起，福煦在其位于桑利斯 [1] 的司令部召集美英法
军队将领，讨论并敲定停战协议的军事条件。

　　10 月 31 日，巴黎，在威尔逊总统特使豪斯上校的房间里召开了第一
次协约国政府首脑会议。

● 威尔逊总统及其友人兼顾问，豪斯上校

　　豪斯上校向福煦提出一个问题，即就后者所见，是继续进行战争还是
缔结停战协议更可取，福煦回答到：

　　"我并不是为了作战而作战。如果通过停战协议能达到我们所希望的
施加于德国的条件，那我也就满足了。

　　目标一旦达到，任何人都无权再让战士们多流一滴血。"

1　桑利斯（Senlis），位于法国东北部瓦兹省的一个市镇。

第十七章

SEVENTEENTH CHAPTER

继续倾洒鲜血！

血已经流得够多的了！

四年多来，交战国政治和军事领导人使成千上万的年轻人倾洒殷红鲜血，而 1918 年十月和十一月初，他们好像突然间意识到需要阻止这种一贯的牺牲。

福煦元帅这样讲到并重复说道。

一旦目标达到，"就不能再多流一滴血"。

因此需要结束战争。

鲁登道夫说："对我来说需要立即停战，任何延迟都会使危险加剧。"

与流血牺牲相比，鲁登道夫和兴登堡更关心德国军队。然而他们也提到了损失、年轻人和 16 或 18 岁新兵缺乏作战经验！

他们担忧德国军队会像俄国军队那样分崩离析，那么这将会是布尔什维克革命的胜利，社会精英、爱国者以及军官便会血流成河。

鲁登道夫请求——甚至要求——德皇威廉二世放弃其个人权力，组建一个代议制政府。

德皇同意逊位，并将权力托付于巴登亲王马克斯[1]，后者接受了德皇的任命。他的新政府由帝国议会（Reichstag）的成员组成，且包括两名社会主义党人。

1918 年 10 月 4 日，他通过瑞士驻柏林公使馆这条渠道向威尔逊总统传达了一份照会。

"德国政府请求美利坚共和国总统着手重建和平，并告知各交战国这一意愿，同时邀请各国派遣全权代表进行谈判。

德国政府同意将 1918 年 1 月 8 日美国总统于其咨文以及之后诸多声明中所提及的方案作为谈判基础。

为了避免流血[2]，德国政府请求陆海空立即停战。"

血已经流得够多的了！

然而在法国，一些人拒绝接受停战的倡议，因为德国依然占领着阿尔萨斯 - 洛林和比利时。

籍贯为洛林的普恩加莱便是希望继续进行战争的人中的一员。

他说道需要挫败敌人的军事行动。

克列孟梭回答说应该认真考虑德国人可能

巴登亲王马克西米利安

1　巴登亲王马克西米利安（Prinz Maximilian von Baden，法语：prince Max de Bade，1867~1929 年），1928 年巴登大公弗里德里希二世去世后成为巴登大公家族族长。1918 年 10 月 3 日至 11 月 9 日任德意志帝国第八任首相。1918 年 9 月 30 日皇帝威廉二世宣布施行国会制政府。10 月 4 日成立了议会制民主政府，马克西米利安被任命为首相。

2　原文大写——译者注

311 ·

提出的建议。

"我们的部队已经疲惫不堪", "老虎"又加了一句。

血已经流得够多的了？

10 月 7 日，在一封写给克列孟梭的信函中，普恩加莱担忧停战会扼杀我军高歌猛进的势头。

他写道："我军的膝盖骨会被打断。"

第二天早晨，克列孟梭读到这封书信，暴跳如雷，他咆哮着拿起笔写道：

"总统先生：

我个人曾出色地领导政府三年[1]，不能允许您向我提出'不要打断我方士兵膝盖骨'这样的建议。

如果您不收回为创造历史而写的书信的话，我会很荣幸地向您递交辞呈。

克列孟梭"

普恩加莱不久之后回信说：

"我的信件绝不会为您对我的侮辱辩护，也不会接受你以辞职为借口对我进行要挟，那对国家来说将会是一场灾难。"

克列孟梭处于强势，众望所归。他要求普恩加莱注意自己的言行，在公众面前约束自己。

普恩加莱指责克列孟梭在 1918 年 3 月曾打算撤离巴黎，那时德军的进攻如潮水般汹涌澎湃！然而所有见证者的证词却正好相反。

克列孟梭回答说他不愿让（普恩加莱的信）妨碍其完成每天任务所需的无拘无束的精神状态。

普恩加莱在他的日记中写道："我什么也不会说，一切都会很快平静的。"

1　指克列孟梭于 1906 年担任总理，直至 1909 年。

但是总统先生又加了一句：

"克列孟梭骄纵自满，闭目塞听，已不可能和他友好相处。"

血已经流得够多的了？

巴登亲王马克斯和威尔逊总统继续用电报交换意见，而威尔逊则要求"摧毁所有可能秘密地、有意地破坏世界和平的力量"。

德军参谋部拒绝了这一条件。

流血还要继续！

协约国军队的进攻于 10 月 18 日展开。

意大利人于 24 日发起的大规模进攻仅遭到奥匈军队的微弱抵抗。10 月 30 日，意大利取得维托里奥威尼托[1]大捷；11 月 3 日，在毗邻帕多瓦[2]的朱斯蒂别墅，奥匈帝国签订了停战协议。

福煦宣布："胜利就像是斜面上的一个小球，她越是滚动，速度就越快。"

11 月 4 日，由协约国最高委员会（Conseil suprême allié）起草的停战条件被通报给德国人。

"这些条件须足以将德意志帝国置于战胜国的操纵之下。"福煦评论到。

德军须从阿尔萨斯 – 洛林、比利时、卢森堡、莱茵河左岸以及右岸纵深 10 千米的区域内撤离。

5 000 门火炮、30 000 挺机枪、2 000 架飞机、所有的潜艇、20 艘大型巡洋舰和战列舰、5 000 台火车机车被移交给协约国。协约国战俘须被释放，而同盟国战俘则要继续被羁押⋯⋯

11 月 5 日，以协约国政治领袖面目示人的威尔逊向德国政府指出，由福煦元帅负责通告停战条件。

1　维托里奥威尼托（Vittorio Veneto），意大利东北部，阿尔卑斯山南麓威尼托大区特雷维索省的一个市镇。

2　帕多瓦（法语：Padoue，意大利语：Padova），意大利东北部城市，属于政区威尼托，为帕多瓦省的首府以及经济和交通要冲。

11 月 6 日，克列孟梭容光焕发，登上众议院的讲坛。他要呈递 11 月 3 日与奥匈帝国缔结的停战协议。

他说自己是 1871 年当选的议员中最后一名在世者，也是反对割让阿尔萨斯 – 洛林的签名者之一。

他情绪激昂，声音振聋发聩，向祖国领土保卫者致敬，"我愿谈及甘必大"。

听众一片喝彩声。

他继续说道："不要抛弃我们有关理念的争论，但如果法兰西为此而痛苦不堪的话，那就不要再继续争论下去了……

在墙壁上写下博爱二字很简单，然而这远远不够。

我们需要将其付诸实际生活。四海之内皆兄弟。如果有人问你们这一概念从何而来，请简明扼要地回答说：'法兰西希望如此！法兰西希望如此！'"

接着，克列孟梭宣读了为奥匈帝国所接受的停战条件。

仅剩下如何使德国投降了。

然而不管是在众议院还是随后的参议院，任何人都没有对胜利产生怀疑。

一份法律议案被提交，等待议员们投票表决。

"第一款

军队及其统帅。

共和国政府，公民、总理及战争部长克列孟梭，元帅、联军大元帅福煦，他们深孚众望，有功于国。

第二款

此法律正文将会被镌刻下来，在共和国所有的城市和学校里永垂不朽。"

庆功会议结束后，大受追捧的克列孟梭来到参议院，他对福煦极力赞赏，然后又说道："当今之时，需要争取和平，这可能要远比赢得战争困难。法兰西必须团结一心，但愿她能纪律严明，坚不可摧。"

第十八章 1918

EIGHTEENTH CHAPTER

"骇人时刻、盛大时刻、恢弘时刻"

1918 年 11 月 6 日，面对鼓掌喝彩的议员们，克列孟梭以颤抖的嗓音呼喊：

"四海之内皆兄弟……法兰西希望如此！法兰西希望如此！"

成群结队的巴黎民众聚集于各大报社门口，确实是"情同手足"。

同日，同时，德意志帝国屈服了。

兴登堡要求首相巴登亲王马克斯立即向法国人请求停战。

与鲁登道夫的顾虑不同，兴登堡身处其位，担心的是革命蔓延。

驻泊于基尔的舰队水兵发动起义，拒绝把舰船锅炉里的煤火烧旺。他们离开舰只，涌上汉堡街头，到达科隆、不伦瑞克[1]甚至柏林！

在首都，到处都是起义者、水兵或者工人。在科隆、慕尼黑，社会主义革命党人创建了苏维埃。

1　不伦瑞克（德语：Braunschweig，法语:Brunswick），位于德国中北部，下萨克森州东部。

315　·

1918 年 11 月，斯巴达克示威游行

斯巴达克运动[1]向列宁求援。

俄国大使、布尔什维克党人越飞[2]向起义者提供建议和资金支持。

11 月 6 日至 7 日的夜间，福煦向德国"全权代表"宣读了他的命令。

"他们通过希迈－富尔米路（Chimay-Fourmies）和拉夏贝尔－吉斯路（la Chapelle-Guise）[3]出现在法军前哨面前。命令已经下达，要求迎接他们，并将其带至预定的地点……"

德国车队由五辆汽车组成，其中第一辆轿车上升起一面巨大的白旗，于 11 月 7 日 21 点 30 分越过战线。

1　斯巴达克派为德国左派社会民主党人的革命组织，主要领导人有卡尔·李卜克内西、罗莎·卢森堡，1918 年号召了十一月革命，同年 11 月改组为斯巴达克同盟，12 月正式建立德国共产党。

2　阿道夫·阿布拉莫维奇·越飞（俄语：Адольф Абрамович Иоффе，拉丁语：Joffe；1883~1927 年），犹太人，苏联无产阶级革命家、政治家、外交家，曾任苏联特使与国民党领袖孙中山会谈，并发表《孙文越飞联合宣言》。1927 年 11 月 16 日在莫斯科自杀。

3　皆位于法国东部阿尔萨斯，靠近德法边境。此处原文疑似有误，la Chapelle（拉夏贝尔，直译为"小教堂"）当为 la Capelle（拉卡佩勒），后者为法国皮卡第大区埃纳省的一个市镇，处于德法边境线上。虽然得名于一座小教堂，但地名为 la Capelle。

核查过证件之后，德国谈判代表们在一片嘹亮的军号声中被带到了拉夏贝尔（la Chapelle）。无数法国士兵探身向前，静静观望着往昔敌手的扈从们从面前走过。

1918 年 11 月 8 日，早晨 7 点，载有由国务秘书艾尔兹贝格[1]率领的德国代表团专列驶入贡比涅森林，停在了靠近雷通代岔道口的一段铁轨上。

福煦在英国海军上将威姆斯、法军将领魏刚及数名军官的簇拥下，正式告知德国人他们需要在七十二小时内决定接受还是拒绝这份不可修改的停战协议。

柏林街头上到处都是游行的革命队伍。为了使德国免于布尔什维克主义的侵蚀，首相巴登亲王马克斯主动要求发表一份公告，宣布"德皇及国王[2]已逊位，并将权力转交给他和皇太子"。

不久之后，巴登亲王马克斯辞职，其职位由一位温和的社会党人艾伯特[3]接任。

在帝国国会大厦阳台高处，共和国宣告成立。第二帝国终结了，威廉二世逃亡荷兰。艾伯特成

德国谈判代表达到雷通代[1]

1　雷通代（Rethondes），为法国瓦兹省的一个市镇，位于贡比涅近郊。

1　艾尔兹贝格（Erzberger, 1875–1921 年），德国政治家、记者，1903–1918 任帝国国会议员，一战后期致力于和平谈判，为德法停战谈判德方代表。
2　威廉二世兼领德意志帝国皇帝及普鲁士国王。
3　指弗里德里希·艾伯特（Friedrich Ebert，1871~1925 年），德国政治家。1913 年任德国社会民主党主席，1918 年革命爆发后，组成社会民主党领导的联合政府。1919 年艾伯特协助制订魏玛宪法，并被推选为魏玛共和国首任总统。

逊位后的威廉二世在近侍的护卫
下即将流亡荷兰

弗里德里希·艾伯特

为共和国总统，社会党人谢德曼[1]为总理。

翌日，即 11 月 11 日，凌晨 2 点 15 分，德国全权代表会见福煦。

这位主持会议的元帅"坐在桌子旁，如雕塑般镇静无声，偶尔用力拉理一下小胡子"。

一些要点得以调整。因此，德国只需交付 25 000 挺机枪，而不是之前规定的 30 000 挺，这是因为还需要给德国人留一些对付革命浪潮的手段！

11 月 11 日凌晨 5 点稍许过后，停战协议签订，并将于六小时后生效。

1918 年 11 月 11 日，上午近 10 点，巴黎，停战协议签订的消息不胫而走，广为流传。

人群欣喜若狂，钟声响彻法兰西大地，就像是 1914 年动员令发布时警钟的逆反回声。

战争终于结束了！

人们载歌载舞，亲吻拥抱穿军装的士兵！

克列孟梭着一身方衣摆黑色燕尾服，系黑色小领结，戴一双灰色手套，面色蜡黄，登上了众议院的讲坛。

他宣读了停战协议的具体条款。

接着，他臂膊高擎，向"重新回归祖国的阿尔萨斯和洛林致以团结而不可分割的法兰西

---

1 菲利普·谢德曼（Philipp Scheidemann，1865~1939 年），德国社会民主党右翼首领之一。1903 年作为社会民主党代表进入国会，一战期间，积极支持战争，1918 年任巴登亲王内阁成员，德国十一月革命后，参加组织政府，残酷镇压共产党叛乱，1919 年任魏玛共和国首任总理，1933 年纳粹执政后流亡国外，后死于哥本哈根。

的问候！"

议员们起立鼓掌，掌声经久不息。

克列孟梭向"总统、美利坚合众国、协约国成员及其首脑致敬，他们无愧于人道精神！"

静待潮水般的掌声平息后，克列孟梭继续讲道：

"接下来，荣耀归于为我们赢得此次胜利的伟大烈士们！"

克列孟梭凝神静气，脑袋前倾，使与会者能和他心灵沟通。

他提到了走过林荫大道，朝凯旋门行进的"幸存者"。

"我们恭候他们投入到社会重建的伟大事业当中去。"

"多亏了他们，法兰西，昨天还是上帝的士兵，今天已成为人道之师，并将永远是模范军。"

静默，鼓掌，静默。

克列孟梭清亮的嗓音再次响起：

"在这个骇人时刻、盛大时刻、恢弘时刻，我的使命已然完成。"

描绘有 1918 年 11 月 11 日
克列孟梭在众议院讲坛上的石版画

319 ·

第十九章

NINETEENTH CHAPTER

自梅斯至斯特拉斯堡："解放者万岁！"

据克列孟梭所言，这是一场"盛大而恢弘"的胜利。

然而在 1918 年 11 月和 12 月的日子里，人们却甘愿忘记克列孟梭首先说的可是一场"骇人的胜利"！

他也曾重申"殊荣祭国殇！"。法国共计有 1315000 人死亡，即 7948000 名被动员的、18 至 51 岁士兵的 16.5%；可想而知，这些数不胜数阵亡者的亲属们沉浸在黑色丧纱海洋里。

但现在却是游行时刻、欢庆时刻——13 名众议员和 3 名参议员倒下了。人们向其致敬。

11 月 17 日，军队自凯旋门行进至协和广场上斯特拉斯堡雕塑，受到了民众的热烈欢迎。人们揭掉了附在斯特拉斯堡雕塑上的黑色丧纱，使其重见天日。

米卢兹[1]、斯特拉斯堡、梅斯也上演了游行庆典，在那里，普恩加莱将元帅权杖交到贝当的手中。

● 巴黎的林荫大道，1918 年 11 月 11 日

● 向贝当授予元帅权杖。其后，可见霞飞、福煦、道格拉斯·黑格元帅和吉兰[2]、潘兴、哈雷将军

---

1 米卢兹（Mulhouse），法国东部城市，靠近德国边界，是上莱茵省最大的城市，也是阿尔萨斯大区仅次于斯特拉斯堡的第二大城市。
2 西里亚克·吉兰（Cyriaque Gillain，1857~1931 年），比利时将军，曾任比军参谋长，一战中发挥了重要作用。

雷蒙·普恩加莱和到访巴黎的托马斯·伍德罗·威尔逊，1918年12月

共和国总统给了这位新晋元帅一个深深的拥抱，然后转向克列孟梭：

"我也应该给您一个拥抱！"

"——非常乐意。"克列孟梭回答说。

政治争论时刻中止。

阿尔萨斯人和洛林人，梅斯人和斯特拉斯堡人，大家热情万丈，欢迎300名身披三色绶带、与政府人员同乘专列而来的议员。议员们向这片曾与祖国分离的土地致敬。

"解放者万岁，法兰西万岁！"梅斯和斯特拉斯堡的居民声嘶力竭地喊道。

返回巴黎后，克列孟梭向众议院提及了自己的阿尔萨斯之行。

"在一座小村庄里，我遇到一位特别慈祥的老修女，在她的白发之下，眼睛低垂，如同祈祷一般吟唱着《马赛曲》——令人肃然起敬的热忱！"

他又说道：

"对一切信仰的敬畏，终结彼此的不和，忘却我们的争吵，这就是使我们取胜的有节制、有纪律和讲团结的教训。"

然而，就军队复员问题，议员之间早已出现分歧。什么时候我们应当让士兵们返乡归家？

这场战争不应该是"最后一战，终极之战"吗？

分管复员事务的副国务秘书立即警告议员们：

"我们面对的是一个保留其军队的敌手，仅仅因为数周的不耐烦，我们便可能会考虑欠妥，损害经过四年绝无仅有的牺牲而得来的成果。"

难道1918年并没有完结战争，而已经需要提醒注意新的威胁了？

12月14日，威尔逊总统的巴黎之行受到了热烈欢迎。各大报纸着重指出，从来没有一个人能像这位美国总统一样受到如此热烈的欢迎。

社会党人为威尔逊意图建立"世界未来和平，且为各民族带来他们本该享有的自由与福祉"而欢呼。

海市蜃楼？

民众情愿相信威尔逊的方案，即他早已提及的国际联盟。

此方案一致通过。

怀疑主义者缄默不言。

社会党人向威尔逊的意图致敬，"公正和解的、人道的、持久的和平"。

克列孟梭的政敌和敌人则祈求威尔逊最好抨击一下"老虎"看待和平条约的方式。

1918年11月11日，福煦向联军下达了一份日常训令。

"在坚决地阻击敌人之后，数月之间，你们以永不松懈的信仰和力量，不间断地攻击敌人。

你们赢得了历史上规模最大的战役，拯救了最神圣的事业，以及世界自由。

你们当感到无比骄傲。

你们在你们的旗帜上增添了永垂不朽的荣耀。

子嗣后代会对你们心存感激。"

1918年11月11日。

胜利日和停战协议日。

1918年12月。

停战刚刚过去一个月。

兄弟情深的庆典时刻俨然完结。

到了清算的时刻、论战和野心重新回归的时刻。

TWENTIETH CHAPTER

"和平是个很严重甚至可怖的问题"

在欢庆停战的时候，克列孟梭曾说道："骇人的胜利。"

当克列孟梭参与众议院外交政策辩论时——这一辩论不间断地持续了 24 个小时，即自 12 月 29 日星期日至 30 日星期一上午 9 点，他表明：

> "和平是个很严重甚至可怖的问题，世界各大洲皆觊觎于此，意图分一杯羹。"

在他之前，外长皮松[1] 提及一场全新的外交洗牌。

"在其边境之内，今日之德国决不能仿效昨日之德国。"皮松声明。

然而关于德国，不管是克列孟梭还是他的内阁部长都没有揭示其详尽

1　斯蒂芬·皮松（Stephen Pichon，1857~1933 年），法国记者、外交家、政治家，1906~1920 年曾任多届政府的外长。

的意图。

相反，皮松又说道：

"奥匈帝国消亡了，却带来一些问题，我们需要考虑这些问题的影响力，同时又不能夸大其严重性……"

克列孟梭却也还从容不迫。

"哈布斯堡帝国天命如此。"

我们将如何处置组成这个大帝国的国家和民族？

有人说这个大帝国的一些部分如波希米亚[1]、南斯拉夫国家、波兰，应该全部得以复国，并拥有出海口——这样有利于协约国。对此，克列孟梭置之不理。

在 12 月 21 日的一份电文中，克列孟梭提及俄国形势：

"协约国的方案是实现对布尔什维克主义的经济包围。"

皮松又加了一句："莫斯科现政府仅仅是依靠恐怖来进行统治，成千上万的人未经审判即被枪决。"

一位社会党众议员向部长反驳道：

斯蒂芬·皮松

1　波希米亚(Bohème)，中欧古地名，位于现捷克中西部地区，吉普赛人聚居地。三十年战争过后，哈布斯堡王朝开始统治波希米亚。第一次世界大战后，奥匈帝国解散，波希米亚成为捷克斯洛伐克的一个行省。1993 年，成为捷克一重要组成部分。

"1793 年的时候我们就做过同样的事情！"[1] 皮松怒火中烧，义愤填膺。

"不管是工人、农民还是资产家，他们所有的自由都被一笔勾销。国民呼声被彻底压制。"

这激起了社会主义者的窃窃私语，而克列孟梭则继续斩钉截铁地说道：

"这一暴君政权得到一小撮狂热分子的支持，远比普鲁士军国主义更为可怕。这一政权引起了可怕的大饥荒，并将它施政的国家变成了一片废墟……很明显，布尔什维克政权与德国结盟，和我们作对，因此理当被划归于我方敌人之列。"

因此，在 1918 年 12 月的最后数小时里，克列孟梭和他的政府渐渐地勾勒出一项全新的法兰西对外政策。

克列孟梭通过称赞威尔逊总统来完善这项杰作。

他评论说："为了政党利益，某些人给予他一些并非属于他自己的理念。威尔逊总统心胸宽广、包容开放、高瞻远瞩；他以惜言如金，坦诚相待而备受尊敬。"

——这令人作呕。最具影响力的社会党众议员中的一位——雷诺代尔[2] 大声疾呼。

——在我的观念中，这些言辞仅仅是一种盛赞。克列孟梭明确到。

最后，他号召大家团结一致，结束了此次辩论。

"如果我们不能达成一致，那我们的胜利就徒劳无益！……"

他继续讲道："然而我们是一个由优秀的法国人、出色的共和党人——简言之，勇敢的人——组成的团队，我们努力为国效力。

如果你们能给予我们信任，我们定将不遗余力，不负众望。

1　指 1793~1794 年法国大革命中的雅各宾派专政，实行恐怖统治。（译者注）
2　皮埃尔·雷诺代尔（Pierre Renaudel，1871~1935 年），法国政治家，法国社会党领导人之一。

然而如果你们有半点迟疑，对我来说，我不能保证会向你们深深致敬或由衷感激。"

时值 1918 年 12 月 30 日，星期一。

另一个历史时期开始了，而在大多数人看来，这正是这场"骇人的胜利"的成果；这一胜利使法兰西血迹斑斑，并为墨索里尼法西斯主义在米兰的出现和希特勒纳粹主义在慕尼黑的登场创造了条件。

墨索里尼和希特勒是一战老兵，这场战争同样导致了俄国的布尔什维克革命和奥匈帝国的解体。

1919 年 6 月 29 日，威尔逊总统离开时，欧洲已是沧海桑田。

在离开的前夕——即 6 月 28 日，美利坚共和国总统还参加了于凡尔赛举行的和平条约的正式签字仪式。

3 点 55 分，克列孟梭站起来宣布：

"协约国及其联盟国家与德意志帝国之间的和平条款签订已成事实。散会。"

对于签字的德国来说，这项条约不啻于城下之盟（Diktat）。

而对自 1916 年起便浴血奋战的 18 岁年轻德国人来说，他们从这一纸"城下之盟"——和平协议的条款中找到了参加民族主义或纳粹主义运动的理由。

德国代表于镜厅签署
《凡尔赛条约》

抛出国际联盟构想的威尔逊总统于布雷斯特[1]登上"乔治·华盛顿"号舰船，在 8 艘美国战舰的护卫下回国。

然而在他的领导下，美国从此登上了世界舞台。

在整个 20 世纪，美国始终都是国际事务之执牛耳者。

但在 1919 年，许多法国人却坚信凭借这场"骇人的"胜利，法兰西将左右"世界命运"。

人们设想到，难道说法兰西还不是最强的军事大国吗？

1919 年 6 月 27 日，众议院通过了为"来年 7 月 14 日——胜利日"做准备的 400 万法郎信贷。届时，民众将一睹世界最强军列队行进之风采！

骇人的胜利：1 322 000 人死亡，4 266 000 人受伤，其中有一半人两次负伤；且不要忘了来自北非的 70 000 名阵亡的士兵！以及成千上万来自黑非洲的士兵。

流血漂橹，天下缟素，哀鸿遍野，举国悲怆。家邦满目疮痍，833 名综合工科大学毕业生阵亡。在被动员的 346 名巴黎高等师范学院学生——或往届生——中，143 名阵亡。一半被动员的小学教师倒下了。此外还有千千万万名婴儿无法来到这个世界，因为那些本该成为其父的年轻人却陈尸沙场，他们曾经战斗过的地方，雪白的十字架林林总总。

骇人的胜利。

法国已经精疲力竭，失血过多。

同时她也变得贫穷，持有的俄国债券永远也无法得以兑现。

苛捐杂税、通货膨胀、高额借款使"食利者"（rentiers）破产，掏空了公民的口袋和法兰西银行的保险箱。

人们不停地申诉："德国鬼子必将赔偿。"

善意的谎言，拙劣的幻想。

克列孟梭希望法国人能将博爱精神付诸实际生活，并鼓吹说教到"法

1　布雷斯特（Brest），位于法国布列塔尼半岛西端，属于布列塔尼大区菲尼斯泰尔省，是法国最著名的军港城市。

兰西希望如此！法兰西希望如此！"然而法国人之间却分歧甚多，意见不合。

一些人满怀同情地观望着意大利法西斯势力的发展。

另一些人则寄希望于"苏维埃国家"。

一些人跟在三色旗和社团成员后面，亦步亦趋。他们是"火十字团"[1]。

另一些人则加入了法国共产党，有节奏地喊道"斯大林万岁"和"法西斯休想得逞"。

人民阵线（Le Front populaire）在 1936 年"统一行动"（unité d'action）运动中纠集了共产党和社会党，然而却仅仅持续了数月之久。

1914~1918 年本该是最后一战，"终极之战"。

而第二场大战却已初现端倪。

褐衫军[2]（les chemises brunes）在柏林游行。老兵阿道夫·希特勒登上第三帝国（le IIIe Reich）总理之位。

1918 年过去已经有二十年了，法国和德国面临着另一场战争的威胁。

1938 年，慕尼黑，民主国家向身着军装的希特勒和墨索里尼投降了！

丘吉尔无情地评论法国总理达拉第和英国首相张伯伦的政策：

"他们选择了屈辱，并认为要想维持和平，就必须在屈辱和战争之间做出选择。"

历史翻开了新篇章！

这是一段三十年战争的历史（1914–1945）：纳粹主义，大屠杀——五千万人死亡，以及种族灭绝（génocide），奥斯维辛（Auschwitz）！

这段历史见证了 1917 年在俄国夺权的"布尔什维克主义"统治的纵横扩展；1989 年标志着苏联终结的柏林墙倒塌：列宁格勒易名为圣彼得堡；以及柏林重新成为德国的首都。

---

1 火十字团（Croix-de-Feu），法国法西斯政党，1927 年成立。其初为退伍军人组织；1931 年起，逐渐成为法西斯组织。其党徒为曾在 1934 年 2 月向议会进军事件的骨干分子。人民阵线政府建立后，1936 年 6 月被解散，7 月重组，更名为法兰西社会党，继续进行政治活动。
2 即冲锋队（Sturmabteilung，简称 SA），德国纳粹党的武装组织。因队员穿褐色制服，又称褐衫军。

1918 年 11 月 11 日人们所认为建立的和平只不过是一场幕间休息，一场幻想。

1918 年，一场骇人的胜利。[1]

---

1 参考《一战史》上：《1914，世界的命运》后序，XO 出版社，2013 年。（作者注）

（下篇）

跋

乔治·克列孟梭骇人的胜利

人们为乔治·克列孟梭鼓掌喝彩。

众议员们一致投票认为——仅有一票反对——克列孟梭和福煦名至实归，有功于国。

他的画像张贴在学校和市镇里；不管是城里还是乡下，人们都用乔治·克列孟梭来命名街道和广场；此外，还为他树立了塑像。

他化身为"胜利之父"（le Père la Victoire）。

骇人的胜利。

1919 年 2 月 19 日，8 点 40 分，当克列孟梭离开其位于富兰克林街的公寓时，一个无政府主义者爱弥儿·科丹[1] 手持左轮手枪朝"老虎"的座驾连开十枪。

1　爱弥儿·科丹（Émile Cottin，1896~1936 年），法国无政府主义者，1919 年刺杀克列孟梭未遂，1936 年西班牙内战中死于阿拉贡。

其中有三枪击中了 78 岁高龄的总理。

一周后，他又重新坐在了战争部的办公室里。三枪击中了克列孟梭，但却只有肩胛骨受伤较重。这个无政府主义者被判处死刑，但克列孟梭却为他减刑。然而这次刺杀行动却显示出克列孟梭可能诱发的仇恨。

● 逮捕无政府主义者爱弥儿·科丹

正是克列孟梭的政敌们意志坚定，欲除之而后快。

克列孟梭已同意由他的朋友安排、参加 1920 年 1 月 16 日共和国总统大选的提名。

在一次预选中，其政敌德沙内尔获 408 票，他自己 389 票。然而还有 120 名议员没有投票。因此没有什么损失，除了克列孟梭。

不久之后他宣布：

"我愿通告大家，我收回赋予我朋友的授权，取消参加共和国总统大选的候选人资格。假如他们不听我言，越过雷池，即使为我赢得多数票，我也不会接受委任。"

面对簇拥在其身旁的记者，克列孟梭又说道：

"我认为已经完成了自己的使命。祖国将会评判。不管怎样，我可不愿屈尊下就，去试图领导一届不占多数的政府。"

于是克列孟梭这个来自旺代[1]的无神论者的政治生命也就此告终。

1871年，他曾首次当选塞纳省[2]的激进众议员。

他是站起来反对德意志帝国吞并阿尔萨斯－洛林[3]的众议员团体中最后一名在世者。

"内阁摔跤王"（tombeur de ministères），德雷福斯的辩护者——我们本应该将左拉文章《我控诉》（J'accuse）[4]作为头衔授予他——《自由人》报主管，在此，他经常发表日常社论。1906年至1909年，担任总理之职。

他摇身一变，成为"法兰西头号条子"，其政府曾镇压了无数社会运动。

也正是他，右派和左派都绞尽脑汁，欲除之而后快。

然后就是胜利。

他是一名爱国议员，即使有新闻审查，也要在《自由人》报上实话实说。他还将这份报纸重新命名为《囿人报》，当然也是经常被查禁。

克列孟梭抵达纽约
他凌空接过一枝递过来的玫瑰

1　旺代省（la Vendée），位于法国西部的卢瓦河下游地区，濒临大西洋。

2　塞纳省（département de la Seine），法国历史上的一个省份，1790年设立时称巴黎省，1795年改称塞纳省，所辖区域是此前法兰西岛行省的一部分，1968年撤销。

3　原文用词为"protestataire"，法语中又特指"抗议1870年德国并吞的阿尔萨斯－洛林人的人"之意。

4　左拉（Émile Zola，1840~1902年），法国著名自然主义小说家和理论家，自然主义文学流派创始人，被视为19世纪批判现实主义文学遗产的组成部分。在1894年的德雷福斯案中以《我控诉》为题，慷慨撰文为德雷福斯辩护。

再往后就是担任总理之职。"我要进行战争"，他斩钉截铁地说道。荣膺"胜利之父"称号后，黯淡无光的政敌们拒绝将其选为共和国总统，而是挑选了最为平庸的德沙内尔。

1920 年 1 月 18 日，克列孟梭向普恩加莱提交辞呈，然后离开了巴黎。

他前往埃及、东南亚、美国游历。

他已是 80 岁高龄。

他造访英格兰，接受牛津大学授予他的名誉博士学位。

作为对牛津大学训导长简短致词的回应，他说道：

"我向大家介绍一个人，他年事已高，但却精神矍铄。"

他密切关注世界形势走向。

1921 年 6 月，在旅美归国的路上，他对莫达克将军说：

"从现在开始就得预见到我们和德国人之间连绵不断的难题。看到美国（对欧洲事务）漠不关心，英国又重拾古老的反法政治传统，德国人就会自认为有权上下其手，无所不用其极，意图废除条约。

这就是我们当前的处境，这就是软弱政策实行 18 个月以来我们所得到的境况。"

真知灼见。正是基于此，克列孟梭写了一本著作，题为《胜利的荣光与苦难》（*Grandeurs et misères d'une victoire*），藉此反驳福煦元帅在其《回忆录》（*Mémoires*）中的观点，而后者却对克列孟梭表示怀疑。

《胜利的荣光与苦难》一书取得了巨大成功，而很大一部分著作权被克列孟梭分给其门人手下。

但这一成功却并不能让他买下位于旺代省雅尔河畔圣万康[1]的贝尔 – 艾芭（Bel-Ebat）官邸。

1　雅尔河畔圣万康（Saint-Vincent-sur-Jard），位于法国西南部，是卢瓦尔河地区大区旺代省的一个市镇。

一位房东建议将此住处免费送与克列孟梭，后者却拒绝了；最后双方达成协议，即每年150法郎的"终身租约"（bail à vie）。这位房东是保皇党，天主教徒，他仰慕"胜利之父"，此外还承诺会用这笔"租金"赈济市镇穷人。

而对克列孟梭来说，他终于又找回了孩童时的景观。

他写道："三日以来，青天、碧海、黄沙，皆为吾所有……不消它助外力，便重归旺代生活清流之中，吾愿得酬矣。贝类虾族，常伴左右，皆为平生饕餮之物……"

他循海信步，培育花草，尤其是奋笔写作。

他完成一本散文集《德摩斯梯尼》（Démosthène），《静思之夜》（Au soir de la pensée），尤其是《胜利的荣光与苦难》。每天，他还要回复十多封信件。在这些信件中，有一封是每天固定送给玛格丽特·巴尔登斯贝格（Marguerite Baldensperger）的，克列孟梭将和她建立炽热的友谊。

当克列孟梭得知巴尔登斯贝格夫妇的女儿去世，且被此"肝肠寸断的悲恸"搅得心神不宁时，他对玛格丽特说：

"我将会非常牵挂你……需要抗争，而我将会向您伸出援手。"

他沉默了很长时间，然后又开口，脉脉含情，

1930年，乔治·克列孟梭
住处一瞥

335·

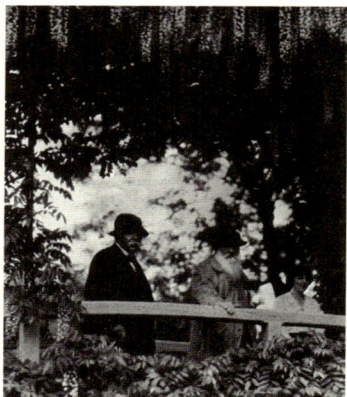

吉维尼[1]，画家克劳德·莫奈和克列孟梭在睡莲桥（le pont des nymphéas）上。

欲语还休：

"请把您的手放在我手心。就这样，我助您养老，您帮我送终。这就是我们之间的协约。让我们吻抱在一起。"

自 1927 年算起——那年克列孟梭 86 岁高龄——，亲友近侍的接连辞世预示着天数正大步朝他走来，他已是行将就木。克列孟梭的三个姐妹、一个弟弟、挚友画家克劳德·莫奈[1]和古斯塔夫·热弗鲁瓦[2]皆已驾鹤西去。

● 吉维尼[3]，画家克劳德 莫奈和克列孟梭在睡莲桥（le pont des nymphéas）上。

而在他这些"私人"不幸事件中，还得再加上于法国上演的衰落萧条景象，曾经历尽苦难而取得的一切却如风卷残云般消散。克列孟梭最亲近、最忠诚的合作者之一乔治·沃尔姆瑟（Georges Wormser）写道，有时他看起来犹如风中之烛，"摇曳闪烁"。

"他需要在经历所有的分离之后挺过来，需要预感到一场全面的灾难又将爆发，而他除了著书立传之外什么也做不了……"

---

1 克劳德·莫奈（Claude Monet，1840~1926 年），法国画家，被誉为"印象派之父"，是印象派代表人物和创始人之一。
2 古斯塔夫·热弗鲁瓦（Gustave Geffroy，1855~1926 年），法国记者、艺术评论家、历史学家和小说家。1900 年文学组织龚古尔学院（Académie Goncourt）创始人之一。
3 吉维尼（Giverny），位于巴黎正西方向 70 公里的上诺曼底省，在塞纳河谷的一个小山坡上，莫奈曾与此寄居 43 年。

---

1 吉维尼（Giverny），位于巴黎正西方向 70 公里的上诺曼底省，在塞纳河谷的一个小山坡上，莫奈曾与此寄居 43 年。

1929 年，世界经济危机爆发的一年。

1929 年 3 月 28 日，克列孟梭立下遗嘱。

他写道："我愿被埋葬于哥隆比耶（Colombier），长眠于家父身旁。我的遗体要从灵堂运出，决不能没有扶柩人员就下葬。要留全尸。不要游行，不要来宾，不要纪念活动。

在坟茔周围，只留一道铁栅栏；如同家父，不留名姓。我愿你们将那根年轻时便陪伴我的铁圆头手杖放进棺材里，还有那个裹着山羊皮、放在玻璃柜上层左角的小匣子。那里面放着挚爱的母亲亲手交给我的一本小书。

最后，在通向花园房间的壁橱上，摆了两束枯萎的花朵，你们再把它们放进去。请把大小两束花都插进炮弹壳里，然后放置在我身旁。

我委任最好的朋友尼古拉斯·皮耶特里（Nicolas Pietri）作为遗嘱执行人，律师普赫南（Pournin）和我儿子米歇尔作为助手，并为由此可能给他们带来的辛劳而表示由衷感谢。"

那"两束枯萎的花朵"是他在香槟省白垩土战壕里视察时，"毛绒兵"送给他的。

他把它们珍藏在身边，直到 1929 年。

克列孟梭不愿让死亡将他和这两束花分开。

然而他却把自己的什物分发给朋友：将收藏的杜米埃[1]画作送给卢浮宫博物馆，他的桌子和小墨水瓶送给玛格丽特·巴尔登斯贝格，并将著作出版事务委托给她。

1929 年 11 月 24 日，星期日，凌晨 1 点 45 分，乔治·克列孟梭与世长辞。

11 月 25 日，星期一，凌晨 2 点，克列孟梭的扶柩人员开始上路，出发去哥隆比耶，克列孟梭将长眠于那里，在他父亲身旁。

寒风凛冽，裹挟着阵阵冰雨。

扶柩人员所到之处，农夫们站在门槛前，静默致敬，在胸口画着十字。

---

1 奥诺雷·杜米埃（Honoré Daumier，1808~1879 年），法国著名画家、讽刺漫画家、雕塑家和版画家。

墓地举行了简短的下葬仪式。每人向墓坑里
抛洒一块泥土，泥块敲击棺木的声音凭借长风，
飘到很远的地方。

克列孟梭因此长眠于距88年前他的出生
地——帕雷德地区穆伊莱龙 [1]20千米的地方。

骇人的胜利的荣光与苦难。

乔治·克列孟梭的快速曝光照片，
1919年5月7日，在凡尔赛特里
亚农宫（Trianon-Palace）举行的
会议结束后立即拍摄。1919年5
月10日，刊登在《插图》期刊
（L'Illustration）上。

1　帕雷德地区穆伊莱龙（Mouilleron-en-Pareds），法国西南
部卢瓦尔河地区大区 旺代省的一个市镇。

同一作者的作品列表

自传

《恶魔的诡计是遗忘》（*L'Oubli est la ruse du diable,2012*），XO 出版社，2012。

小说

《得胜者的扈从》（*Le Cort è ge desvainqueurs*），Robert Laffont 出版社，1972。

《离海再近一步》（*Un pas vers la mer*），Robert Laffont 出版社，1973。

《始源之鸟》（*L' Oiseau des origines*），Robert Laffont 出版社，1974。

《海洋时代》（*Que sont les siècles pour la mer*），Robert Laffont 出版社，1977。

《秘事》（*Une affaire intime*），Robert Laffont 出版社，1979。

《法兰西》（*France*），Grasset 出版社，1980（协同 Le Livre de Poche 出版社）。

《数见不鲜的罪恶》（*Un crime très ordinaire*），Grasset 出版社，1982（协同 Le Livre de Poche 出版社）。

《权贵宅邸》（*La Demeure des puissants*），Grasset 出版社，1983（协同 Le Livre de Poche 出版社）。

《旖旎海滨》（*Le Beau Rivage*），Grasset 出版社，1985（协同 Le Livre de Poche 出版社）。

《美好时代》（*Belle poque*），Grasset 出版社，1986（协同 Le Livre de Poche 出版社）。

《拿破仑之路》（*La Route Napoléon*），Robert Laffont 出版社，1987（协同 Le Livre de Poche 出版社）。

《公务》（*Une affaire publique*），Robert Laffont 出版社，1989（协同 Le Livre de Poche 出版社）。

《妇人顾盼》（*Le Regard des femmes*），Robert Laffont 出版社，1991（协同 Le Livre de Poche 出版社）。

《权臣》（*Un homme de pouvoir*），Fayard 出版社，2002（协同 Le Livre de Poche 出版社）。

《狂热之人》（*Les Fanatiques*），Fayard 出版社，2006（协同 Le Livre de Poche 出版社）。

《刺客盟约》（*Le Pacte des Assassins*），Fayard 出版社，2007（协同 Le Livre de Poche 出版社）。

《炽热之室》（*La Chambre ardente*），Fayard 出版社，2008（La Chambre ardente）。

《列王传》（*Le Roman des rois*），Fayard 出版社，2009（La Chambre ardente）。

《该隐与亚伯，首宗罪》（*Caïn et Abel, le premier crime*），Fayard 出版社，2011（以及 J'ai Lu 出版社）。

小说续编

《天使港湾》（*La Baie des Anges*）：

I.《天使港湾》（*La Baie des Anges*），Robert Laffont 出版社，1975（协同 Pocket 出版社）。

II.《假日宫殿》（*Le Palais des Fêtes*），Robert Laffont 出版社，1976（协同 Pocket 出版社）。

III.《散步的英国人》（*La Promenade des Anglais*），Robert Laffont 出版社，1976（协同 Pocket 出版社）。（在《古籍》丛书中以一卷的形式出版，RobertLaffont 出版社，1998。）

《同日生之人》（*Les hommes naissent tous le même jour*）：

I.《晨曦》（*Aurore*），Robert Laffont 出版社，1978。

II.《黄昏》（*Crépuscule*），Robert Laffont 出版社，1979。

《人体机器》（*La Machinerie humaine*）：

《无辜之泉》（*La Fontaine des Innocents*），Fayard 出版社，1992（协同 Le Livre de Poche 出版社）。

《孤独爱恋》（*L'Amour au temps des solitudes*），Fayard 出版社，1992（协同 Le Livre de Poche 出版社）。

《无面君王》（*Les Rois sans visage*），Fayard 出版社，1994（协同 Le Livre de Poche 出版社）。

《雇佣兵首领》（*Le Condottiere*），Fayard 出版社，1994（协同 Le

Livre de Poche 出版社）。

《克拉哈 H·之子》（*Le Fils de Klara H.*），Fayard 出版社，1995（协同 Le Livre de Poche 出版社）。

《女野心家》（*L'Ambitieuse*），Fayard 出版社，1995（协同 Le Livre de Poche 出版社）。

《上帝份额》（*La Part de Dieu*），Fayard 出版社，1996（协同 Le Livre de Poche 出版社）。

《黄金制造者》（*Le Faiseur d'or*），Fayard 出版社，1996（协同 Le Livre de Poche 出版社）。

《镜后女》（*La Femme derrière le miroir*），Fayard 出版社，1997（协同 Le Livre de Poche 出版社）。

《橄榄园》（*Le Jardin des Oliviers*），Fayard 出版社，1999（协同 Le Livre de Poche 出版社）。

《蓝白红》（*Bleu blanc rouge*）：

I.《玛丽艾拉》（*Mariella*），XO 出版社，2000（协同 Pocket 出版社）。

II.《玛蒂尔德》（*Mathilde*），XO 出版社，2000（协同 Pocket 出版社）。

III.《萨拉》（*Sarah*），XO 出版社，2000（协同 Pocket 出版社）。

《爱国者》（*Les Patriotes*）：

I.《影与夜》（*L'Ombre et la Nuit*），Fayard 出版社，2000（协同 Le Livre de Poche 出版社）。

II.《火焰永不熄》（*La flamme ne s'éteindra pas*），Fayard 出版社，2001（协同 Le Livre de Poche 出版社）。

III.《血的代价》（*Le Prix du sang*），Fayard 出版社，2001（协同 Le Livre de Poche 出版社）。

IV.《沐浴荣光，胜券在握》（*Dans l'honneur et par la victoire*），Fayard 出版社，2001（协同 Le Livre de Poche 出版社）。

《为法兰西而死》（*Morts pour la France*）：

I.《巫婆之釜》（*Le Chaudron des sorcières*），Fayard 出版社，2003（与 J'ai Lu 出版社共同出版）。

II.《地狱之火》（*Le Feu de l'enfer*），Fayard 出版社，2003（与 J'ai Lu 出版社共同出版）。

III.《黑色进行曲》（*La Marche noire*），Fayard 出版社，2003（与 J'ai Lu 出版社共同出版）。

（以一卷的形式出版，Fayard 出版社，2008。）

《帝国》（*L'Empire*）：

I.《施咒》（*L'Envoûtement*），Fayard 出版社，2004（与 J'ai Lu 出版社共同出版）。

II.《中邪》（*La Possession*），Fayard 出版社，2004（与 J'ai Lu 出版社共同出版）。

III.《爱已成往事》（*Le Désamour*），Fayard 出版社，2004（与 J'ai Lu 出版社共同出版）。

《西方十字架》（*La Croix de l'Occident*）：

I.《藉此天兆，所向披靡》（*Par ce signe tu vaincras*），Fayard 出版社，2005（与 J'ai Lu 出版社共同出版）。

II.《巴黎值得举行一场弥撒》（*Paris vaut bien une messe*），Fayard 出版社，2005（与 J'ai Lu 出版社共同出版）。

政治虚构小说

《1989，大惊怖》（*La Grande Peur de 1989*），Robert Laffont 出版社，1966。

《高尔夫城的匪帮战争》（*Guerre des gangs à Golf-City*），Robert Laffont 出版社，1991。

历史、散文

《墨索里尼治下的意大利》（*L'Italie de Mussolini*），Perrin 学院书店（Librairie académique Perrin），1964，1982（《清真隐士》；《texto》丛书，Tallandier 出版社，2011）。

《埃塞俄比亚事件》（*L'Affaire d'thiopie*），Le Centurion 出版社，1967。

《左派、改良派和革命》（*Gauchisme, Réformisme et Révolution*），Robert Laffont 出版社，1968。

《佛朗哥分子治下的西班牙历史》（*Histoire de l'Espagne franquiste*），Robert Laffont 出版社，1969。

《第五特遣队》（*Cinquième Colonne*），1939~1940，Plon 出版社，1970，1980；Complexe 出版社，1984。

《巴黎公社的冢茔》（*Tombeau pour la Commune*），Robert Laffont 出版社，1971。

《长刀之夜》（*La Nuit des longs couteaux*），Robert Laffont 出版社，1971，2001（《Texto》丛书，Tallandier 出版社，2010）。

《黑手党，神话与事实》（*La Mafia, mythe et réalités*），Seghers 出版社，1972。

《布告，历史之鉴》（*L'Affiche, miroir de l'histoire*），Robert Laffont 出版社，1973，1989。

《权势正盛》（*Le Pouvoir à vif*），Robert Laffont 出版社，1978。

《二十世纪》（*Le xxe Siècle*），Perrin 学院书店，1979。

《第三联盟》（*La Troisième Alliance*），Fayard 出版社，1984。

《观念决定一切》（*Les Idées décident de tout*），Galilée 出版社，1984。

《就少壮保皇党问题致罗伯斯庇尔的公开信》（*Lettre ouverte à*

Robespierre sur les nouveaux muscadins），Albin Michel 出版社，1986。

《国王的正义如何贯彻》（Que passe la justice du roi），Robert Laffont 出版社，1987；Complexe 出版社，2011。

《现代史要点》（Les Clés de l'histoire contemporaine），Robert Laffont 出版社，1989；Fayard 出版社，2001（协同 Le Livre de Poche 出版社，更新版本，2005）。

《晦暗时代终结宣言》（Manifeste pour une fin de siècle obscure），Odile Jacob 出版社，1989。

《左派已亡，右派永昌》（La gauche est morte, vive la gauche），Odile Jacob 出版社，1990。

《欧洲内讧》（L'Europe contre l'Europe），Éditions du Rocher 出版社，1992。

《我是笃信美好明天之人的英勇谦逊史》（Jè. Histoire modeste et héroïque d'un homme qui croyait aux lendemains qui chantent），Stock 出版社，1994（协同"一千零一夜"出版社）。

《给我儿子讲述的法兰西之爱》（L'Amour de la France expliqué à mon fils），Le Seuil 出版社，1999。

《以作为法国人而自豪》（Fier d'être français），Fayard 出版社，2006（协同 Le Livre de Poche 出版社）。

《法兰西的灵魂：自民族之初至今的历史》（L'âme de la France : une histoire de la nation des origines à nos jours），Fayard，2007（J'ai Lu 出版社，2 volumes）。

《一战（……之序言）》（La Grande Guerre (préface à …)），XO 出版社，2008。

《奇特历史》（Histoires particulières），CNRS 出版社，2009。

法国大革命

I.《人民和国王》（*Le Peuple et le Roi*），XO 出版社，2009。

II.《公民们，拿起武器！》（*Aux armes, citoyens !*），XO 出版社，2009。

《爱好法兰西历史词典》（*Dictionnaire amoureux de l' Histoire de France*），Plon 出版社，2011（协同 Pocket 出版社）。

《第二次世界大战历史》（*Une histoire de la Deuxième Guerre mondiale*），5 卷，XO 出版社，2010–2012（协同 Pocket 出版社）。

《第一次世界大战历史》（*Une histoire de la Première Guerre mondiale*），2 卷，XO 出版社，2013。

传记

《马克西米连·罗伯斯庇尔，孤独历史》（*Maximilien Robespierre, histoire d' une solitude*），Perrin 学院书店，1968（协同 Pocket 和 Tempus 出版社，2008）。

《加里波第，天命之力》（*Garibaldi, la force d' un destin*），Fayard 出版社，1982（《Texto》丛书，Tallandier 出版社，2012）。

《伟大的饶勒斯》（*Le Grand Jaurès*），Robert Laffont 出版社，1984，1994（协同 Pocket 出版社，《古籍》（ Bouquins ）丛书，Robert Laffont 出版社，2011）。

《儒勒·瓦莱斯》（*Jules Vallès*），Robert Laffont 出版社，1988（《古籍》（ Bouquins ）丛书，Robert Laffont 出版社，2011）。

《"我为行动而写作"，伏尔泰生平》，（ *Moi, j' écris pour agir. Vie de Voltaire*），传记，Fayard 出版社，2008（协同 Pocket 出版社，

2012）。

《圣女贞德，被活活烧死的法兰西女孩》（*Jeanne d' Arc, jeune fille de France brûlée vive*），XO 出版社，2011。

拿破仑：

I.《出征战歌》（*Le Chant du départ*），Robert Laffont 出版社，1997（协同 Pocket 出版社）。

II.《奥斯特里茨之光》（*Le Soleil d' Austerlitz*），Robert Laffont 出版社，1997（协同 Pocket 出版社）。

III.《众王之帝》（*L'Empereur des rois*），Robert Laffont 出版社，1997（协同 Pocket 出版社）。

IV.《圣赫勒拿岛的不朽者》（*L'Immortel de Sainte-Hélène*），Robert Laffont 出版社，1997（协同 Pocket 出版社）。

戴高乐：

I.《天命召唤》（*L'Appel du destin*），Robert Laffont 出版社，1998（协同 Pocket 出版社）。

II.《孤独的战士》（*La Solitude du combattant*），Robert Laffont 出版社，1998（协同 Pocket 出版社）。

III.《法兰西第一人》（*Le Premier des Français*），Robert Laffont，1998（协同 Pocket 出版社）。

IV.《统帅雕像》（*La Statue du Commandeur*），Robert Laffont 出版社，1998（协同 Pocket 出版社）。

罗莎·卢森堡：

　　《反叛之女，罗莎·卢森堡之生死》（*Une femme rebelle, vie et mort de Rosa Luxemburg*），Fayard 出版社，2000。

维克多·雨果：

　　I.《我是奔腾洪流！》（*Je suis une force qui va !*），XO 出版社，2001（协同 Pocket 出版社）。
　　II.《舍我其谁！》（*Je serai celui-là !*），XO 出版社，2001（协同 Pocket 出版社）。

基督徒：

　　I.《士兵披风》（*Le Manteau du soldat*），Fayard 出版社，2002（协同 Le Livre de Poche 出版社）。
　　II.《国王洗礼》（*Le Baptême du roi*），Fayard 出版社，2002（协同 Le Livre de Poche 出版社）。
　　III.《僧侣十字军》（*La Croisade du moine*），Fayard 出版社，2002（协同 Le Livre de Poche 出版社）。
　　《恺撒皇帝》（*César Imperator*），XO 出版社，2003（协同 Pocket 出版社）。

罗马人：

I.《斯巴达克斯，奴隶起义》（*Spartacus, la révolte des esclaves*），Fayard 出版社，2006 以及 J'ai Lu 出版社。

II.《尼禄，反基督统治》（*Néron, le règne de l'antéchrist*），Fayard 出版社，2006 以及 J'ai Lu 出版社。

III.《提图斯，犹太人的殉道者》（*Titus, le martyre des Juifs*），Fayard 出版社，2006 以及 J'ai Lu 出版社。

IV.《马可·奥勒留，基督徒殉道者》（*Marc Aurèle, le martyre des chrétiens*），Fayard 出版社，2006 以及 J'ai Lu 出版社。

V.《君士坦丁大帝，基督皇帝》（*Constantin le Grand : l'empire du Christ*）， Fayard 出版社，2006 以及 J'ai Lu 出版社。

路易十四：

I.《太阳王》（*Le Roi-Soleil*），XO 出版社，2007（协同 Pocket 出版社）。

II.《王之冬》（*L'Hiver du grand roi*），XO 出版社，2007（协同 Pocket 出版社）。

《耶稣，成为神灵的人》（*Jésus, l'homme qui était Dieu*），XO 出版社，2010。

短篇小说

《魔戒》（*La Bague magique*），Casterman 出版社，1981。

协同作品

《马丁·格雷传记，以我所有之名》（*Au nom de tous les miens de Martin Gray*），Robert Laffont 出版社，1971（协同 Pocket 出版社）。